混凝土梁式桥安全监测技术与健康状态评估

冉志红　林　帆　施静娴　邓旭东　编著

科学出版社

北　京

内 容 简 介

本书主要内容包含混凝土梁式桥（简支梁、连续梁、连续刚构桥等）健康监测系统、桥梁评估和评价理论、桥梁监测数据处理及预警方法三大部分。本书结合梁式桥的特点，介绍了桥梁健康系统的传感器布置原则及数据采集与传输，基于概率与非概率可靠度的桥梁结构的承载力分析方法、桥梁安全性评价方法及有关理论，系统阐述了桥梁监测数据预处理及特征提取方法，桥梁分级预警技术体系及其实现策略。本书还介绍了桥梁群健康监测的特点，并针对新的问题提出了解决方案，也介绍了适合于小跨径梁式桥短期监测需要突破的关键科学问题和这项技术的未来预期。

本书可作为从事桥梁结构检测（监测）领域研究生的参考书籍，同时也可为从事桥梁检测的工程技术人员提供参考。

图书在版编目(CIP)数据

混凝土梁式桥安全监测技术与健康状态评估 / 冉志红等编著. — 北京：科学出版社，2021.2
ISBN 978-7-03-060348-7

Ⅰ.①混… Ⅱ.①冉… Ⅲ.①高桥墩-钢筋混凝土桥-安全监测 ②高桥墩-钢筋混凝土桥-技术评估 Ⅳ.①U448.21

中国版本图书馆 CIP 数据核字 (2018) 第 299513 号

责任编辑：孟　锐 / 责任校对：彭　映
责任印制：罗　科 / 封面设计：墨创文化

科 学 出 版 社 出版
北京东黄城根北街16号
邮政编码：100717
http://www.sciencep.com

成都锦瑞印刷有限责任公司印刷
科学出版社发行　各地新华书店经销

*

2021年2月第 一 版　　开本：787×1092 1/16
2021年2月第一次印刷　印张：14 1/2
字数：356 000
定价：126.00 元
（如有印装质量问题，我社负责调换）

前　言

桥梁健康监测(或安全监测、长期监测)技术在近十年得到了快速发展,在传感器、数据采集、信息系统、远程传输、评估理论和方法等方面都得到了全面提升。本书课题组经过近5年的跟踪研究,发现为有影响力的特大桥梁建立健康监测系统已经成为行业的统一认识,但遗憾的是,对于大中型桥梁的安全监测还不够重视,而历年发生的运营桥梁事故绝大多数都是大中型桥梁,且事故频发、损失巨大。特大桥梁在建造、管理、维护方面都受到各级桥梁管理部门和相关单位的重视,加上都安装有健康监测系统,因此安全性和可靠度都能按设计预期得到保障。而大中型桥梁(如拱桥、连续刚构桥、连续梁桥)在通车之初可能就带有病害,尤其是混凝土结构的桥梁,使用过程中也应该进行必要的监测。本书针对大中型混凝土结构桥梁的监测技术和评估理论展开分析讨论,期望给从事该项工作的相关单位、桥梁管理部门提供参考。

本书主要内容包含混凝土桥梁健康监测系统介绍及建立该类系统的必要性分析、桥梁评估和评价理论、桥梁监测数据处理及预警方法三部分。桥梁健康监测的技术与理论还在不断发展中,书中有些判断和见解难免有争议,但这个行业正是在不断出现新矛盾又解决矛盾的过程中迂回前进的。本书最后一章介绍了近年来的两个热点问题:桥梁群监测和桥梁短期监测。特别是本课题组在国内外较早开展了桥梁短期监测方面的研究和应用,并获得了一些研究成果,也提出了一些新的观点和建议,但限于篇幅,该部分未详细论述,仅作为本书的前沿研究提出,希望能够引起同行的注意。

本书主要内容来源于课题组近5年在该领域的最新研究成果。这些研究工作得到了国家自然科学基金委的资助(基于非概率时变可靠度的桥梁结构新技术及理论研究,51208452)和云南省科技厅、教育厅、交通运输厅的几个课题资助,同时研究过程中实地调研了我国西部部分大中型混凝土桥梁病害及加固处理。感谢云南公路科学技术研究院邓旭东主任、宋泽刚副主任、瞿发宪工程师等的大力支持和帮助,也感谢云南航天工程物探检测股份有限公司的许强高工、曾健高工、孙锐工程师提供了宝贵的数据和照片。

本书第1、2、8章由云南大学冉志红撰写,第3、4章由云南大学林帆撰写,第5、6、7章由昆明理工大学津桥学院施静娴撰写。云南大学研究生王国萍、苏小培在本书依托的国家自然科学基金项目研究过程中做了大量工作,本书第3、4章也介绍了她们的主要研究结果。云南大学研究生岳园也参加了部分研究工作,本书第6、7章简要介绍了有关研究结论。云南大学研究生宋宏旭完成了本书的资料收集和汇总整理工作,研究生隆凯、熊绍伟、张静完成了本书一些文字的整理和插图的绘制工作。全书由冉志红统稿。由于时间仓促以及不断更新的研究领域,错漏之处在所难免,还望读者批评指正。

冉志红
二〇一八年九月于清华园

目　录

第1章　桥梁事故与混凝土梁桥常见病害 ··· 1
1.1　我国桥梁事业发展概览 ·· 1
1.2　混凝土梁桥概述 ··· 3
1.2.1　混凝土梁桥发展历程 ··· 3
1.2.2　混凝土梁桥的结构形式 ··· 5
1.2.3　混凝土梁桥的发展趋势 ··· 12
1.3　运营桥梁事故分析 ··· 13
1.3.1　工程事故及风险分析 ··· 13
1.3.2　人为主观原因 ··· 15
1.3.3　自然客观原因 ··· 17
1.3.4　桥梁事故实例 ··· 17
1.4　混凝土T梁桥常见病害 ··· 21
1.4.1　梁体病害 ·· 21
1.4.2　桥面系病害 ·· 23
1.4.3　盖梁及支座病害 ··· 25
1.4.4　桥墩病害 ·· 26
1.5　混凝土箱梁桥常见病害 ··· 28
1.5.1　混凝土开裂 ·· 28
1.5.2　跨中下挠 ·· 30
1.5.3　工程实例 ·· 33
本章参考文献 ·· 34

第2章　桥梁健康监测系统 ··· 36
2.1　桥梁安全监测系统组成 ··· 36
2.1.1　研究概况 ·· 36
2.1.2　桥梁长期健康监测的意义 ··· 36
2.1.3　健康监测系统组成 ··· 37
2.2　传感器及优化布置 ··· 39
2.2.1　传感器介绍 ·· 39
2.2.2　传感器选型原则 ··· 40
2.2.3　监测常用传感器 ··· 41
2.2.4　传感器的优化布置 ··· 44
2.3　数据采集与传输 ··· 47

  2.3.1 数据采集子系统 ··· 48
  2.3.2 数据传输子系统 ··· 48
  2.3.3 数据存储子系统 ··· 49
 2.4 混凝土桥梁健康监测系统案例 ·· 51
  2.4.1 简支梁桥与小跨径连续梁桥 ·· 53
  2.4.2 多跨连续梁桥 ··· 58
  2.4.3 连续刚构桥 ··· 61
 本章参考文献 ··· 63

第3章 基于概率可靠度的桥梁评估理论 ·· 65
 3.1 结构可靠度理论 ·· 65
  3.1.1 可靠性与可靠度 ··· 65
  3.1.2 可靠度与极限状态 ··· 66
  3.1.3 失效概率 ··· 67
  3.1.4 可靠指标 ··· 68
  3.1.5 既有结构可靠度 ··· 74
 3.2 既有桥梁作用效应与结构抗力分析 ······································ 75
  3.2.1 混凝土的时变特性 ··· 75
  3.2.2 钢筋的时变特性 ··· 78
  3.2.3 蒙特卡罗方法 ··· 79
  3.2.4 桥梁作用效应 ··· 80
  3.2.5 桥梁结构抗力 ··· 81
  3.2.6 数值算例 ··· 83
 3.3 既有桥梁可靠指标计算 ·· 86
  3.3.1 实测数据的采集与处理 ··· 86
  3.3.2 可靠指标的计算 ··· 88
  3.3.3 桥梁安全性的判别 ··· 92
 3.4 既有钢筋混凝土梁桥概率可靠度评估实例 ································ 93
  3.4.1 评估对象项目概况 ··· 93
  3.4.2 桥梁荷载效应分析 ··· 93
  3.4.3 桥梁抗力分析 ··· 94
  3.4.4 桥梁可靠指标计算 ··· 100
 本章参考文献 ··· 101

第4章 基于非概率可靠度的桥梁评估理论 ······································ 102
 4.1 区间数学和非概率可靠度的基本理论 ···································· 102
  4.1.1 区间数学的基本理论 ··· 102
  4.1.2 非概率可靠度的基本理论 ··· 104
 4.2 基于实测数据的区间确定理论依据和方法 ································ 107
  4.2.1 偏态曲线 ··· 107

4.2.2　运用 MATLAB 计算皮尔逊曲线分布的离均系数 ················ 111
　4.3　非概率时变可靠度理论及算例 ··· 114
　　4.3.1　大气环境下在役桥梁的时变可靠理论 ····························· 114
　　4.3.2　简支梁桥的非概率可靠度计算 ······································ 120
　　4.3.3　桥梁的时变非概率可靠度计算及剩余寿命预测 ················ 127
　本章参考文献 ·· 131

第 5 章　桥梁基准有限元模型 ··· 132
　5.1　基于施工监控的模型修正 ·· 132
　　5.1.1　施工阶段主要截面剪力滞效应分析 ································ 133
　　5.1.2　不同节段预应力张拉后应力不均匀分析 ·························· 136
　　5.1.3　不同荷载作用下正应力分布规律 ··································· 143
　5.2　基于荷载试验的修正模型 ·· 147
　　5.2.1　实验的数据分析 ·· 147
　　5.2.2　冲击效应的简化分析 ·· 148
　　5.2.3　有限元模型的修正 ··· 149
　5.3　混凝土梁桥基准有限元模型建立示例 ································· 151
　　5.3.1　应力不均匀系数修正 ·· 151
　　5.3.2　现场测试修正 ··· 152
　　5.3.3　容重参数修正 ··· 152
　　5.3.4　修正效果分析 ··· 154
　本章参考文献 ·· 156

第 6 章　监测数据预处理 ·· 157
　6.1　温度数据预处理 ·· 157
　　6.1.1　小波分解 ··· 158
　　6.1.2　分解层次 ··· 161
　6.2　应变数据预处理 ·· 163
　　6.2.1　异常值的初步诊断和处理 ·· 164
　　6.2.2　小波分解 ··· 164
　6.3　预处理数据的统计分析 ··· 165
　　6.3.1　应变数据的相关性 ··· 166
　　6.3.2　温度对应变的影响 ··· 168
　　6.3.3　位移与应力之间的关系 ··· 170
　本章参考文献 ·· 174

第 7 章　安全预警与承载能力评估方法 ······································ 175
　7.1　规范对桥梁技术状况的评定分类 ······································· 175
　　7.1.1　桥梁技术状况评定 ··· 176
　　7.1.2　承载能力评定 ··· 177
　　7.1.3　桥梁分级预警规律总结 ··· 178

7.1.4　分级预警模型 ·············· 179
　7.2　基于监测数据的安全阈值选择与计算 ·············· 180
　　7.2.1　计算思路 ·············· 180
　　7.2.2　阈值选择 ·············· 181
　7.3　桥梁分级评估方法 ·············· 182
　　7.3.1　四类评估方法 ·············· 183
　　7.3.2　分级状态评价 ·············· 185
　　7.3.3　分级评估具体计算 ·············· 189
　本章参考文献 ·············· 189

第8章　桥梁群安全监测技术与短期监测 ·············· 191
　8.1　桥梁群的主要类型 ·············· 191
　　8.1.1　山区桥梁群 ·············· 191
　　8.1.2　城市桥梁群 ·············· 193
　8.2　桥梁群安全监测 ·············· 194
　　8.2.1　桥梁群安全监测研究概况 ·············· 194
　　8.2.2　桥梁群监测体系 ·············· 196
　　8.2.3　桥梁群监测分级预警理论体系 ·············· 199
　8.3　桥梁短期监测新技术介绍 ·············· 201
　　8.3.1　桥梁短期监测研究背景 ·············· 201
　　8.3.2　短期健康监测的优势及工程价值 ·············· 202
　　8.3.3　国内外同类技术的现状及发展趋势 ·············· 203
　　8.3.4　桥梁短期监测主要技术方案与研究展望 ·············· 208
　本章参考文献 ·············· 210

附录　本书所使用的MATLAB代码 ·············· 212
　附录1　抗力计算代码 ·············· 212
　附录2　作用效应计算代码 ·············· 213
　附录3　桥梁抗弯承载力计算代码(实例) ·············· 214
　附录4　桥梁弯矩作用效应计算代码(实例) ·············· 215
　附录5　桥梁抗剪承载力计算代码(实例) ·············· 216
　附录6　桥梁剪力作用效应计算代码(实例) ·············· 217
　附录7　中心点法计算代码 ·············· 218
　附录8　JC法计算代码 ·············· 219
　附录9　映射变换法计算代码 ·············· 220
　附录10　实用分析法计算代码 ·············· 221

第1章 桥梁事故与混凝土梁桥常见病害

作为文明古国的中国，不仅拥有悠久灿烂的人文历史，在桥梁发展历程中也从不缺少诗情画意。中国是桥的国度，建桥之早，桥梁之多，桥形之美，举世无双。广东潮州的广济桥（湘子桥）、河北赵县的赵州桥、北京的卢沟桥和福建的洛阳桥被人们评为中国的四大古桥，其无一不是艺术和技术的完美结合。

近代造桥技术一度落后的中国，在现代高速追赶，目前已经超越了很多发达国家，成为世界桥梁大国，并且在跨度、结构形式、承载能力等方面也不断呈跨越式发展。但同时我们也应该清楚地看到，我国桥梁的建设和管理也出现了很多问题，需要更加精细化的设计、施工和养护，特别是对目前体量庞大的运营桥梁，要走信息化的管养之路，才可能避免桥梁事故的发生。

1.1 我国桥梁事业发展概览

根据历年的《交通运输行业发展统计公报》和《铁道统计公报》数据，统计出我国2007~2017年的公路与铁路里程见表1.1。公路桥梁延米和座数见表1.2，从表中可以看出，截至2017年我国的公路桥梁总数为83.25万座；铁路桥梁虽没有具体的数据，但是从里程推算应该有60万座左右。《2016年中国城市建设统计年鉴》数据表明，截至2016年，我国的城市道路总里程为38万km，城市轨道里程约5000km，粗略估计应该有20万座城市桥梁。那么我国目前至少有160万座桥梁。资料显示，美国的公路总里程650万km，但其高速公路里程仅有9万km。从总体数量上看，美国铁路总里程已达22万km，但却没有高速铁路；全美国的桥梁总数约为61万座，且有40%的桥梁使用寿命超过50年。通过数据对比可以看出，我国确实已是名副其实的桥梁大国，且价格低廉的混凝土桥梁所占比例很大。

近年来，我国桥梁建设飞速发展。据统计，截至2006年，我国现有各类现代桥梁53.36万座，其中公路桥34万多座、铁路桥18万多座[1]。2017年统计的桥梁总数接近160万座，比2006年增加了近107万座，11年建设的桥梁数量是2006年以前建设的桥梁总量的2倍，发展速度之快令人惊叹。未来几十年，我国还要面临琼州海峡、渤海海峡等跨海通道建设，还有占全国国土总面积71%的西部地区的崇山峻岭需要我们跨越，任务依然艰巨。

表1.1 2007~2017年公路与铁路里程统计　　　　（单位：万km）

年份	公路	高速公路	铁路	高速铁路
2007	358.40	5.39	7.8	0.31
2008	373.00	6.03	8.0	0.32

续表

年份	公路	高速公路	铁路	高速铁路
2009	386.10	6.51	8.6	0.44
2010	400.80	7.41	9.1	0.81
2011	410.60	8.49	9.3	0.99
2012	423.80	9.62	9.8	1.26
2013	435.62	10.44	10.3	1.42
2014	446.39	11.19	11.2	1.60
2015	457.73	12.35	12.1	1.90
2016	469.52	13.10	12.4	2.20
2017	477.35	13.65	12.7	2.50

表1.2 2007～2017年公路桥梁统计

年份	桥梁总数		特大桥		大桥	
	座数/万座	延米/万m	座数/座	延米/万m	座数/座	延米/万m
2007	57.00	2319.18	1254	208.58	35816	782.24
2008	59.46	2524.70	1457	250.18	39381	884.37
2009	62.19	2726.06	1699	288.66	42859	981.90
2010	65.81	3048.31	2051	346.98	49489	1167.04
2011	68.94	3349.44	2341	404.28	55229	1330.05
2012	71.34	3662.78	2688	468.86	61735	1518.16
2013	73.53	3977.80	3075	546.14	67677	1704.34
2014	75.71	4257.89	3404	610.54	72979	1863.01
2015	77.92	4592.77	3894	690.42	79512	2060.85
2016	80.53	4916.97	4257	753.54	86178	2251.50
2017	83.25	5225.62	4646	826.72	91777	2424.37

在特大桥领域，目前仅宜宾以下的长江干流上，包括在建的长江大桥总量达到135座；在世界上已建成的主跨跨径最大的前10座斜拉桥、悬索桥、拱桥和梁式桥中，我国分别占有7座、6座、6座和5座。中国的桥梁事业已融入了世界桥梁事业的整体发展格局中，正在成为中国"走出去"的新名片。

我国从半个多世纪前举全国之力建一座武汉长江大桥，到现在一年建成数百座特大桥，大跨径桥梁居世界之首，"中国跨度"见证着中国跨越。2003年通车的上海卢浦大桥主跨550m，成为当时世界上跨度最大的钢拱桥；2009年，主跨552m的重庆朝天门长江大桥通车，创下新的钢拱桥跨径世界纪录。2005年，全长32km的东海大桥建成通车。2008年，全长36km的杭州湾跨海大桥建成通车。北盘江大桥是杭瑞高速毕都段的控制性工程，位于云南省和贵州省交界处，北盘江大桥桥面至江面高差达565m，大桥主桥为钢桁梁斜拉桥，主跨720m，拥有"世界最高桥梁"的头衔。2011年，全长36.48km的青岛胶州湾跨海大桥建成通车，是当时已建成的世界最长的跨海大桥。被称为"世纪工程"的港珠澳大桥，全长55km，集桥、岛、隧于一体，如一条海上巨龙连接珠海、香港与澳门。主跨

1700m 的杨泗港长江大桥一跨过江，为世界上跨度最大的双层公路悬索桥。主跨 1092m 的沪通长江大桥，将再度刷新世界公铁两用斜拉桥跨度纪录，成为世界上跨度最大的公铁两用斜拉桥，是世界首座跨度超过千米的公铁两用桥梁。

桥梁安全，关乎人民群众生命财产安全和社会稳定。随着桥梁建设的增多和众多桥梁的超期超载服役，不断发生垮桥、损桥事故，造成严重的人员伤亡和巨大的财产损失，给人们敲响了警钟。认真反思桥梁事故的发生，可以把一次次灾难变成一本本教科书，变成源源不断的精神财富，有助于避免类似灾难重复发生。回顾近几年桥梁坍塌事故的发生概况，总结其发生的原因和教训，提出预防桥梁事故发生的对策，无疑对今后的桥梁建设管理是有好处的[2]。

1.2 混凝土梁桥概述

在量大面广的中小跨径及一般大跨径桥梁中，各种形式的预应力混凝土梁桥一直占有主导地位，而且有着广阔的发展前景。近 20 年来，随着我国交通运输业的蓬勃发展，预应力混凝土梁桥的建设取得了很大成就，其技术进步主要表现在以下几方面。

(1) 结构材料方面。高强、早强混凝土，高性能混凝土，以及在特殊使用要求下的特种混凝土正在得到推广应用，商品混凝土和泵送混凝土正在取代传统的施工方法。在预应力技术上，高强钢绞线、大吨位群锚技术日益普及，目前 1860 MPa 级的高强钢绞线，几乎包揽了新建大跨度预应力混凝土桥梁。各种预应力管道材料及成孔技术不断完善；大吨位的新型支座、大位移量的伸缩缝也在推陈出新。桥面铺装也逐步向着高品质方面发展，各种环氧沥青、彩色沥青、超薄罩面材料等逐步推广应用。

(2) 在结构设计方面。计算结构力学的发展和计算机的普及应用，使得大型复杂桥梁的计算和绘图工作效率大大提高。一些复杂的力学分析，诸如温度、徐变收缩、剪滞效应、非线性、抗震等棘手问题，可以通过电算求出较符合实际的结果。

(3) 在施工技术方面。以悬拼、悬灌、转体为代表的各种无支架施工方法走向成熟，施工机具的现代化水平正在提高，施工管理的水平也上了新台阶。

随着结构材料、设计水平及施工技术的提高，在工程实践上，各类桥梁的跨度记录不断刷新，建桥综合技术已经达到国际先进水平[3]。本节首先回顾混凝土梁桥的发展历程，然后介绍现代混凝土梁桥的几种基本结构形式。

1.2.1 混凝土梁桥发展历程

大约在公元前 3 世纪，古代罗马人发现了天然火山灰的水硬性，用它拌制的砂浆硬化后有很高的强度。在古罗马残留的遗迹中，坍塌的砌块牢牢地连接在一起，如果将砌块比作粗骨料，这算是古代混凝土的雏形。1756 年，英国工程师约翰·史密顿(John Smeaton)在修建灯塔时意外发现，把黏土和石灰石以适当的配比混合后煅烧(类似火山灰形成的过程)，可以达到很高的强度。史密顿的做法很快传遍欧洲各国，大家纷纷效仿。1824～1840年，约瑟夫·阿斯普丁(Joseph Aspdin)和威廉·阿斯普丁(William Aspdin)父子，总结出用石灰、黏土、矿渣等配比混合煅烧成"水泥"的方法。由于水泥硬结后的颜色和强度，与英国波特兰岛上的天然石材相似，人们便称它为"波特兰水泥"（即普通硅酸盐水泥）。"波特兰水泥"最早的一次大规模应用，是建造穿越泰晤士河河底的隧道。法国和德国分别在1840年和1855年建设了水泥制造厂，随后水泥在世界各地迅速推广使用。

1849年，法国园丁约瑟夫·莫尼尔(Joseph Monier)将铁丝与混凝土结合，制作花盆，解决了混凝土抗拉强度低的问题，并在1867年的巴黎博览会上展示了他的新发明。此后，他又陆续发明了铁筋混凝土管道、水箱、幕墙板，并在1875年设计了第一座铁筋混凝土桥。1875年法国工程师弗朗索瓦·埃纳比克(Francois Hennebique)受到莫尼尔(Monier)的启发，将铁筋混凝土应用到建筑领域，并于1892年发明了全套的铁筋混凝土建筑建造系统，立刻引起了当时土木工程界的震动。

在钢(铁)筋混凝土应用于建筑领域不久，1888年美国工程师杰克逊提出了预应力混凝土的概念，但最初的尝试并不成功。低强度的钢(铁)筋限定了预应力值，而较小的预应力很快在混凝土徐变、收缩后而全部损失。1928年法国工程师弗雷西奈(Freyssinet)提出必须采用高强钢材和高强混凝土，以减少预应力损失的影响，他率先应用了极限强度1725MPa的高强钢丝。之后，弗雷西奈和马格涅尔(Magnel)分别发明了锥形锚具和麦式楔形锚具，用于后张法预应力工艺。霍耶(Hoyer)则研究出不靠锚具的先张法工艺，用于在工厂生产小型的预应力混凝土构件。

1950年，国际预应力混凝土协会(FIP)成立，借着二战后重建的机会，预应力混凝土结构大量代替钢结构，推动了其理论和技术的蓬勃发展。1956年，林同炎先生完成了经典著作《预应力混凝土结构设计》一书，提出"荷载平衡法"理论，把预应力看作是构件上试图与外荷载平衡的另一种荷载，简化了预应力结构的分析。他将预应力理论在众多桥梁作品中实践，获得"预应力先生"的美誉。他采用预应力混凝土拱架结构，实现了净跨约90m的现代预应力桥梁。预应力钢筋混凝土技术被认为是混凝土发展过程中最重要的进步之一，它创造了一种理想的材料结合。

1955年，我国铁路部门顺利完成了跨度12m预应力混凝土试验梁的试制和试验研究工作；1956年建成28孔跨度24m的新沂河大桥，从而开始了预应力混凝土技术在我国铁路上应用的篇章。经过铁路系统工程技术人员的辛勤努力，预应力混凝土技术不断发展，技术水平不断提高，桥梁跨度不断突破，大跨径桥梁不断涌现，其中有代表性的工程有主跨为168m的攀枝花金沙江铁路连续刚构桥、顶推法施工的跨度80m的连续箱梁桥杭州钱塘江二桥。20世纪90年代，在南昆铁路线上建造了一大批各种类型的铁路桥梁，表明我国的铁路桥预应力混凝土技术已达到世界先进水平。

1957年，我国公路部门在北京周口店建造了我国第一座预应力混凝土公路试验桥，为单跨20m简支T梁桥。1959年在兰州建成七里河黄河桥，为7孔主跨37.5m的悬臂梁桥。后又建成新城黄河桥，桥型为5孔33m T形简支梁和3孔66m系杆拱，奠定了我国建造预应力混凝土桥的基础。随着我国交通运输的蓬勃发展，近几十年来，建造了大量预应力混凝土公路桥，尤以大跨径桥梁居多。连续刚构桥继黄石大桥250m主跨后，虎门大桥主跨达270m，后又被重庆长江大桥复线桥330m的跨度超越。主跨168m的攀枝花金沙江桥和钱塘江二桥等铁路桥表明我国的铁路桥预应力混凝土技术已达到世界先进水平。

城市桥梁在预应力技术的使用上要晚一些,从20世纪70年代开始,我国逐步修建了很多立交桥,采用简支、连续结构体系解决多层互相跨越的问题。目前很多城市的高架环路也采用预应力混凝土桥梁结构形式。

混凝土梁桥按结构体系划分一般有:简支梁、连续梁、T形刚构、连续刚构、刚构-连续组合梁桥以及V形墩刚构等。按截面形式划分,简支梁桥的截面形式变化较多,有I形梁、T形梁、Π形梁、槽形梁、箱形梁等;大跨度超静定梁桥绝大多数采用箱形截面。

预应力混凝土简支梁桥由于结构简单、受力明确、施工方便,仍将是我国建设中小跨径桥梁的首选结构。一般认为,预应力混凝土简支梁桥的合理跨径在50m以下,超出这一范围,梁高急剧加大,将失去其经济合理性。

连续梁桥在支座处仅提供竖向约束,所以在正常"恒载+活载"作用下的跨中截面弯矩要比连续刚构大,但由温度变化所产生的各种内力要比连续刚构小很多;大跨度连续梁对支座的承载力要求很高,甚至需要特别设计(如南京长江二桥北汊桥连续梁的支座达6500t)。但它要求桥墩只承受竖向反力,在深水基础的情况下允许采用高桩承台,能够大大简化基础及桥墩的设计与施工。

预应力混凝土连续梁与连续刚构同为大跨度梁式桥,连续刚构由于在墩顶处的墩梁固结,对梁跨形成附加约束,因而能够增加顺桥向的抗弯刚度和横桥向的抗扭刚度,从而提高桥梁的跨越能力;同时由于墩柱的约束,温度变化、收缩徐变等对连续刚构造成的内力影响,也比连续梁大得多;尽管在高墩桥位,经常采用柔性墩结构,但桥墩的材料用量、设计难度均要比连续梁大得多。

刚构-连续组合梁桥的受力特点则介于连续梁和连续刚构之间;V形墩刚构则具有增加桥梁刚度的特点。总之,在大跨度桥梁的桥式方案中,应当结合具体的经济技术条件,权衡抉择。例如,南京长江二桥北汊桥,结合桥位处温差大、桥墩高的具体情况,采用大跨度连续梁桥的方案,不失为因地制宜的优化选择,同时创造了我国大跨度连续梁桥的新记录[4-6]。

1.2.2 混凝土梁桥的结构形式

1. 混凝土简支梁桥

简支梁桥属于静定结构,受力明确,构造简单,施工方便,是中小跨度桥梁中应用最广的桥型。简支梁桥的结构尺寸易于设计成系列化、标准化,有利于组织大规模预制生产,并利用起重设备或架桥机架设。可以节约模板、降低劳动强度、缩短工期。

混凝土简支梁桥又分为板梁桥和肋梁桥。板梁桥主要是指桥梁的承重结构为矩形截面的钢筋混凝土和预应力混凝土板。其优点是构造简单、施工方便、建筑高度小;缺点是:从力学性能分析,位于受拉区的混凝土材料不但不能发挥作用,反而增大了结构的自重,当跨度稍大时就显得笨重而不经济。

图1.1(a)是几种典型的板梁桥断面形式:双向受力的弹性薄板(其受力钢筋需沿两个方向布置)、矮肋式板(为了减轻结构自重)、空心板桥(便于装配式施工)。小跨径桥梁中应用最广泛的是装配式肋梁桥(也简称梁桥)。梁肋与混凝土桥面板一起构成承重结

构[图 1.1(b)]。肋梁桥具有更大的抵抗弯曲荷载的能力,中等跨径(20～40m)桥梁中应用最广泛的是肋板式梁桥。肋板式梁桥的横截面又分为 T 形和 Π 形两种基本类型。

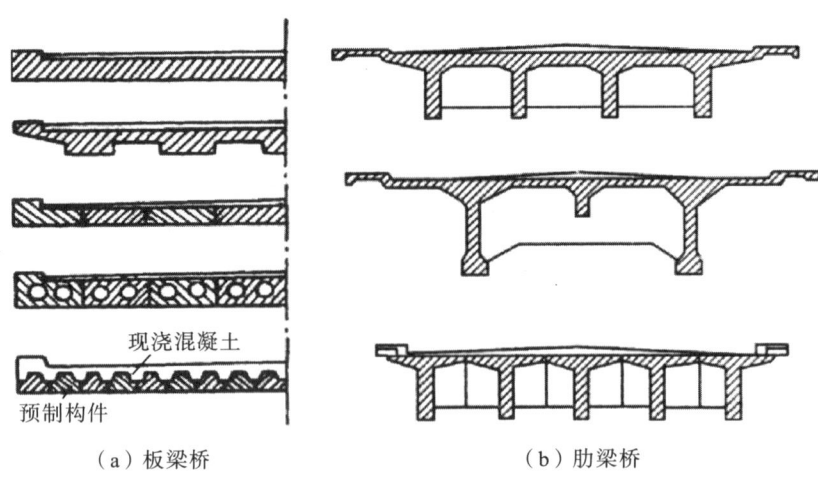

（a）板梁桥　　　　　　　　　　（b）肋梁桥

图1.1　混凝土简支梁桥常见断面形式

2. 悬臂施工预应力混凝土梁桥

自 1886 年开始,预应力混凝土技术经历了尝试、发明和试运用的过程。随着预应力技术、张拉技术等的不断更新发展,混凝土梁桥从无到有,不断向着更科学、更合理的方向发展。1928 年法国人弗莱西奈开始尝试采用高强度钢丝施加预应力,标志着现代预应力混凝土技术进入一个新的发展阶段。20 世纪 40 年代后期,预应力混凝土的预制分段施工在西欧开始萌发。其中又是法国人弗莱西奈第一个采用此项技术,于 1945～1948 年在马恩河上建成吕章西(Luzancy)桥(图 1.2)[7]。

图1.2　吕章西(Luzancy)桥

1952 年,德国工程师乌利希·芬斯特瓦尔德(Ulrich Finster-walder),首次采用预应力混凝土现浇平衡悬臂施工法建成了跨径(101.6+114.2+104.2)m 的沃尔姆斯(Worms)桥,开创了混凝土梁桥用于大跨径的新局面,T 形刚构桥从此得到非常迅速的发展。当时采用箱形截面,宽为 20.4m,墩梁固结,主跨跨中设有剪力铰[8]。从受力角度看,T 形刚构上部结构为悬臂体系,主要承受负弯矩,比较适合预应力钢束的布置,铰的作用主要是满足 T 构水平变形的需要,同时限制其竖向位移,也即相连的 T 构可以传递剪力,这样当其中一个 T 构受到竖向作用力时可以将其分担给相邻的 T 构共同承担,从而降低内力水平[9]。运营后逐渐发现,跨中设剪力铰的 T 构,铰处因混凝土徐变下挠而成折角,会引起车辆跳动,不仅导致行车不适,而且对梁体结构也会产生不利影响,并且剪力铰自身也较容易损坏。

桥梁中最简单的结构形式是简支梁,而这种桥梁由于自重引起的最大弯矩发生在跨中,以致截面材料的大部分都用来抵偿因其自身重量而引起的内力,跨度受到了严重限制,而随着社会的不断进步,需要更大的跨径来满足要求。而要解决简支梁跨径的问题,就必须合理地选择结构,使得最大弯矩截面发生在其自重对整个结构体系总的自重弯矩影响最小的地方。现浇平衡悬臂施工方法的采用,形成了预应力混凝土结构的一种新桥型——T 形刚构就是符合这种特点的结构形式之一[10]。

1964 年联邦德国建成了主跨为 208 m 的本道夫桥(Bendorf Bridge),成功地展现了悬臂施工方法的优越性,且在结构体系上又有了创新。薄型的主墩与上部连续梁固结,形成带铰的连续-刚构体系(图 1.3)。

图 1.3 本道夫桥(Bendorf Bridge)

我国的预应力混凝土 T 构梁桥技术始于 20 世纪 60 年代,1965 年建成的五陵卫河桥(图 1.4),为我国采用平衡悬臂拼装法建成的第一座预应力混凝土 T 形刚构桥。

图 1.4 五陵卫河桥

该桥分跨为(25+50+25)m,两个 T 构之间用剪力铰连接。上部结构横截面采用单箱单室,桥面宽 450cm。采用明槽钢丝束配筋、摩阻式锥形拉杆锚具。于 1965 年 4 月建成通车。

由于跨中剪力铰在运营中出现的弊端,带铰 T 构逐步向两个方向发展。在我国主要由带挂梁的 T 构所替代。这种结构避免了铰处的折角,化解为折线,有利于行车;但伸缩缝多,牛腿构造复杂,易损坏,施工时除需挂篮设备外,还需吊装挂梁的设备。

成昆线旧庄河一号桥(图 1.5)是中国铁路史上首次采用悬臂拼装法施工的预应力混凝土梁桥。位于云南禄丰县境内,1966 年 11 月竣工。全长 106m,桥跨为(24+48+24)m 的铰接悬臂梁,中跨跨中设独特的预应力混凝土剪力铰,中墩设置活动支座,制动力由两桥台承受。边跨端支点设制动支座和特殊设计的预应力混凝土柔性锚柱以承受正负支点反力。主梁为变截面单室箱梁,下翼缘采用 1.5 次抛物线,中跨跨中高度 2m,中墩墩顶处梁高 4.39m。预制段长 2.4m,最大块重 31.6t。顶部钢丝束分层布置在宽 206cm、深 14~24cm 的明槽内,底部钢丝束设于预留管道内,上、下钢丝束均锚固在梁内侧的齿板上。该桥达到了当时同类型铁路桥梁的国际水平[11]。

图 1.5 旧庄河一号桥

随着 T 形刚构桥在跨度和理论上的发展,20 世纪 60 年代末期,此类桥在体系和结构上发生了一些改变,除了在主跨中间设置铰或挂梁以外,其边跨部分改成了连续或是部分设铰的形式。1972 年日本建成的浦户大桥(Urato Bridge),跨度为(55+130+230+130+55)m,五跨连续跨中带铰,是当时世界上跨度最长的 T 构桥梁。这种形式的 T 构桥因其边跨的连续性,能很好地减少传统 T 构由于跨度增大导致活载下挠较大的弊病,使梁桥在跨度方面又前进了一步;同时桥面纵向一般做成具有一定坡度的弓背形,跨中为坡度的顶点,并在此处设铰,这样一来,中跨铰处的下挠就表现在桥面坡度的减缓上,有利于保持桥梁的原有外形,也不会明显影响车辆通行[12]。

3. 连续梁桥

连续梁适用范围很广,从中小跨径梁桥到特大跨径梁桥,对于中小跨径梁桥往往采用搭架浇筑,或先简支,后连续。对于大跨径梁桥,随着交通运输的迅速发展,要求行车平顺舒适,多伸缩缝的 T 构已不能满足要求,于是连续梁得到了迅速发展。用顶推法施工时,一般限于等截面连续梁。悬臂施工时,往往采用变截面,梁墩临时固结,合拢后将梁墩固结改为支座,转换体系而成连续梁。然而,连续梁桥的主梁是超静定结构,墩台的不均匀沉降会引起梁体各孔内力发生变化。因此,连续梁一般用于地基条件较好、跨径较大的桥梁上。

在跨径方面,连续梁也取得了较好的成果。如 1974 年瑞士建成的摩泽尔桥(Mosel

Bridge),其主跨为192m；1975年南斯拉夫建成的跨越多瑙河的桥贝希克桥,全桥长2250m,其主跨为(105+210+105)m；1984年英国竣工了全长1286m的奥韦尔桥(Orwell Bridge),是一主跨为190m的18跨连续梁[(46+5×59+72+106+190+106+72+6×59+46)m]。

我国连续梁发展也较为迅速。云南怒江六库大桥位于云南省怒江傈僳族自治州州府六库,跨怒江(图1.6)。

图1.6 云南怒江六库大桥

该桥于1991年3月竣工,是当时国内跨度最大的预应力混凝土连续箱梁桥。采用3跨变截面箱形梁,分跨为(85+154+85)m,箱梁为单箱单室截面,箱宽5.0m,两侧各挑出伸臂2.5m。支点处梁高8.5m,为跨度的1/18；跨中梁高2.8m,为跨度的1/55；全桥仅在0#块内设置横隔板两道。采用三向预应力配筋,纵向采用大吨位钢绞线群锚体系,仅于顶底板内配筋而无下弯索和弯起索,既简化了施工,又不为布索而增厚腹板；竖向预应力筋采用Ⅳ级d32高强度精轧螺纹钢筋,兼作悬浇挂篮的后锚钢筋。下部结构采用空心墩,钻孔灌注桩基础支承于岩层上。

由于连续梁桥需要安装支座,且随着连续梁跨度的进一步增大,自重越来越大,对支座的要求越发严格,人们又开始重新着眼于墩梁固结体系,为避免大跨度连续梁桥的弊端,连续刚构桥就应运而生了[13]。

4. 连续刚构桥

连续刚构桥是目前大跨径桥梁建设中常用的一种结构体系,其跨径为100~300m。连续刚构桥综合了连续梁桥和T形刚构桥的受力特点,主梁为连续梁体,并与桥墩固结。在受力特点上连续刚构体系上部结构同连续梁一样,而桥墩底部所承受的弯矩、梁体内的轴力随着墩高的增加而减小。在跨径大而墩高小的连续刚构桥中,由于体系的温度变化,混凝土的收缩将在墩底产生较大的弯矩。为减小水平位移在墩上产生的弯距值,连续刚构桥通常采用水平抗推刚度较小的双薄壁墩。

连续刚构桥最早出现在20世纪60年代,1969年瑞士建成的希尔高架桥(Chillon Viaduct)(图1.7),是一座总长2km的预应力混凝土连续刚构桥,由23跨组成,跨径为

92m、98m、104m 不等，伸缩缝间的最大长度为 576m，采用双薄壁墩。最大墩高 36m，由两片 0.8m 厚、间距 8m 的墩身组成。

图 1.7　希尔高架桥(Chillon Viaduct)

1982 年，美国建成世界上第一座大跨度连续刚构桥——休斯敦(Houston)运河桥，其主跨对称分布为(114+229+114)m；1985 年，澳大利亚也建成了跨径为(145+260+145)m 的门道桥(Gateway Bridge)(图 1.8)，这座桥是连续刚构桥历史上的一座标志性建筑。该桥最大跨径维持了 12 年之久[6]。2011 年澳大利亚又在门道桥旁边建成了同等跨径的门道二桥，跨径为(162+2×260+162)m。挪威的斯托尔马桥主跨为 301m，与该桥相同的预应力混凝土连续刚构桥拉脱圣德桥的主跨跨径达到了 298m，这两座桥将连续刚构桥的跨径推向了顶峰。

图 1.8　门道桥(Gateway Bridge)

连续刚构桥在我国的发展始于 1988 年的广东洛溪大桥(图 1.9)。该桥是跨越珠江下游主航道的一座四车道公路桥，全桥长 1916.04m，主桥梁为(65+125+180+110)m 的不对称四跨连续刚构，桥面宽 15.5m。主桥上部采用单箱单室结构，箱高在主墩支承处为 10m，在各跨合拢截面处为 3m。主墩采用钢筋混凝土空心双柱墩,每个柱的外形尺寸为(2.2×8×26.7)m,承台尺寸为(14.2×15×4)m。该桥腹板厚度:3、4 号主 T 在开始节段为 70cm,第 9 梁段以后为 50cm,2 号 T 在根部为 70cm,第 3 梁段以后为 50cm;底板厚度:3、4 号主 T 由根部 120cm 到合拢段为 32cm,中间各段厚度按二次抛物线变化;2 号 T 由根部 60cm 到合拢段为 32cm,中间各段厚度按二次抛物线变化。它的成功建成为我国连续刚构桥的推广迈出了重要一步[14]。

图 1.9　洛溪大桥

此后,连续刚构桥中比较有影响的有 1995 年建成的黄石长江大桥,其主跨为(162.5+3×245+162.5)m;1997 年建成的连续刚构桥——虎门大桥辅航道桥(图 1.10),主跨(150+270+150)m,桥宽 31m,6 车道,梁高及底板呈二次抛物线变化,箱梁根部高 14.8m,跨中梁高 5m,桥墩为双柱空心墩,高 35m,具有较大的抗弯刚度,基础采用高桩承台,每墩有 32 根直径 2.0m 的桩嵌入岩石,主梁用挂篮法平衡悬臂浇筑。该桥的建成刷新了当时我国连续刚构桥的最大跨径。

图 1.10　虎门大桥辅航道桥

与此同时,铁路连续刚构桥也在飞速发展,较早的如南昆线上的喜旧溪桥(主跨 88m)、板其二号桥(主跨 72m)等。清水河桥(图 1.11)为 3 跨连续刚构桥,主跨 128m,单箱单室变截面，桥墩处梁高 8.8m，跨中处梁高 4.4m。箱梁顶板宽 8.1m，箱宽 6.1m，腹板厚 0.4~0.7m，底板厚 0.4~0.9m，顶板厚 0.5m，梁体为 C50 混凝土，三向预应力，悬臂灌注法施工。

图 1.11　南昆铁路清水河桥

我国其他具有代表性的铁路桥有主跨为 192m 的襄渝铁路线牛角坪双线特大桥；主跨为 168m 的广东沙湾水道双线连续刚构特大桥。近几年，随着我国西部大开发战略的实施，交通基础设施不断延伸进广大西部山区。连续刚构桥具有较大的跨越能力，符合西部山区的跨越性建筑，因而得到了极大的发展。近年来，我国的预应力混凝土桥梁建造技术已处于世界领先水平[15,16]。

1.2.3　混凝土梁桥的发展趋势

经过近 150 多年的发展，混凝土梁桥在理论上、计算上、建造技术上、维修养护上都得到了很大的发展，但目前仍然有一些新技术等待开发。现阶段，混凝土梁桥的发展主要从混凝土材料、预应力钢筋、钢混凝土组合结构几个方面进行，有些领域已经取得较大进展。

从混凝土梁桥主要使用的混凝土看，桥梁用混凝土逐渐由高强向高性能方面发展，如从常用的 C50 混凝土到 C80 混凝土。高性能混凝土(high performance concrete，HPC)是一种新型混凝土，采用常规材料和工艺生产，具有混凝土结构所要求的各项力学性能，具有高耐久性、高工作性和高体积稳定性。高性能混凝土也逐步代替传统高强混凝土，逐渐成为桥梁建造的主要材料，但高性能混凝土缺少量化指标，这方面亟待进一步规范。

超高性能混凝土(ultra-high performance concrete，UHPC)又是一个新的研究趋势，2001 年法国就建造了 210MPa 混凝土的跨线桥。随后，美国、澳大利亚、日本等国相继开展 UHPC 的配制和应用，我国近年来也开展了相关研究和应用。UHPC 与普通混凝土或高性能混凝土不同的方面包括：不使用粗骨料，必须使用硅灰和纤维(钢纤维或复合有机纤维)，水泥用量较大，水胶比很低。UHPC 堪称耐久性最好的工程材料，适当配筋的 UHPC 的力学性能接近钢结构。同时 UHPC 具有优良的耐磨、抗爆性能。因此，UHPC 特别适合用于大跨径桥梁、抗爆结构和薄壁结构，以及高磨蚀、高腐蚀环境。

近年对预应力钢筋的研究相对较少，但也有一些前沿开发。碳纤维索由于其强度超高

(2500～3000MPa)、耐腐蚀性较好，不少研究者尝试用它替换预应力钢绞线。碳纤维索需要解决的技术难题是端部锚固的问题，现在解决的途径是用钢管固定，钢管内用具有膨胀性能的树脂灌注，则其锚具制作就简单很多。碳纤维索的缺点是防火性能极差，明火情况下极易着火而失去强度。

混凝土梁桥的另一个发展方向是利用钢材和混凝土进行组合设计，叠合梁、结合梁等可以发挥钢材和混凝土各自的优势。近年对采用波形钢腹板的混凝土梁桥的研究和应用都较多，先是波形钢腹板的简支梁桥、连续梁桥，后发展到小跨径的连续刚构桥，再是大跨度连续刚构桥。波形钢腹板混凝土桥梁主要是利用腹板主要承担剪力的特点，用抗剪能力较强的钢板替换传统意义下的混凝土，减轻自重，提高跨越能力。为了解决钢板的局部稳定性问题，所以采用波形，同时波形钢腹板具有"手风琴效应"，没有沿桥纵向的抵抗拉压的能力，所以弯矩和轴力作用下，仅顶底板提供抵抗力；剪力作用下，仅波形钢腹板提供抵抗力。波形钢腹板混凝土桥梁需要解决的是钢板与混凝土的连接问题、设计计算的目标和标准问题等，工程实际经验还需要积累总结，全寿命期的造价、工程运营的质量、桥梁的可靠度和寿命等都需要深入分析和检验。

1.3　运营桥梁事故分析

1.3.1　工程事故及风险分析

工程事故分析是一门严谨的学科，内容主要包括事故原因分析、事故责任认定、事故类别与类型分析、事故产生的机理研究、事故与环境和历史的联系等。根据我国 2007 年施行的《生产安全事故报告和调查处理条例》，工程建设安全事故划分为特别重大事故、重大事故、较大事故和一般事故 4 个等级。

(1) 特别重大事故，是指造成 30 人以上死亡，或者 100 人以上重伤，或者 1 亿元以上直接经济损失的事故。

(2) 重大事故，是指造成 10 人以上 30 人以下死亡，或者 50 人以上 100 人以下重伤，或者 5000 万元以上 1 亿元以下直接经济损失的事故。

(3) 较大事故，是指造成 3 人以上 10 人以下死亡，或者 10 人以上 50 人以下重伤，或者 1000 万元以上 5000 万元以下直接经济损失的事故。

(4) 一般事故，是指造成 3 人以下死亡，或者 10 人以下重伤，或者 1000 万元以下直接经济损失的事故。其中，事故造成的急性工业中毒的人数，也属于重伤的范围。

最高人民检察院、公安部《关于公安机关管辖的刑事案件立案追诉标准的规定(一)》(公通字〔2008〕36 号)第十三条规定：建设单位、设计单位、施工单位、工程监理单位违反国家规定，降低工程质量标准，涉嫌下列情形之一的，应予立案追诉：①造成死亡 1 人以上，或者重伤 3 人以上；②造成直接经济损失 50 万元以上的；③其他造成严重后果的情形。

根据我国刑法第一百三十七条规定，建设单位、设计单位、施工单位、工程监理单位违反国家规定，降低工程质量标准，造成重大安全事故的，对直接责任人员，处五年以下有期徒刑或者拘役，并处罚金；后果特别严重的，处五年以上十年以下有期徒刑，并处罚金。

虽然上述法律法规主要针对工程建设期出现的安全事故做了规定，但桥梁运营期出现安全事故一样可以参照适用。桥梁工程运营事故有别于其他安全生产事故，具有以下特征。

(1) 客观性。桥梁工程受自然界各种突变情况的影响，处于各种抵抗力可作用效应的对立统一中，其发生事故具有客观性，即没有办法绝对避免桥梁事故，但可以预防、减少桥梁事故的发生，可以在预警的基础上采取封闭交通等措施，确保不发生重大伤亡事故。

(2) 不确定性。桥梁工程风险事件的发生及其后果都具有不确定性。从设计的角度看，其安全性也是在一定可靠度条件下的，其失效概率虽然接近 0，但仍然不能掩盖时间本身的随机性。

(3) 可变性。桥梁事故风险的可变性主要表现在风险源的变化，如裂缝的出现和发展、沉降的扩大等达到量变到质变时，会出现新的风险。采取措施进行加固，可以消除风险因素。

(4) 阶段性。桥梁事故风险阶段性也具有一定的规律，如通车后 3~5 年(检验短期性能，承受各种大概率的荷载)、10 年(混凝土逐渐完成徐变，趋于稳定)、30~40 年(钢筋、混凝土等建筑材料耐久性的考验)、60~70 年等阶段(从青壮年进入老年的过渡，能否成为经典古老桥梁的标志期，同时也会承受各种各样的偶然荷载，如多遇地震采用的频遇期就是 50 年一遇)都处于风险较高的时期。

以上特点决定桥梁在运营期会碰到各种风险，要避免或减小这些风险，可以采用如下应对方法。

(1) 风险回避：是指考虑到风险存在和发生的可能性，主动放弃或拒绝实施可能导致风险损失的方案。风险回避具有简单易行、全面彻底的优点，能将风险的概率降低到零，但回避风险的同时也放弃了获得收益的机会。

(2) 风险降低：有两方面的含义，一是降低风险发生的概率；二是一旦风险事件发生尽量降低其损失。如项目管理者在进行项目采购时可预留部分项目保证金，如果材料出问题则可用此部分资金支付，这样就降低了自己所承担的风险。采用风险控制方法对项目管理是有利的，可使项目成功的概率大大增加。

(3) 风险分散：是指增加承受风险的单位以减轻总体风险的压力，从而使项目管理者减少风险损失。如工程项目建设过程中建筑公司使用商品混凝土，混装混凝土就可以将风险分散给材料供应商。但采取这种方法的同时，也有可能将利润分散。

(4) 风险转移：是为了避免承担风险损失，有意识地将损失转嫁给另外的单位或个人承担。通常有控制型非保险转移、财务型非保险转移和保险转移三种形式。控制型非保险转移，转移的是损失的法律责任，它通过合同或协议消除或减少转让人对受让人的损失责任和对第三者的损失责任。财务型非保险转移，是转让人通过合同或协议寻求外来资金补偿其损失。保险转移，是通过专门机构，根据有关法律，运用大数法则签订保险合同，当风险发生时就可以获得保险公司补偿。

(5) 风险自留：是项目组织者自己承担风险损失的措施。有时主动自留，有时被动自留。对于承担风险所需的资金，可以通过事先建立内部意外损失基金的方法得到解决。

本书所涉及的桥梁健康监测技术和评估方法，在风险回避、风险降低方面具有非常明显的效果。通过监测数据实行预警，在桥梁出现损伤后及时提醒管理者进行处理，阻断桥梁事故发生的可能性，这是风险回避的技术手段。发生突发情况后，及时预警通知管理者封闭交通，哪怕发生桥梁事故，也可以避免人员伤亡，这是风险降低的技术手段。管理部门可与桥梁监测单位签订相关合同，承诺服务期限，同时界定发生事故的风险转移问题，这种做法现在还比较少，但可以把桥梁发生事故的风险部分转移出去，同时也给监测单位一定的要求，便于行业提高技术。另外对于特殊桥梁或病害桥梁，也可以请检测单位出具报告后，与保险公司签订风险转移的合同，这种做法在我国工程实践中也比较少见。因为桥梁事故发生的风险较大但概率极低。风险自留虽然从风险管理角度看是被动和不可取的，但却是目前该领域处理风险的常用方法。

桥梁事故按事故的基本原因，可分为人为失误和自然灾害两类。人为失误造成桥梁事故主要包括设计原因、管理原因、碰撞原因及其他人为原因等。该类桥梁事故的特点主要表现为事占桥梁事故比例较高，产生事故的原因较为复杂，不仅仅由单一原因导致，有时是两个或者多个原因共同导致，通过采取相应的措施可以避免。灾害如洪水灾害、泥石流灾害、地震灾害等造成的桥梁事故的特点主要表现为事占桥梁事故比例相对较低，产生事故的原因较为明确，受自然因素影响较大，往往不易控制和预防[17]。

1.3.2 人为主观原因

1. 设计理论不成熟

由于对诸如风载、屈曲、断裂以及新材料特征等缺乏足够的认识，导致了部分桥梁事故发生。现阶段，桥梁力学涉及的材料力学、结构力学、弹性力学的发展已经十分成熟，在一定的简化假设条件下结构计算没有问题，特别是近10年有限元软件的大规模使用，在初等力学的范畴对于桥梁结构的计算问题已基本解决。

高等桥梁结构力学问题仍需要探索研究，如剪力滞问题、翘曲畸变变形问题、车桥耦合振动问题、抗风抗震问题、稳定及疲劳问题等，这些问题涉及的力学数学知识比较复杂，并且有些问题还没有得到彻底解决，也不能像有限元软件那样方便普通工程师使用。另外，实际工程与计算模型之间的简化误差问题，还涉及一些新结构、新材料、新工艺，其计算方法也需要逐步更新发展。

基于设计理论的不完善还没有彻底解决，桥梁工程建造之初就埋下隐患，导致部分桥梁在运营一定时期之后就出现严重病害，这些病害没有被及时发现，就可能导致桥梁事故。如我国历史上的双曲拱桥，从理论上看是一种完美的结构，在经过一定时期的修建之后，发现出现大量裂缝，之后就不再修建该类桥梁。又如连续刚构桥，设计验算各项指标都能满足规范要求，但从建成的桥梁看，开裂下挠现象十分严重，有些桥梁仅使用几年就要进行大规模的加固处理。

2. 管理原因

管理原因导致的桥梁事故是指在桥梁使用阶段管理单位对桥梁结构的检测、维护、维修、管理工作不到位而引发的桥梁事故。包括养护不当引起的桥梁事故、维护不力引起的桥梁事故。

在管理制度上,我国交通部早在2007年就颁布了《公路桥梁养护管理工作制度》,要求对桥梁要进行经常检查、定期检查、特殊检查,被行业称为"桥梁三查"。经常检查每月不少于一次,汛期加大频次。定期检查每三年一次,特殊结构桥梁每年一次。特殊检查对一般桥梁没有频次规定,只是要求四、五类桥或拟提高荷载等级、通过重车、发生特殊自然灾害后必须进行特殊检查。对于特大桥、特殊结构桥梁、单孔跨径60m及以上的大桥和一、二类桥至少每5年进行一次特殊检查,三类桥至少每三年进行一次特殊检查;这些桥梁同时要求建立永久变形观测点,一、二类桥每三年进行一次变形观测,三类桥每年至少进行一次变形观测,四、五类桥每季度至少进行一次变形观测。对于特别重要的特大桥,需要建立健康监测系统。

从技术层面看,我国的桥涵养护规范、桥梁技术状况评定规范、桥梁承载力评定规程、桥梁荷载试验规范等体系较为健全。但实际操作的问题主要在于管理养护者是否执行了这些规定和规范。当然也与实际情况有一定关系,我国现在有各类桥梁超过160万座(大桥和特大桥约10万座),6000万延米(大桥和特大桥3000万延米)。按120元每延米的定期检测费计算,三年进行一次定期检测,行业产值规模每年24亿元。按照每座特大桥和大桥50万元的特殊检测费计算,五年进行一次特殊检测,行业产值规模每年100亿元。

3. 超载原因

超载主要分为人群超载和车辆超载两类。车辆超载不但使桥梁的使用寿命大大降低,而且在使用年限内的安全性也大大降低。超载车辆由于车轴重的成倍增加,对桥梁行车道板的损害非常严重,影响车辆顺利通行,更有甚者会造成桥毁人亡的惨剧。

车辆超载主要有两种情况,一种是由于早期修建的桥梁随着桥梁生命周期的延长,其承载能力不断衰减,使得车辆过桥时增加了危险性,同时,桥梁在设计初始根据当时的车流量作为设计依据,由于时间推移、经济发展等原因,车流量超出预期设计值,桥梁使用安全同样受到威胁。另一种是,车辆使用者谋求私利,人为恶意超载,使得桥梁结构不堪重负,存在事故隐患。前一种原因属于客观原因,受时间及认知规律的影响,无法避免,只能通过现阶段对既有桥梁的监测、加固和维修工作加以控制,减少桥梁事故的发生。后一种原因属于主观原因,通过相应的安全教育及桥梁管理部门的严格控制,可以有效降低此类事故的发生[18]。近年也发生了一些因车辆超载同时偏载导致桥梁整体倾覆的桥梁事故。

4. 碰撞因素

桥梁极大地方便了人们的交通和生活,但也有因桥梁选址不当以及既有桥梁不适应新的通航需求,使得一些地区桥梁的建设极大地阻碍了航运发展,船舶航行的畅通性得不到保障,也使得桥梁的安全适用性受到了极大挑战。碰撞因素除了船撞之外,还有河流里面的流冰和流木的撞击、立交桥下层路面的车辆对上层桥梁桥墩的撞击、爆炸冲击和车辆撞击桥梁防撞护栏等。

1.3.3 自然客观原因

1. 洪水灾害

我国是世界上洪水灾害发生最频繁的国家之一。洪水灾害对桥梁的破坏极大，往往发生面积较广，出现较为频繁，一次洪水的发生往往对一条河流上的多座桥梁产生破坏，影响交通安全。

2. 地质灾害

地质灾害是指在自然或者人为因素的作用下形成的，对人类生命财产、环境造成破坏和损失的地质作用(现象)，如崩塌、滑坡、泥石流等，每年都会造成巨大的经济损失和人员伤亡。桥梁结构与自然接触密切，受崩塌、滑坡、泥石流灾害的影响最为严重，对我国公路及铁路桥梁事业造成了重大损失，尤以铁路桥梁为重。

3. 地震灾害

我国是一个地震高发国家，频率高、强度大、分布广是我国地震的特点。地震的发生对公路交通设施的破坏较为严重，尤其是对桥梁结构的破坏。在所有桥梁结构破坏的原因中，地震灾害居首位。而在破坏的桥梁类型中，尤以梁式桥(简支梁桥、连续梁桥、连续刚构桥)和拱桥被破坏的数量最多。

1.3.4 桥梁事故实例

1875年俄罗斯的克夫达敞开式桥，因上弦杆压杆失稳而引起全桥破坏；1879年苏格兰泰河铁路桥，由于设计者对风荷载认识不足，取值太低，导致被大风吹垮[19](图1.12)。1928年，因设计者忽略动荷载的影响，导致美国新泽西州的一座敞开式公路桥垮塌。1940年，美国华盛顿州的塔科马海峡大桥，在建造最后阶段，人们就发现大桥在微风的吹拂下会出现晃动甚至扭曲变形的情况，驾驶员在桥上驾车时可以见到另一端的汽车随着桥面的扭动一会儿消失一会儿又出现的奇观。1940年11月7日，塔科马海峡大桥在远低于设计风速19m/s(相当于八级大风)的风速下发生强烈的风致振动，桥面经历了70min振幅不断增大的反对称扭转振动后桥面折断坠落到峡谷中(图1.13)。

图1.12 泰河铁路桥坍塌事故

图1.13 塔科马海峡大桥风毁事故

2001年11月7日，四川宜宾南门大桥坍塌(图1.14)。宜宾南门大桥主桥为中承式钢筋混凝土肋拱桥，矢跨比1∶5，是当时国内跨径最大的钢筋混凝土拱桥，中部180m范围为钢筋混凝土连续桥面。2001年11月7日凌晨4点，从四川宜宾进入云南的咽喉要道宜宾南门大桥发生悬索及桥面断裂事故，桥两端同时塌陷，造成交通及市外通信中断。事故是连接拱体和桥面预制板的4对8根钢缆吊杆断裂，北端长约10m、南端长约20m的桥面预制板发生坍塌。两边的断裂处都是在主桥与引桥的结合点，恰恰也是吊桥动态与静态的结合点。因受力不均，一边垮塌后，使桥面的支撑力发生波浪形摆动，造成另一边也垮塌。

2003年6月3日，深圳华强北立交桥A、B匝道发生严重错位事故。事故原因：A、B匝道桥支撑体系存在缺陷，限制曲线梁体水平滑移，向外翻转的措施不够合理，在超载车辆及温差作用长期影响下，曲线梁体产生的水平横向变位得不到有效限制，最终导致错位事故的发生[18]。

1871年7月17日，美国堪萨斯城发生一起严重的人行吊桥坍塌事故(图1.15)，共造成140人死亡，185人受伤。当时正在举行舞蹈比赛，人行吊桥上集中了1500~2000人，导致结构超负荷承载，最终导致事故发生。事后调查发现事故原因主要有两个，其一是桥面人员过多，负载过重；其二是跳舞的人们有节奏的振动引发人行桥结构断裂[20]。

图1.14　坍塌的四川宜宾南门大桥　　　　图1.15　黑亚特摄政饭店人行桥事故

2004年6月15日，横跨深圳龙岗河，连接坑梓镇和坪地镇主要道路的年丰大桥发生断裂事故(图1.16)。年丰大桥于1992年通车，桥长938m，因大桥两根主桥柱断裂，致使桥面断裂下陷呈"V"形。据勘测，该桥是由于大量超载的汽车频繁通过该桥引起的。2007年8月15日凌晨，一辆载重货车通过山西太原东柳林桥，在超重荷载的作用下，使得该桥西半幅桥面整体垮塌(图1.17)。事后调查发现，这辆压塌东柳林桥的五轴货车，载重总量超过180t，超过该桥原设计荷载2.3倍[21]。

2010年11月22日，柬埔寨金边地区的钻石桥，由于桥面上集结了大量人员，严重超载，导致桥梁晃动，致使人群恐慌引发恶性踩踏事故(图1.18)。事故共造成375人死亡，755人受伤[18]，令人震惊。

2007年6月15日，广东佛山九江大桥遭一艘载有上千吨沙石的运沙船撞击，200m长的桥面塌陷，落入江中(图1.19)。据报道，当日，江面上有浓雾，能见度极低，而船长没有按照规定加强瞭望、选择安全地点抛锚以及采取安全航速等措施，在无法确认船首前方所见白灯是否为主航道灯的情况下，仍然冒险航行。当这艘运沙船接近九江大桥时，船因偏离航道以及船长对航道灯判断的严重失误，致使该船头与九江大桥 23 号桥墩发生触碰，导致九江大桥 23 号、24 号、25 号三个桥墩倒塌，并引发其所承载的桥面坍塌，1675.2m 的九江大桥坍塌 200m，使得正在桥上行驶的四辆汽车落入江中损毁(经鉴定，共计价值 32 万余元)，车内 6 人以及 2 名大桥施工人员落水后死亡，造成经济损失 4500 万元[22]。

图 1.16　年丰大桥断裂事故

图 1.17　东柳林桥坍塌事故

图 1.18　钻石桥踩踏事故

图 1.19　广东佛山九江大桥事故

2012 年 5 月 23 日 10 时左右，温州一艘新造的大型游轮在拖引过程中，游轮顶部的烟囱与温州大桥发生刮擦，游轮的两个烟囱被削平(图 1.20)。游轮顶部的烟囱是由铁制品打造，与游轮顶部焊接在一起，相撞时产生的力度较弱，并未对大桥造成严重伤害。事后调查表明，事发游轮的高度约 30m。在实际建设中，为了美观，就在游轮顶部加了高约 3m 的烟囱，而这一行为并没有向当地海事部门报告。在游轮的拖引过程中，由于时间紧，工作上马虎，没有及时发现游轮高度已经超出了温州大桥的桥身，导致事故发生。

崇州市怀远定江大桥始建于 20 世纪年 60 代，全长约 135m。2008 年后，该桥被专家鉴定为老旧桥，承载能力有限，已采取限高限重措施，已不作为主要交通要道[20]。2010 年 8 月 19 日上午 9 时 20 分左右，该桥因山洪冲刷发生局部垮塌(图 1.21)，桥面坍塌三孔，60 余米桥身陷入河中，事故造成两人死亡。造成此次大桥局部垮塌的原因是连夜暴雨、洪水不断冲刷，造成桥基悬空，以致桥面跨塌。2010 年 8 月 19 日 15 时 15 分许，宝成铁路德阳至广汉段石亭江铁路大桥被洪水冲断，一列从西安开往昆明的 K165 次火车第 15、16 节车厢掉进石亭江。车上 1300 名人员安全转移，宝成铁路下行在广汉境内暂时中断(图 1.22)[18]。

受汛期提前，上游降雨偏多的影响，2018年7月27日21点45分，四川省眉山市彭山区岷江大桥发生垮塌(图1.23)。大桥垮塌前，当地已经对大桥实施双向封闭措施，未造成人员伤亡。据了解，在2018年的汛期来临前，相关部门就发现这座大桥存在安全隐患，对大桥进行定期检测，并在大桥上安装实时监测系统，安排专人24h监测。7月27日21时14分，工作人员发现监测数据出现了异常，岷江大桥出现较大位移，立即上报，彭山区立即启动应急预案，21时17分对大桥实施双向封闭，禁止通行，并疏散桥面及大桥周边车辆和围观群众。约30min后，桥面发生部分垮塌[23]。

图1.20 温州大桥碰撞事故　　　　　　图1.21 崇州怀远定江大桥坍塌事故

图1.22 石亭江铁路大桥事故　　　　　　图1.23 岷江大桥坍塌事故

我国铁路史上最大的泥石流灾害发生在成昆铁路向南行横跨大渡河后所穿越的第一条沟谷(利子依达沟)中。这次泥石流灾害发生的时间是1981年7月9日凌晨1时30分，成昆铁路利子依达沟铁路桥被冲毁，约15min后，由格里坪至成都的442次列车，不幸在桥位处遭遇泥石流，两辆机车、一节邮政车、一节客车及一批旅客，一起被泥石流推入奔腾咆哮的大渡河中，导致275人死亡，数十人受伤，酿成了我国铁路史上罕见的泥石流灾害事故(图1.24)。

2010年8月12~13日，绵竹清平、天池等乡发生强降雨。暴雨导致文家沟山体崩塌，发生特大泥石流灾害。泥石流冲塌绵远河上游的幸福大桥，导致幸福大桥整体移动1000m，并堵塞老清平大桥，致使绵远河堵塞，水位抬高，河水改道(图1.25)。

图 1.24　利子依达沟铁路桥事故

图 1.25　绵竹老清平大桥

1.4　混凝土 T 梁桥常见病害

随着我国国民经济的迅猛发展，交通运输量的增加以及运输载重量的加大，公路运输对公路桥梁通行能力和承载能力的要求越来越高。目前，部分运营桥梁存在设计、施工等方面的缺陷，造成桥梁衰老加快，寿命缩短。桥梁维修加固，可以延长桥梁的使用寿命，用少量的资金投入，使桥梁满足交通行业的发展需求。

钢筋混凝土 T 梁桥由于具备节省材料、受力明确、计算简单、施工工艺成熟等优点，是我国目前应用最多的装配式简支梁桥。然而经过多年运营，尤其是超载车辆的破坏，大部分 T 梁都会出现各种病害。T 梁桥最常见的病害主要有梁体混凝土开裂、翼板渗水、横隔板破坏、桥面开裂等[24-28]。

1.4.1　梁体病害

T 梁腹板及马蹄混凝土开裂现象较多，尤其是跨中附近开裂较普遍。如图 1.26 为某桥马蹄部位纵向裂缝。

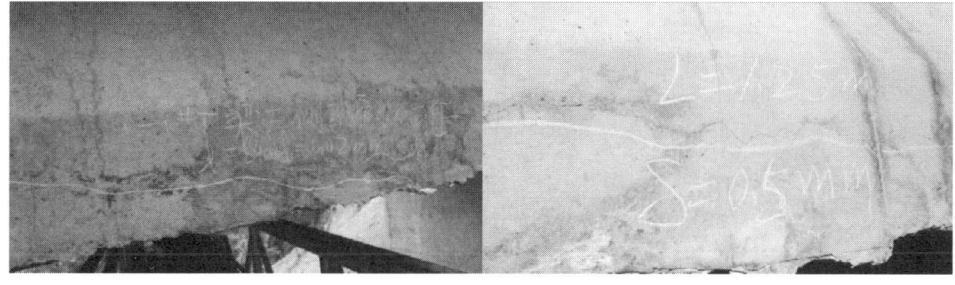
图 1.26　马蹄部位纵向裂缝

这类裂缝在工程实际中比较常见，从受力角度看，纵向不是主要受力方向，不应该出现裂缝，只可能是预应力管道横向偏差(马蹄底面裂缝)或竖向偏差(马蹄侧面裂缝)的径向力导致拉裂。也有人认为是混凝土纵向压力过大，在混凝土还没有达到龄期时张拉，由于泊松比效应出现横向应变而产生。这种类型的裂缝一般宽度较小，但长度很长(个别裂缝达到梁长的 2/3),在使用一段时间后,宽度也会逐渐增加,有些裂缝宽度达 0.5mm 左右。

T 梁桥腹板及马蹄部位也会出现纵向裂缝(图 1.27),一般来说不管是否是由于承载能力不足导致的纵向裂缝,只要出现纵向裂缝,都会对梁体承载能力产生一定影响。竖向裂缝如果呈刀口状(下大上小),就有可能是由荷载引起的,要么荷载偏大,要么梁体偏弱。如果呈刀口状的纵向裂缝具有 T 梁左右侧对称分布的情况,那就要特别注意。经过钻芯取样发现这类裂缝左右贯通的可能性非常大,一般必须进行处理。也有的纵向裂缝呈枣核状(中间大两端小),即腹板的截面形心位置裂缝宽度最大,裂缝沿上、下逐渐延伸,有些没有到达马蹄,有些到达马蹄,甚至有些到达马蹄底面从而连通。枣核状裂缝一般是由于混凝土浇筑后,腹板相比顶底板和端部隔板是一个薄弱带,混凝土受周边约束的收缩徐变引起拉应力,这时如果腹板的纵向钢筋配备不足,则会出现这类裂缝。这类裂缝的产生虽然不是由于桥面荷载,但由于桥梁早期形成裂缝,后期荷载作用下裂缝附近应力集中(这类裂缝一般很深且左右对称出现),所以较小的荷载也会引起裂缝在应力作用下的加速发展,往往会带来严重后果。

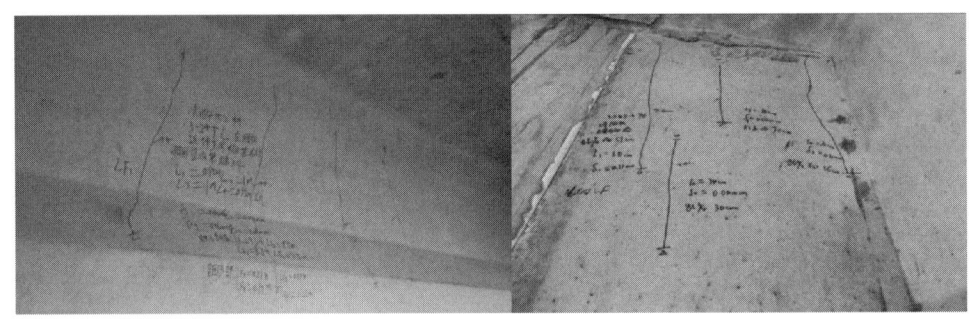

图 1.27 梁体混凝土纵向裂缝

值得注意的是,纵向裂缝有时会向上发展到翼缘板,形成横向裂缝;或者仅在翼缘板就出现横向裂缝。按受力分析,这类裂缝处于受压区,对后期结构的受力没有太大影响,应该会逐步闭合。分析其原因,可能是施工过程拆模板造成的,或者是横向钢筋保护层厚度不够引起的。

T 梁的腹板在支座附近会出现斜裂缝,虽然斜裂缝不太多见(主要是构件设计的主导思路是强剪弱弯型),但也在工程实践中发现过。这类裂缝首先要对其做定性判断,如果是"倒八字形"裂缝(指腹板大小里程两端的裂缝绘制出来的形式),则要轻微得多,如果是剪切破坏的斜裂缝,应该呈"八字形"(图 1.28)。一般"倒八字形"裂缝的走向与内部的预应钢筋具有一致性,可能是由于波纹管定位不准,或是锚垫板方向偏差出现附加应力引起的。"八字形"裂缝就需要判断其是否有抗剪承载力不足的问题。

梁体在吊装过程中容易出现与周边结构碰撞的问题,所以掉块较为普遍,但大面积的掉块会影响结构的耐久性(图 1.29)。如果掉块后露出普通钢筋,则混凝土对钢筋的保护就失效了,需要进行处理。如果混凝土浇筑振捣不到位,可能出现露出波纹管的情况,对此应及时处理,不然水汽进入后会对预应力钢绞线造成不可逆的腐蚀,就会危及结构的安全。

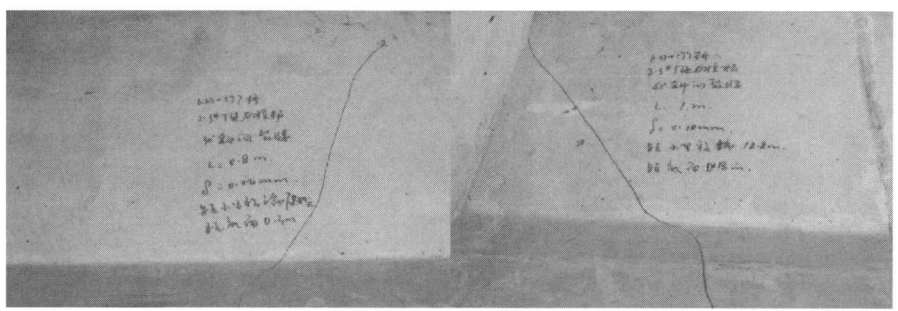

图 1.28　梁体混凝土斜向裂缝

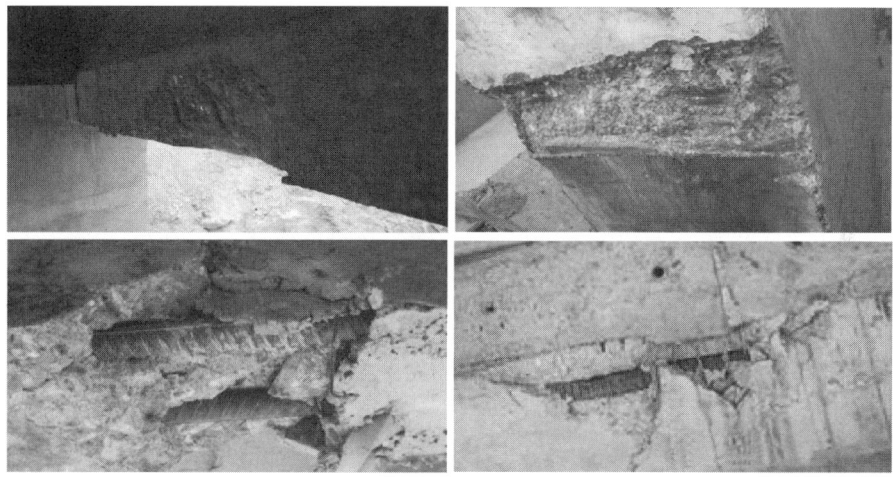

图 1.29　梁体混凝土破损

装配式 T 梁桥中，梁间铰缝渗水现象在实际运营桥梁中也较为普遍，下渗雨水沿铰缝流出，腐蚀破坏翼板混凝土。图 1.30 为某铁路立交桥雨水渗透使翼板混凝土出现盐霜的情形[27,28]。

图 1.30　桥翼板渗水破坏

1.4.2　桥面系病害

桥面系主要包括桥面铺装、桥面防水层、桥梁伸缩缝和泄水孔。桥面由于直接与车辆接触且受雨水作用,因此在桥梁病害中桥面系的病害最常见,而且直接影响桥梁的使用功能,若不及时处理,将对桥梁主体结构逐渐产生破坏,同时桥面系的病害严重影响到行车的舒适性[29]。

1. 桥面铺装

桥面铺装在桥梁的运营中有着重要作用,一方面可将车轮集中荷载进行扩散分布,降低作用在桥面板的应力;另一方面可以避免钢筋混凝土桥面板与车轮的直接磨耗作用。桥面铺装的质量和结构性能对交通安全、行车舒适性以及桥梁功能的发挥至关重要。受交通量和重型车辆增加等多方面因素的影响,桥面铺装早期病害在全国范围内比较普遍。维修工作不仅需要投入大量资金,还会严重妨碍正常交通,甚至诱发交通事故。

桥面沥青层开裂分横向开裂和纵向开裂两种类型。桥面横向开裂主要是在连续缝处开裂。图1.31为桥面出现横向开裂,横向裂缝宽度达到1cm。图1.32为T梁结构桥梁桥面出现纵向裂缝,沥青层轻微沉陷,裂缝位于两片梁相接处。桥面沥青层纵向开裂表明该位置的水泥混凝土铺装可能已被破坏并可能出现单梁受力的情况。通常情况下,桥面出现纵向裂缝对应于梁底渗水。设计中理想状态是铰缝完全可以传递横向剪力,相邻梁间不出现相对纵向位移。当铰缝本身质量欠佳,横向传递能力不足时,部分荷载只能通过桥面铺装来传递,若铺装层强度不足以承担,便导致沿铰缝的混凝土剪坏,反映为桥面沥青层纵向开裂。随着病害的进一步发展,桥面将出现纵向沟槽。

图1.31 桥面出现横向开裂

图1.32 桥面出现纵向裂缝

2. 桥梁伸缩缝

在桥梁结构中,由于气温变化、活载作用以及混凝土收缩徐变等因素的影响,桥梁梁体长度会发生变化,使梁端发生位移。为容许梁端发生位移而设置桥梁伸缩缝。桥梁伸缩缝是桥梁结构的一个重要组成部分,其质量的好坏直接影响到行车效果,对高速公路的服务水平影响尤为突出。由于伸缩缝设置在梁端构造的薄弱部位,直接承受车辆荷载的反复作用,同时又受到车辆重载和各种自然条件等不利因素的影响,成为桥梁运营中极易损坏的部位。桥梁伸缩装置极易损坏且修复困难,这不仅会影响行车的舒适性,还会极大地影响桥梁的通行水平和使用寿命。

伸缩缝靠背混凝土主要是便于锚固伸缩缝，但容易出现混凝土纵向开裂、横向开裂破碎、露筋等病害。靠背混凝土的破坏不仅降低了伸缩缝的锚固能力，还增大了汽车在该位置的冲击力，冲击力的增大又加速了伸缩缝的破坏。靠背混凝土纵向开裂多发生在桥台位置，如图1.33为桥台侧破坏的情况。

图1.33 靠背混凝土纵向开裂

1.4.3 盖梁及支座病害

对于双柱式或多柱式桥墩，盖梁受弯矩和剪力的作用。由于盖梁一般都是实腹式矩形断面，所以抗剪安全系数都比较大。图1.34是盖梁发生纵向裂缝的情况，用粘贴钢板的方式进行了修补。此外，盖梁还会出现支座垫石附近的局部承压裂缝，局部处理不当或落梁时有很大的冲击作用，都会导致局部开裂。对于为了增加桥下净空采用的L型盖梁，在折角处也会出现水平裂缝。另外，要特别注意有些跨度很大的盖梁，采用了预应力混凝土结构，这类盖梁也应该按照主梁的要求进行详细检查。

图1.34 双柱式桥墩盖梁开裂

桥梁支座是连接桥梁上部结构和下部结构的重要部件，位于桥梁和垫石之间。它能将桥梁上部结构承受的荷载和变形(位移和转角)可靠地传递给桥梁下部结构，是桥梁的重要传力装置。简支T梁按照传力的类型分为固定支座和活动支座两种。桥梁工程常用的支座形式包括：平板支座、板式橡胶支座、球形支座、钢支座和特殊支座等。公路桥梁小跨径T

梁桥一般采用板式橡胶支座，这类支座容易出现如下问题：①支座承载力和变形能力不够，出现鼓包甚至开裂(图1.35)，这类支座应该更换；②支座就位不对，出现支座偏位(图1.36，图中所示也有支座鼓包的问题)；③支座部分或全部脱空。江苏省《公路桥梁橡胶支座病害评定技术标准》(DB 32/T 2172—2012)中用定量方法把支座的病害分为不同级别并按级别进行处理。

图1.35　双柱式桥墩盖梁开裂

图1.36　桥梁支座偏位

1.4.4　桥墩病害

公路T梁桥的下部结构大多数都采用双柱墩，视桥墩高度的不同采用圆形或矩形截面，铁路桥梁采用圆端形桥墩较为多见。桥墩浇筑混凝土时振捣出现问题容易发生空洞病害(图1.37)，较为轻微的出现蜂窝麻面(图1.38)。一般这类病害可以采用局部增加截面的方法进行处理。

采用桩柱式桥墩时，若地面标高不准确，可能会出现桥梁桩基外露的情况(图1.39左图)，这与设计图纸明显不符。如果出现桩基外露问题，应该首先核查桩的类型，如果为摩擦型桩基，则要看外露长度减少了摩擦力是否还能满足安全要求，并及时进行妥善的填埋处理。由于洪水冲刷造成的桥梁桩基外露(图1.39右图)，也需要进行局部处理，但对于河流里面的桩基外露处理要更为谨慎，因为曾出现处理不好而发生重大安全事故的案例。

图 1.37　桥墩空洞病害

图 1.38　桥墩蜂窝麻面

图 1.39　桥梁桩基外露

桥墩墩身由于混凝土浇筑养护等问题，也会出现开裂问题。如图 1.40 所示的桥墩开裂，有网状裂缝的，也有竖向裂缝的。桥墩作为桥梁工程的下部结构，对整个桥梁的安全性至关重要。如果出现裂缝，一定要查明原因，对裂缝进行专项检测，特别是深度测量（必要时进行钻芯），然后有针对性地进行处理[30,31]。

图 1.40　桥墩表面裂缝

1.5 混凝土箱梁桥常见病害

混凝土箱形截面的主要优点是抗弯、抗扭刚度大，结构在施工和使用过程中都具有良好的稳定性；顶板和底板都具有较大的混凝土面积，能有效抵抗正、负弯矩，满足配筋的构造要求，中空设计能很好地适应管线等公共设施的布置；箱形截面适应现代化施工方法的要求，如悬臂施工法、顶推法等施工方法要求截面必须具备较厚的底板；箱形截面承重与传力结构相结合，使各部件共同受力，截面效率高；箱形截面适合预应力混凝土结构空间布束，达到经济效果。

混凝土箱梁桥具有较大的截面抗扭强度及抗弯强度、弯曲应力图形合理、剪应力小、稳定性好、行车平稳舒适、施工速度快和造价低等优点。其常见病害概括起来主要有两大类，一是梁体各板件开裂；二是梁体跨中下挠，特别是当跨度过大时，其下挠问题一直困扰着桥梁工程师。

1.5.1 混凝土开裂

梁体开裂将对结构的安全性、耐久性和正常使用产生不利影响。而近几十年来，随着早期修建桥梁运营时间的增加，关于梁体开裂的报道越来越多，涉及预应力混凝土箱梁桥的各个部位，均出现了不同形态的裂缝。因此国内外桥梁管理、设计和研究单位对这一问题给予了高度关注，并开展了一系列研究。迫切需要探明箱梁结构裂缝的具体形态、产生的机理和形成规律，为此类桥梁的设计、施工、养护提供技术支持。

预应力混凝土箱梁桥裂缝形成的原因，涉及设计计算、施工工艺、养护管理、材料性质、气候环境等方面。因此要细致、全面地分析每一个因素对箱梁桥裂缝的影响程度是极其困难的。然而通过对裂缝形式和状态的调查可以发现，目前预应力混凝土箱梁桥结构裂缝的产生位置和形态具有一定的规律性，可以推断导致该类结构裂缝产生的影响因素也具有一定的稳定性。因此从裂缝产生的部位对裂缝进行划分，是一种比较直接也是比较有效的方法。

1. 腹板裂缝

(1) 腹板斜裂缝。据统计，有 77.3%的箱梁桥 L/4 处出现了腹板斜裂缝，而有 29.5%的箱梁桥梁端出现了腹板斜裂缝[32]。主拉应力产生的腹板斜裂缝主要分布在 L/4 附近以及梁端。分析认为，出现这种裂缝主要是由于箱梁支座附近剪应力过大、腹板抗剪性能不足以及主拉应力方向抗裂安全储备考虑不充分等因素造成的。

(2) 腹板水平裂缝。该类裂缝主要发生在边跨支座附近和中跨 L/4～3L/4 处，且均位于腹板上缘。对于现代大跨度混凝土箱梁桥，特别是横隔板较少的箱梁，在荷载作用下箱梁桥的变形并不完全符合经典梁理论周边刚性假定，会出现截面畸变变形，箱梁桥腹板必然会出现纵向正应力，从而导致箱梁腹板水平开裂。根据相关文献的统计，有将近 43.2%的桥梁出现了腹板水平裂缝。

(3)腹板纵向裂缝。腹板纵向裂缝一般分布在跨中附近，表现为正截面强度不足，主要出现在钢筋混凝土构件或有效预应力不足的预应力混凝土构件中。一般来说，设计时对截面的正截面强度较为重视，这种裂缝的出现比较少，不过据统计，仍然有18.2%的预应力箱梁桥出现了腹板纵向裂缝。当然，也有的腹板纵向裂缝是由于混凝土浇筑过程中分层浇筑不当，或者由于混凝土凝结过程中产生的水化热导致不均匀温度场引起的。

一般认为箱梁桥虽然在弯矩、剪力和扭矩的共同作用下，处于复杂的空间受力状态，但分析其腹板受力状态时仍可以近似简化为平面应力状态。并且公路桥梁规范中关于腹板主拉应力的计算也基于此简化。因此，从理论上说，通过施加足够的纵向预应力和竖向预应力就可以达到腹板抗剪的目的。所以，目前对腹板斜裂缝的控制主要集中在纵向预应力束是否弯起、是否配置竖向预应力束以及是否增加腹板厚度等问题上。

由于直束布置对腹板应力的控制基本靠纵向预应力，故其腹板束斜裂缝出现的比例较高。从统计数据来看，直束布置产生裂缝的箱梁所占比例要高出弯束布置箱梁20%左右，并且后者开裂的严重程度要远小于前者。很多文献对预应力束是否弯起对梁体的作用进行了分析研究，从控制腹板斜裂缝角度看，弯起束要优于直束布筋。

由于目前预应力束一般采用精轧螺纹钢，从大量的文献看，其不能保证有效地永存纵向预应力，以至于设计人员开始对纵向预应力束的设置产生怀疑。从统计数据看，在目前的纵向预应力筋和锚固体系下，纵向预应力钢筋并不能改变腹板裂缝的分布规律。即使设置了较多的竖向预应力束，依然会在腹板产生斜裂缝。

上述问题的解决途径一方面是进行相关研究，提出计算混凝土箱梁各个板件各个方向应力的可靠方法，《公路钢筋混凝土及预应力混凝土桥涵设计规范》（JTG 3362—2018）就要求采用有效的空间分析方法进行。最近几年出现的波形钢腹板的新型结构，主要就是为了解决这个问题。用钢材替换混凝土腹板，是彻底解决腹板开裂的一种途径。

2. 顶、底板裂缝

顶、底板的裂缝有纵向裂缝、横向裂缝，少数情况出现斜向裂缝。其中顶板纵向裂缝是最常见的。据统计有90%以上的桥梁顶板出现了纵向裂缝。虽然底板同样会出现上述三种裂缝，但裂缝的类型和分布却有很大不同。据文献[32]的统计，有48.4%的预应力混凝土箱梁桥底板出现了纵向裂缝，且大多分布在跨中附近底板厚度较薄的位置。

由于箱梁桥顶、底板处的剪应力较小，所以主拉应力的方向大致与箱梁的横向方向相同，产生的裂缝方向大致与桥轴线平行。其产生的原因在作用效应上主要有超载、温度效应、箱梁自重产生的横向拉应力以及纵向预应力产生的横向拉应变等；在结构的布置形式上有支座布置形式和位置的影响、顶板厚度等因素；在混凝土的自身性质上，通常是因为混凝土的收缩和水化热。

值得注意的是，由于变截面箱梁的底板施加曲线预应力束而产生径向力，和其他因素共同作用下，当底板横向配筋不足，会在底板横向跨中下缘及横向两侧底板加腋开始的上缘出现纵向裂缝。

对于箱梁顶板的纵向开裂，目前较为普遍的做法是加横向预应力。然而从统计数据看，虽然没有设置横向预应力的箱梁100%开裂，但在设置横向预应力的箱梁中，纵向开裂仍然高达70%，表明横向预应力的设置、荷载效应计算方面还仍需要改变[33]。

除了上述裂缝类型外，还有横隔板不同形式的裂缝、锚下劈裂产生的裂缝、沿纵向预应力束孔道的裂缝及层间裂缝以及齿板局部区域的裂缝等。0#块各种板件交织在一起的，在过渡区也会出现各种类型、各种方向的裂缝。

1.5.2 跨中下挠

梁体下挠过大将造成桥梁线形的不平顺，同时也将引起梁体的开裂，影响到桥梁结构性能。大量实际工程可以看出，大跨径预应力混凝土箱梁桥跨中下挠是目前普遍存在的问题。这也从侧面说明大跨径预应力混凝土箱梁的长期下挠的确是体系上存在缺陷，不同地域造成的材料与环境差别、施工质量差别等特定因素不是造成梁体下挠的必然原因。一般梁体下挠具有以下特点。①跨径与挠度的比值随着跨径的增大而增大。②挠度的变化是逐渐增加的，挠度年平均变化率大部分为2~4cm/年。但是年平均变化率和跨径并没有明显关系。③结构的长期挠度远大于设计计算的预计值。④国际结构混凝土协会(CEB)调查了27座跨度为53~195m的预应力混凝土桥梁的变形。调查表明，有些桥梁在建造完成8~10年后挠度仍有明显的增长趋势，甚至有以相同变形速度增加的[34]。

目前，对引起梁体持续下挠的问题实质尚缺乏了解，需要进一步开展研究。因此，需要对同类桥梁案例进行总结分析，从设计上寻找引起病害的原因，从构造措施上入手，提高箱梁的持久承载力，避免受力裂缝的产生，采取措施控制梁体下挠幅度。

1. 下挠的原因

作用在梁体上的作用主要有结构本身的恒载、活载和预应力体系提供的作用。所以对于梁体下挠，除了荷载外，结构刚度是影响挠度的主要因素。而箱梁的刚度受结构布置、混凝土开裂程度、预应力体系和混凝土收缩徐变特性与疲劳特性等因素的影响。而预应力体系对挠度的作用效应受预应力的布置和有效预应力的大小所左右。总体而言，目前国内外比较认同的导致大跨径预应力混凝土箱梁桥下挠现象的主要因素可能有以下几方面。

1) 设计方面

(1) 对混凝土的收缩、徐变认识不足，设计的徐变挠度远小于实际的徐变挠度，导致结构下挠大。现代预应力技术之父法国工程师弗雷西奈，在1926~1929年通过大量的试验得出了混凝土应变随时间的黏弹性效应，即混凝土的收缩徐变。目前关于混凝土收缩徐变的理论研究已经相对成熟，在混凝土箱梁桥发生跨中下挠问题以前就有专家对混凝土收缩徐变做了大量研究，也总结出了相关的理论和计算方法，但是想要通过混凝土收缩徐变的现有理论和计算方法来准确地计算和防治混凝土箱梁桥跨中位置发生下挠的问题还是相对困难的。

(2) 结构轻型化导致混凝土徐变显著增大。20世纪90年代为减少恒载内力，过度强调结构的轻型化，设计时通过减薄构件来减少桥梁的恒载，导致混凝土徐变显著增大。

(3) 内支点负弯矩预应力筋配置不足[33]。设计时往往仅按上缘混凝土不出现拉应力控制负弯矩预应力筋数量，未认识到负弯矩预应力对控制徐变下挠的有利作用。负弯矩区沿截面高度的压应力分布与截面徐变曲率的关系如图 1.41 所示。

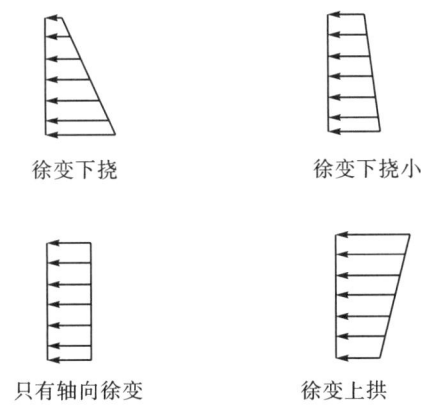

图 1.41 沿截面高度的压应力分布图

2) 作用效应方面

(1) 预应力损失。预应力损失是引起混凝土箱梁桥下挠的重要原因之一,主要表现在预应力损失过大与设计计算不符以及预应力损失过早。《公路钢筋混凝土及预应力混凝土桥涵设计规范》(JTG 3362—2018)中条文 6.2 有如下规定,在后张法预应力构件设计时有 5 项影响因素会造成预应力损失,应该被考虑：管道与预应力钢筋之间的摩擦引起的预应力损失；钢筋回缩、接缝压缩以及锚具变形引起的预应力损失；混凝土弹性压缩引起的预应力损失；预应力钢筋应力松弛引起的预应力损失；混凝土收缩和徐变引起的预应力损失。

(2) 结构超重及汽车荷载长期效应。混凝土箱梁桥结构超重主要是由于桥梁施工时立模发生偏移,混凝土梁段顶底板厚度控制不准；箱梁表面粗糙需要混凝土调平,调平层过厚以及混凝土容重的离散性三个因素引起的。汽车荷载效应表现在两个方面,一方面是车辆长期自重荷载在设计时考虑较少,使得桥梁长期处于超载状态,而且我国车辆超载的现象也很明显,因此需要特别注意；另一方面是徐变挠度计算通常只针对恒载,但在交通繁忙的桥上车流日夜不断,部分活载也实际上成了"恒载",也会产生徐变挠度,导致下挠增加。

3) 施工方面

(1) 过早加载导致徐变增大。《公路钢筋混凝土及预应力混凝土桥涵设计规范》(JTG 3362—2018)中分析了混凝土徐变系数的变化,对不同的加载龄期进行比较发现,加载龄期越短徐变系数最终值越大。因此,过早加载会加快混凝土徐变的损失,跨中挠度也会增加。而在实际工程项目中一些施工单位为了加快工程进度,混凝土强度往往达到 80% 左右时就张拉预应力,这样混凝土强度在达到张拉规定的强度时,混凝土的弹性模量约为设计值的 70%。

(2) 由于施工技术原因导致成桥后存在初始挠度,以致结构在长期荷载作用下徐变挠度不断增加。

(3) 其他方面，如施工中预应力管道灌浆不饱满、施工超方以及不同的施工方法，特别是对于悬浇箱梁桥合拢方式导致的不利的成桥应力状态，都会引起下挠的出现。另外，梁体开裂也会引发跨中下挠，而下挠的出现会导致裂缝进一步发展，两者形成恶性循环。

2. 下挠的防治方法

自发现大跨度混凝土箱梁桥跨中发生下挠现象以来，很多专家学者在为解决这一问题而努力着。现如今最常用的工程应对措施就是设置桥梁预拱度，但是这样并没有改变桥梁结构的受力，所以即使设置了预拱度，往往在跨中位置也会发生下挠。因此，为解决混凝土箱梁桥跨中下挠问题还需要做更多的研究和探索，目前主要有以下成果。

1) 设计方面

(1) 足够的正截面和斜截面强度。鉴于梁体下挠往往与横向裂缝和斜裂缝一起发生，且相互促进恶化，因此保证主梁有足够的正截面强度和斜截面强度是首要的。计算中要充分考虑徐变的不利影响。

(2) 零弯矩法。2006 年，王法武在《大跨径预应力混凝土梁桥长期挠度控制研究》中提到采用零弯矩法来控制连续刚构桥跨中的长期下挠。零弯矩法是通过让顶板预应力产生的弯矩与箱梁自重产生的弯矩抵消，使混凝土徐变的初始挠度接近于 0，由此来控制混凝土徐变产生的挠度[35]。

(3) 控制负弯矩区域截面的应力梯度[36]。从负弯矩区域截面的应力梯度看，在梁根部区段，可使悬臂节段的自重完全由预应力抵消，而内支点底板厚度宜为跨径的 1/140 左右。在这样的前提下，只需设较小的预拱度，以抵消预应力徐变损失以及由合拢后混凝土徐变引起的徐变挠度。

(4) 跨中区段结构轻型化。由于跨中的荷载（自重）对应力的影响最大，所以减轻跨中的重量是降低应力的有效方法。当跨径超过 200m 时，可以考虑采取这一措施。如跨径 301m 的斯托尔马桥和跨径 298m 的拉脱圣德桥，跨中区域均采用轻质陶粒混凝土，而跨径 330m 的重庆石板坡长江大桥，跨中（108m）为钢梁（图 1.42）。

图 1.42 重庆石板坡长江大桥

除以上措施外，根据梁体产生下挠的原因，通过设计中考虑活载引起的结构徐变下挠值的增加，以及施工中严格控制施工质量、控制结构尺寸、线性和铺装层厚度、控制好预应力束张拉时间和灌浆等措施，也可以有效降低混凝土箱梁桥下挠病害。

1.5.3 工程实例

1978 年帕劳共和国建成通车的科罗·巴岛桥，是一座三跨连续预应力混凝土箱梁桥，其主跨 241m，箱形截面，是当时世界上跨度最大的连续刚构桥；在后期运营中发现其跨中挠度较大，1995 年对该桥进行检测，发现其跨中最大挠度比成桥下挠 1.2m，后来经过对其进行加固，跨中挠度有所减小，但是该桥在加固后不到 3 个月便发生了倒塌事故。

斯托尔马桥位于挪威西岸艾于斯特沃尔市，1998 年投入使用，是当时跨径非常大的预应力混凝土连续刚构桥，其总长 467m，主跨长 301m，上部结构采用单箱单室的箱形截面，运营 3 年后主跨跨中已下挠 9.2cm。

鹦鹉渡口桥(Parrotts Ferry Bridge)位于美国，1979 年竣工，属于一座轻质的跨径组合为(99+195+99)m 的预应力混凝土连续刚构桥。上部结构采用单箱单室箱形截面，该桥在运营 12 年后，主跨跨中下挠达 63.5cm。

1970 年，英国建成通车的金斯顿大桥，是一座截面为箱形跨中带铰的预应力刚构桥，主跨为 143.3m。在后来的运营中，其跨中持续下挠，1998 年下挠已达 30cm。

广东南海金沙大桥于 1994 年竣工使用，是一座跨径组合为(66+120+66)m 的 3 跨连续刚构桥，横跨北江，全长 1627m，采用单箱单室，其引桥一边设置成 55m 箱梁+(15×30)m 的简支空心板梁，另一边设置成(9×30)m+(30×20)m 的简支空心板梁。此桥运营前外观检查均没有问题，桥面标高符合要求，相关的一些静动载试验数据也显示此桥一切良好。但通车后不久，桥上交通量迅速增加，到 1999 年 10 月主跨跨中下挠现象已非常明显，次年年底检查结果显示跨中下挠已达 22cm 左右。

三门峡黄河公路大桥于 1992 年建成通车，是一座跨径组合为(105+4×160+105)m 的 6 跨预应力混凝土连续刚构桥，大桥连通了山西省平陆县菇店村和河南三门峡市湖滨区后川村之间的交通，全长 1300.64m。上部结构设计为三向预应力混凝土连续刚构，采用单箱单室布置。桥梁下部属于薄壁双墙式墩身，建造为群桩基础，均采用 1.8m 的钻孔灌注桩。设计荷载采用的是：汽+超 20，挂-120 验算；该桥跨越了黄河，为促进河南、山西两省的交通发展做出了较大贡献。2002 年对此桥进行了严格检测，结果显示其累计挠度为 22cm，并且梁体存在许多裂缝。

黄石大桥于 1995 年竣工通车，是一座跨度组合为(162.5+3×245+162.5)m 的 5 跨连续刚构桥，上部结构设计为单箱单室。该桥在使用的前 3 年，存在不断下挠的现象。投入使用 7 年，主梁跨中仍在不断下挠，与刚建成时相比，其中一端次边跨 2#墩和 3#墩间引起跨中下挠 30.5cm，相应的中跨 3#墩和 4#墩间引起下挠 21.2cm；另一端次边跨 4#墩和 5#墩间引起下挠 22.6cm。

虎门大桥辅航道桥于 1997 年竣工通车，是一座跨径组合为(150+270+150)m 的 3 跨预应力混凝土连续刚构桥，上部结构采用单箱单室箱形截，是当时连续刚构桥中跨度最大的。该桥使用 7 年后，检测发现承台竖直变位和墩顶角位移不大，可是主梁跨中因混凝土徐变、预应力等因素而持续下挠。2003 年 11 月的测量结果显示，与桥梁刚运营时相比，左线主桥产生了 22.2cm 的挠度，右线主桥产生了 20.7cm 的挠度。

东明黄河大桥主桥于 1991 年 10 月 30 日开始修建，2 年后竣工通车，是一座跨径组合为 (75+7×120+75)m 的连续刚构组合体系桥。上部结构采用单箱单室箱形截面，三向预应力体系。1999 年 3 月对该桥检测发现主桥箱梁存在多处裂痕，除边跨外其余跨中下挠现象已非常明显，其中 2 号孔下挠比较严重，与成桥时相比跨中最大下挠已达 14.6cm。

重庆江津长江大桥于 1997 年 12 月投入使用，是一座跨径组合为 (140+240+140)m 的三跨连续刚构桥，设计为单箱单室，其中顶板为 22.0m，底板为 11.5m。在运营不到 3 年主梁跨中已下挠 17cm。2006 年桥梁实测挠度值与设计值相比，中跨跨中已下挠 31.7cm，且下挠尚未停止。

本章参考文献

[1] 郑皆连. 我国公路桥梁安全状况及对策[J]. 西部交通科技, 2007(5): 38-39.

[2] 徐洪涛, 郭国忠, 蒲焕玲, 等. 我国近年来桥梁事故发生的原因与教训[J]. 中国安全科学学报, 2007(11): 90-95+176.

[3] Ostenfeld K H, Andersen E Y. Major Bridge Projects Amulti-disciple-nary approach. Keynote Paper in the Proceedings of the IABSE Workshop on Recent Major Bridge, Shanghai, China, 2009: 103-125.

[4] 吕志涛. 现代土木工程的新发展[M]. 南京: 东南大学出版社, 1998.

[5] 刘钊. 南京长江第二大桥北汊桥预应力混凝土连续箱梁桥的结构特点及预应力施工技术[R]. 南京长江二桥指挥部预应力技术培训班讲义, 1999: 1-10.

[6] 周军生, 楼庄鸿. 大跨度预应力混凝土连续刚构桥的现状和发展趋势[J]. 中国公路学报, 2000, 13(1): 31-37.

[7] 王海蛟. 浅析世界连续刚构桥的发展历程[J]. 黑龙江交通科技, 2006(5): 64-65.

[8] 杨高中, 杨征宇, 周军生, 等. 连续刚构桥在我国的应用和发展[J]. 公路, 1998 (6): 1-7.

[9] 胡崇武. 桥梁用预应力系统的应用与发展[J]. 预应力技术, 2000(2): 6-12.

[10] 项海帆, 肖汝诚, 徐利平, 等. 桥梁概念设计[M]. 北京: 人民交通出版社, 2011.

[11] 高立人, 王跃. 结构设计的新思路——概念设计[J]. 工业建筑, 1999, 29(1): 20-21.

[12] 史尔毅. 我国预应力混凝土 T 形刚构公路桥[J]. 重庆交通大学学报(自然科学版), 1982, 1(3): 5-15.

[13] 四川省交通厅公路局. 四川省公路志[M]. 成都: 四川人民出版社, 1995.

[14] 柳学发. 大跨度连续刚构桥的应用和发展[J]. 铁道标准设计, 1999 (1): 8-11.

[15] 百度百科. 虎门大桥[EB/OL]. https://baike.baidu.com/item/%E8%99%8E%E9%97%A8%E5%A4%A7%E6%A1%A5/3535629?fr=Aladdin, 2018-11-23.

[16] Benaim R. The Design of Prestressed Concrete Bridges[M]. Oxford: Taylor&Francis, 2008.

[17] Wardhana K, Hadipriono F C. Analysis of Recent Bridge Failures in the United States[J]. Journal of Performance of Constructed Facilities, 2003, 17(3): 124-135.

[18] 侯秀丽. 桥梁工程重大坍塌事故调查与分析[D]. 长沙: 中南大学, 2006.

[19] 马修·韦尔斯. 世界著名桥梁设计[M]. 张惠, 黎楠, 译. 北京: 中国建筑工业出版社, 2003.

[20] 刘美铭. 桥梁事故分析[D]. 成都: 西南交通大学, 2013.

[21] 丰雷. 深圳龙岗年丰大桥昨晨断裂，暂未有人员伤亡报告[EB/OL]. http://news.sina.com.cn/c/2004-06-15/14072812800s.

shtml, 2004-6-15/2018-11-20.

[22] 尹政军, 李国辉, 许立夫, 等. 运沙船撞断九江大桥续: 船上 2 人受轻伤[EB/OL]. http: //news. sohu. com/20070615/n250595452. shtml, 2007-6-15/2018-11-20.

[23] 蒋麟, 彭亮. 四川岷江大桥发生垮塌 双向封闭未造成人员伤亡[EB/OL]. https: //baijiahao. baidu. com/s?id=1607281084134552055&wfr=spider&for=pc, 2018-7-28/2018-11-20.

[24] 中国铁路桥梁史编辑委员会. 中国铁路桥梁史[M]. 北京: 中国铁道出版社, 1987.

[25] SERI. Costa Rica Earthquake Reconnaissance Report[J]. Earthquake Special Sup –plement, 1991(10): 127.

[26] 黄方勤, 汪罗英. 钢筋混凝土 T 梁桥病害处理措施与加固设计[J]. 城市道桥与防洪, 2012 (5): 117-118.

[27] 徐强, 段新龙, 刘胜松. 装配式板(T 梁)桥常见病害及对策[J]. 山东交通科技, 2004(2): 9-10.

[28] 王骞. 天津地区钢筋混凝土 T 形梁桥病害防治与对策研究[D]. 天津: 河北工业大学, 2012.

[29] 吕桂英. 混凝土桥梁病害分析与加固[J]. 中国高新技术企业, 2010(7): 120-121.

[30] 姚仲谦. 天津市区桥梁病害分析与维修对策[J]. 天津公路, 2003(2):

[31] 李振, 韩艳, 关洪成. 高速公路桥梁主要病害成因及其对策探讨[J]. 山西建筑, 2011, 37(7): 135-136.

[32] 王国亮, 谢峻, 傅宇方. 在用大跨度预应力混凝土箱梁桥裂缝调查研究[J]. 公路交通科技, 2008, 25(8): 52-56.

[33] 冯沛. 预应力混凝土连续箱梁桥病害原因分析及防治[D]. 长沙: 湖南大学, 2009.

[34] 谢峻, 王国亮, 郑晓华. 大跨径预应力混凝土箱梁桥长期下挠问题的研究现状[J]. 公路交通科技, 2007, 24(1): 47-50.

[35] 胡博. 大跨度连续刚构桥跨中下挠问题研究及对策分析[D]. 昆明: 云南大学, 2016.

[36] 马竞, 邵旭东, 占雪芳. 大跨径梁式桥的病害原因与对策[C]//第五届全国 FRP 学术交流会论文汇编, 2007: 465-468.

第 2 章 桥梁健康监测系统

桥梁在运营期内面临很多安全威胁：不成熟及不完善的设计理论及施工技术导致的垮塌或结构安全隐患；自然环境侵蚀、超负荷运营以及超限车载引起的结构损伤累积与性能退化；强风、强震、船舶撞击等自然因素或人为发生的事故等。桥梁在运营期间出现下挠过大、梁体多裂缝、耐久性损失严重等病害，对桥梁结构的长期性能产生了非常不利的影响。因此，有必要对桥梁在施工期及运营期内的安全控制与监测技术进行深入研究。

桥梁健康监测系统是集结构监测、环境监测、交通监测、设备监测、损伤识别、结构评估、损伤预警和桥梁养护管理等子系统于一体的大型综合系统。20 世纪 80 年代中后期，欧美一些国家首先明确地提出了桥梁结构健康监测的新理念，并先后在一些重要的大跨度桥梁或结构体系新颖的桥梁上安装了健康监测系统；90 年代，亚洲一些国家如日本、韩国等开始研究并在一些大型桥梁上安装健康监测系统。随着经济社会的发展，人们对防灾减灾日益重视，大型桥梁结构健康监测迅速成为国际上研究的热点问题之一。

2.1 桥梁安全监测系统组成

2.1.1 研究概况

交通流量越来越大使桥梁事故的危害程度越来越严重，特别是一些大型重要桥梁若发生事故，不仅涉及经济问题，而且会给社会造成一定的负面影响。许多国家都开始在一些已建和在建的大跨度桥梁上安装健康监测系统。如美国在阳光高架桥上安装的监测系统，主要用于采集桥梁的位移、应变等静力数据。挪威在斯卡恩圣特桥上安装了全自动数据采集系统，可以对风速、加速度、倾斜度、温度、应变和位移等进行监测。1998 年，青马桥、汲水门桥和汀九桥上安装了保证桥梁运营阶段安全的健康监测系统，该系统安装了 GPS、风速风向仪、加速度计、位移计、应变计、地震仪、温度计等各类传感器。1999 年，意大利科尔伊萨科高架桥上建成了健康监测系统，用于监测结构的变形、位移，评估结构的耐久性。虎门大桥、徐浦大桥、江阴长江大桥、安庆长江大桥、南京长江三桥等都是在施工阶段就开始安装传感器设备，以备运营阶段的安全监测[1]。

2.1.2 桥梁长期健康监测的意义

由于大型桥梁的力学和结构特点以及所处的特定环境，在大桥设计阶段完全掌握和预测结构的力学特性和行为非常困难。结构理论分析常基于理想化的有限元离散模型，并且分析时常以很多假定条件为前提,这些往往与实际条件不完全相符。因此,通过桥梁健康监测所获得的实际结构的动静力行为来验证大桥的理论模型、计算假定具有重要意义。

此外,混凝土箱梁桥在运营过程中表现出主梁下挠、主梁开裂等病害,人工定期检测虽然可以详细得到结构的裂缝及下挠信息,然而这些信息并不足以判断结构的力学特点;后期结构荷载试验虽然可以反映结构在车辆荷载作用下的力学特点,但混凝土箱梁桥其内力主要取决于其恒载内力,后期荷载试验较难反映其恒载内力状态。基于以上两点,有必要结合桥梁施工监控过程建立可靠的健康监测系统,同时与人工检测相结合,两套系统相辅相成,对桥梁结构后期状态评估提供有力依据[2]。

桥梁健康监测是通过对桥梁结构状态的监控,使大桥在特殊气候、交通条件或桥梁运营状况严重异常时触发预警信号,为桥梁评估提供原始数据依据,进而指导桥梁管理者对大桥进行维护和管理。与传统的检测技术不同,大型桥梁健康监测不仅要求在测试上具有快速大容量的信息采集与通信能力,而且力求对结构整体行为的实时监控和数据的自动化采集,可实现自动监测环境条件和桥梁响应,并直观显示结果(实时监测)、根据数据的变化情况分析判断桥梁的运行状态(定量分析)、识别结构损伤并对结构异常预警(自动预警)、记录结构状态及长期变化趋势(长期连续)的功能,具有实时监测、定量分析、自动预警、长期连续的优点[3]。

2.1.3 健康监测系统组成

在大型桥梁上安装健康监测系统的主要目的是对桥梁结构进行整体行为的实时监测和结构状态的智能化评估。桥梁结构经过长期使用或遭遇突发灾害之后,通过测定其关键性能指标,获取反映桥梁结构状况的信息,分析其是否受到损伤。如果受到损伤,还要分析其可否继续使用以及剩余寿命等。这对确保桥梁运营安全、及早发现桥梁病害、延长桥梁使用寿命等都有积极作用。桥梁健康监测系统既可以在桥梁建成之后对桥梁结构进行监测和评估,还能通过测试结果和理论分析结果的对比,验证结构设计理论,进一步发现问题、总结经验,以便为桥梁建设提供实践依据,使桥梁建造技术更加完美。理想的桥梁健康监测系统应该具备以下几个特点。

(1)能够在桥梁结构损伤出现早期发现损伤,以便在桥梁结构严重损坏之前及时预警,提醒管理者进行维修或采取措施避免车毁人亡的事故发生,这就要求损伤评估具备实时性。健康监测的实时性不但要求在有交通条件下能够进行损伤识别,还要求各个传感器的数据采集和传输能够做到"同步"。

(2)健康监测系统应该具备自动化的特性,如数据采集、预处理、损伤分析、损伤预警、评估报告等都要实现无人化。这样既可以节约人力,又可以提高效率,便于进行桥梁结构的智能诊断与评估。

(3)完整的健康监测系统需要采集的数据量大且种类繁多,需要一个专门的数据库管理中心,使各个模块能够实现数据共享,即要求系统具备集成化的特点。

(4)实际工程中一个控制中心有时需要管理多座大型桥梁,因此需要健康监测系统具备远程访问的功能,要求系统实现网络化;并且在桥梁结构状态出现异常时,专家能通过远程访问获得监测数据以对桥梁状况做出评判。

桥梁结构尺寸大、质量重,具有较低的自振频率和振动水平,而且结构的响应极易受到环境因素以及非结构构件等的影响,实际结构的不确定性水平要比单个构件或比例模型的高得多。这些实际的工程条件使结构建模(很难准确模拟实际结构,建模误差往往掩盖了损伤引起的结构响应变化)和结构测试(测试的不完备性和复杂的环境条件使测试结果变异性较大)不能满足健康监测的要求[4]。在目前的科学技术水平下,还不能完全达到健康监测的实时性、自动化、集成化和网络化。近年来,随着测量、通信和计算机技术的发展,高精度数据采集、数值通信技术和实时计算能力等硬件和软件的研发,以及结构分析理论的进步,为桥梁结构整体健康监测带来了希望。目前,大多数桥梁结构健康监测系统由以下几个子系统构成。

(1)数据采集与传输子系统。主要是指传感器和各类信号采集、存储、传送的硬件系统。各种不同类型的传感器均有配套的数据采集系统,数据采集系统对传感器采集到的信息进行处理与转换,最终形成统一的数字信号。数据传输系统将采集系统获得的数字信号调制成为可供远程传输的信号,并完成信号的远程传输及解调任务。数据采集与传输子系统同时也应作为向传感器发送采集指令的载体与通道。

(2)信号处理子系统。完成监测数据的结构化存储、管理、可视化以及对监测采样的控制等工作。信号处理子系统还要对数据进行甄别,剔除异常数据,并对原始数据进行相关性分析和消噪处理。

(3)特征识别子系统。通过对结构监测数据的进一步处理,识别出具有特定物理意义的结构静力和动力特性参数,即对实测数据进行特征提取。特征识别子系统能够在不减少结构信息的前提下极大地压缩数据,为结构的损伤识别提供原材料。

(4)损伤识别子系统。通过一定的分析技术,对已获得的原始特征进行处理,与结构分析相结合,应用各种有效的手段识别结构损伤,完成损伤类型、损伤位置、损伤程度的判别工作。

(5)状态评估子系统。对结构的健康状态做出评价,分析结构的强度贮备,评价结构的可靠度。计算分析在役结构维修费用与剩余寿命的关系,并综合考虑桥梁运营的总成本,提出合理的桥梁健康维护策略。

(6)数据管理子系统。完成大量的现场采集数据和后续分析数据的存储,并实现结构相关信息的可视化和决策数据库的智能化,为决策管理人员提供信息支持。主要完成设计资料,施工资料,内、外部环境监测数据,结构静、动力指标监测数据,结构边界条件及荷载监测数据,结构分析、逆分析数据,日常巡检、养护、维修数据,事故、灾害处理数据,环境及活载声波数据等的存储及管理。

(7)用户界面子系统。提供结构健康监测系统的人机界面,向桥梁管理人员提供易用且不需特别专业知识的操作及管理界面。桥梁的日常维护人员可以利用该界面查阅数据或进行数据库的维护操作,并能够根据需要调整数据采集频率及时间,能够进行常规的数据录入以及按要求打印分析报告等[5]。

2.2 传感器及优化布置

桥梁结构健康监测技术虽然已经得到了广泛应用,但由于桥梁结构的体积大、跨度长、分布面积广、使用期限长,传统传感器组成的长期监测系统的稳定性、耐久性和分布范围都不能很好地满足实际工程的需要。

2.2.1 传感器介绍

传感器是测量系统中的一种前置部件,它将输入变量转换成可测量、可识别的信号。通常是将物理量或化学量转变成电信号,方便使用。作为监测系统中信息采集系统的首要部件,按照监测内容不同可分为作用监测和结构响应监测。

按照作用监测可将传感器分为风荷载传感器、温度传感器、湿度传感器、测量汽车荷载的动态地坪以及测量地震作用的强震仪;按照结构响应监测分为结构的局部性态变量监测和整体性态变量监测。

1. 局部性态变量监测

局部性态变量监测主要监测桥梁在荷载作用下构件的局部受力状况。

(1) 桥塔及主梁各控制部位应力监测:可供选用的应变传感器有光纤光栅应变传感器、电阻应变传感器、振弦式应变传感器等。

(2) 缆索和吊杆张拉力监测:可供选用的传感器有加速度传感器、压力环、磁弹性仪、剪力销以及光纤光栅智能索等。

2. 整体性态变量监测

整体性态变量监测主要包括桥梁几何线形监测、桥梁振动监测和支座反力监测等。

1) 桥梁几何线形监测

(1) 水平位移监测:主要监测桥梁在环境荷载和活载作用下梁桥的轴线位置、拱桥拱座的水平位置、斜拉桥和悬索桥索塔轴线位置的变化。可用的传感器有拉线位移计、百(千)分表、倾角仪、GPS、电子测距仪、连通管等。

(2) 竖向位移监测:主要监测梁桥的主梁标高,拱桥主拱圈的竖向位移,斜拉桥主梁、悬索桥加劲梁和主缆的竖向位移。可用的传感器有拉线位移计、百(千)分表、GPS、连通管、图像微距识别、干涉雷达成像识别等。传感器测点应布设在静、动变形较大(边跨跨中、主跨 4 分点、塔顶)和桥墩处(沉降)。

2) 桥梁振动监测

桥梁振动监测主要监测桥梁的动力特性(频率、振型、阻尼),采用速度传感器、加速度传感器。传感器可对称布设在主跨跨中、边跨跨中及四分点和塔顶,如果要测量振型,还需要在振型幅值较大处安装传感器。

3) 支座反力监测

支座反力监测主要监测结构整体受力状态，可采用应变传感器、支座反力传感器等。

传感器的技术指标对于信号精度有着决定性的影响。其中线度、灵敏度、稳定性、分辨率、响应时延、能耗等都是用户较为关心的指标。

可应用的传感器通常包含下列几方面要素：①测量装置。传感器是一种信号测量装置，在许多工业系统中都必须安装传感器，实现信号的监测和自动控制。②有若干输入量，涵盖现实中的物理量、生物量、化学量等。③输出通常为电信号，表征输入的信号，且利于处理、转换、传输等。④输出输入存在对应关系，在信号获取以及转换时存在分辨率和误差等问题[6]。

2.2.2 传感器选型原则

用于桥梁健康监测的传感器都要满足一定的要求，选择传感器时应该考虑以下几个方面。

1. 传感器的适用性

传感器的一般技术特性要满足测量需要，不同传感器的技术特性也有所差异。

(1) 量程：指能够测量的范围，这是首先要考虑的。由于传感器测量时量程 1/2 位置精度较高，考虑到桥梁应变等响应不确定性较大，实际桥梁还有非线性、弹塑性、应力集中等影响，量程应该为传感器被监测量的 2~3 倍。

(2) 准确度：指在一定实验条件下多次测定的平均值与真值相符合的程度，用误差来表示。精度是表示测量值的离散程度。准确度表示观测值与真值的接近程度。平常所说的"精度"实际上很多时候是指准确度。实际工程中常采用量程的百分比来度量准确度，仪器允许产生的误差为量程的 0.5%，即准确度 0.5%或 0.5 级。

(3) 灵敏度：指能够测量的最小变化量，与传感器的最小分化对应，最小分化越小，灵敏度越高。灵敏度一般用最小分化来衡量。如百分表是 0.01mm，应变计一般是 1με。

(4) 线性度：线性度是描述传感器静态特性的一个重要指标，以被测输入量处于稳定状态为前提。在规定条件下，传感器校准曲线与拟合直线间的最大偏差(ΔY_{max})与满量程输出(Y)的百分比，称为线性度(又称为非线性误差)，该值越小，表明线性特性越好。

(5) 精度：指测量值与真值之间的符合程度，测量传感器的精度是指测量结果 99.73%的可能偏离真值的范围，以测量值与真值的差值(即误差)的 3σ 作为衡量依据。

(6) 频率响应范围：这是测振传感器的重要指标，传感器的频响范围要能覆盖被测结构的频率。用正弦信号激励，不断改变频率，当输出最大时对应的频率即为谐振频率。输出幅值降到输入幅值的 0.707 倍时对应的频率为截止频率。输出幅值大于等于 0.707 倍输入幅值的频率范围即为工作频率范围。

(7) 漂移：是指传感器在输入量不变的情况下，输出量随时间变化的现象。漂移将影响传感器的稳定性。

2. 传感器的可靠性及耐久性

保证传感器在桥梁服役环境下安全可靠运行，保证获取信息的真实性；选用耐久性好和抗干扰强的传感器；很重要的一点，由于传感器工作环境的多变性，很容易遭遇较恶劣的环境，这就要求传感器能够经受住环境变化的影响。

3. 传感器经济性原则

根据桥梁受力和变形特点，在精度满足监测要求的情况下，选择造价低、易安装的传感器。

4. 传感器与数据采集、通信设备的兼容性

由传感器输出的信号一般都比较弱，要经过信号调理放大后才能被显示或记录。通常对于某一种传感器，要考虑调理后的输出数据是否与后续的数据采集设备及通信设备相容。如果传感器无法与计算机进行通信，则这种传感器就不适合用于桥梁长期、实时监测[7,8]。

2.2.3 监测常用传感器

对于桥梁健康监测的所有监测项目，几乎所有相应的测量传感器或测量仪器都可以利用。而且随着科学技术的进步，会开发出更加可靠、精确和低成本的传感器。

1. 几何测量传感器

桥梁轴线及部件的位置及位移测量是桥梁实验及长期监测重要的测量内容。对于不同结构形式及规模的桥梁，其位置及位移的测量设备有所不同，目前常用的位置及位移测量设备主要有全站仪和全球定位系统(GPS)。

(1) 全站仪的优点是适用于不同跨径桥梁的位移测量，跨径较小的桥梁在外荷载作用下位移较小，跨径小的桥梁仪器距最远测点的距离也较小，因此有较高的绝对位移测量精度。该仪器的不足之处是受气象条件的影响较大，在有雾、有雨的情况下，仪器的测程、测量精度都将受到影响。如目前市场认知度较高的天宝 S8 全站仪，广泛应用于高铁、桥梁、隧道建设等大型工程构筑物的变形监测。天宝 S8 全站仪建立在天宝最新的全站仪平台基础上，可给出 1″角度精度和 1 mm+ 1 ppm 的 EDM 精度，无论是测量应用还是特殊工程应用，都能从这种最新的光学技术中获益，提高生产率。

(2) GPS 的优点是测量不受气象条件的影响，测站与测站之间不要求满足通视条件。缺点是设备价格较高，其定位精度尚不能满足小跨径桥梁位移测量的需要。如天宝 R8 GPS 的总体设计十分成熟，作为流动站，具有坚固耐用、小巧玲珑、免除电缆连接的技术特点，使其成为外业测量人机环境工程学的佼佼者。作为基站，其更是以良好的灵活性和无需电缆连接而著称。天宝 R8 静态和快速静态 GPS 测量中的误差：水平为±5mm+0.5ppm RMS，垂直为±5mm+1ppm RMS。根据每项作业的具体需求，其既可以用作基站，也可用于流动站。

(3) 近景摄影图像传感器。这类传感器主要利用在测点做好标志(如红色光源)，利用

高速摄像机拍摄照片，通过图形分辨与实际变形的关系解算测点的变形，在行业中被称为桥梁挠度仪。目前从解算方法、设置参考基点以消除仪器本身的抖动、提高摄影仪器的分辨率等方面，逐渐提高精度。张祖勋院士研发的摄影测量软件 Lensphoto，就属于这类原理的变形测试技术，也在逐渐推广应用。

(4) 雷达干涉成像技术(IBIS)是步进频率技术、合成孔径技术和干涉成像三大技术的融合。可以实现遥测：不需要埋设传感器，测量方便；在时间与空间上实现连续测量：每秒实现 12.8 万次时间切片，空间上每 0.5m 一个采样点；测量精度高：对坝体、边坡等三维构筑物的测量精度达到 0.1mm，对桥梁线形构筑物动态的测量精度可达 0.01mm，比传统技术提高了 1~2 个数量级。

(5) 静力水准系统是测量高差及其变化的仪器。静力水准系统一般安装在与被测物体等高的测墩上或被测物体等高线上，通常采用一体化、模块化自动测量单元采集数据，通过有线或无线通信与计算机连接，从而实现自动化观测。静力水准仪利用液体在连通管中保持同一高度的原理，测量结构的竖向位移，一般用于静态测量。

2. 应变测量传感器

应变是某一构件长度变化量与原来长度的比值，是一个无量纲量。有许多测量应变的方法。应用于桥梁监测的应变传感器主要有电阻应变片、振弦式应变计和光纤应变传感器。

1) 电阻应变片

电阻应变片的优点是应变片的大小有各种规格，对于均质材料且应力梯度很大的结构部位，可以用尺寸很小的应变片来测量某一点的应变，而对于混凝土等非均质材料可以用尺寸较大的应变片来测量某一部位的平均应变，而且电阻应变片的动态响应性能好，能测量出变化很快的应变。其缺点是测量结果受导线连接处的接触电阻变化影响，长时间测量会产生零点漂移等。因此，电阻应变片适用于短时间的静力或动力试验，而不适合长期监测。常用电阻应变片的类型有丝烧式应变片、短接式应变片、箔式应变片以及半导体应变片。其工作原理是将应变片贴在被测物体上，使其随着被测物体的应变一起伸缩，这样应变片里面的金属箔材就随着应变伸长或缩短。很多金属在机械性的伸长或缩短时其电阻会随之变化。应变片就是利用这个原理，通过测量电阻的变化而对应变进行测量。

2) 振弦式应变计

水电行业及岩土工程埋入式安全监测仪器在应用中有一个难题，就是不可重复埋设，所以要求仪器一次埋入的成活率要高、长期测量的稳定性要好。振弦式应变计就具有以上优点，特别是近 20 年来这种仪器在全世界岩土工程界的迅猛发展和普及也印证了它的不可比拟性。采用振弦来进行测量的应变传感器，最大的优点是传感器结构简单、工作可靠、输出信号为标准的频率信号，非常方便计算机处理。而且其稳定性好，测量结果不受接触电阻变化、导线长度的影响。不足之处：首先，振弦式应变计的尺寸不能做得太小，对应力梯度大的部位难以测出某一点的应变。其次，振弦式应变计不能测量变化很快的应变。

因此，振弦式应变计适用于静态应变或应变变化较慢的长期监测。如 VWS 型大弹模振弦式应变计适用于长期埋设在水工结构物或其他混凝土结构物内,如高仓位混凝土连续浇筑、地下连续墙、防渗墙、灌注桩等工程场合,测量结构物内部的应变量,并可同步测量埋设点的温度。加装配套附件可组成多向应变计组、无应力计、岩石应变计等测量应变的仪器。振弦式大弹模应变计具有智能识别功能。其测量精度为±0.1%F.S,测量原理为:当被测结构物内部的应力发生变化时,应变计同步感受变形,变形通过前、后端座传递给振弦转变成振弦应力的变化,从而改变振弦的振动频率,测出被测结构物内部的应变量。同时可同步测出埋设点的温度值。

3) 光纤应变传感器

光纤应变传感器的优点是动态响应特性好,能测量变化很快的应变,抗电磁干扰能力强,且信号衰减小。不足之处是,设备价格较高,除一些特殊场合,目前尚不能完全替代电阻应变片和振弦式应变计。目前,结构状态健康监测应用的光纤应变传感器主要有光纤珐珀干涉传感器及光纤光栅传感器。

光纤珐珀(F-P)应变传感器是一种广泛用于结构健康监测的传感器。如相位型光纤珐珀应变传感器,主要是基于白光多光束干涉的原理,通过对传感器输出光波长分布特性的分析计算来实现应变测量,因而具有精度高、测量范围宽的优点。

光纤光栅应变传感器的谐振波长对外界环境的变化敏感,因此在结构健康监测中得到了广泛应用。最初光纤光栅的研究主要集中在光纤布拉格光栅(FBG),目前周期为几十微米到几百微米的长周期光纤光栅(LPFG)得到了人们越来越广泛的重视。如埋入式光纤应变传感器(EFO),是为埋入混凝土中而设计的,它可以直接放入新拌混凝土中或先封装在混凝土块中再放入新拌混凝土中。本质安全,不受电磁、射频和闪电的干扰。适合于动、静态测量,并且光纤的弯曲不会干扰信号的远距离传输。其量程:±1000微应变和高达±3000微应变,运行温度:-40℃~85℃,分辨率:0.01% F.S。

3. 振动测量传感器

振动测量传感器是一种换能装置,它将振动信号转换成便于传输、放大和记录的电信号。根据电信号所反映的振动信号,可以将振动传感器分为加速度传感器、速度传感器和位移传感器。其中,加速度传感器应用得更为普遍。在获得振动加速度信号后,大部分振动分析问题都可以解决。常见的加速度传感器有压电式加速度计、压阻式加速度计以及电容式加速度计。

(1)压电式加速度计。压电式加速度计的敏感元件称为压电元件,受到压力后就在其表面产生与压力成正比的电荷。一般的压电式加速度计输出的是电荷,与之相匹配的是电荷放大器。加速度计与放大器之间的导线不能太长,否则输出的电荷信号将损耗在导线上。还有一种具有内部处理电路称之为线驱动式的压电式加速度计,输出的是电压,加速度计与放大器之间的导线可以较长。如HK9101-J压电式加速度传感器,其工作原理是基于压电晶体的压电效应。某些晶体在一定方向上受力变形时,其内部会产生极化现象,同时在它的两个表面上产生符号相反的电荷;当外力去除后,又重新恢复到不带电状态,这种现象称为"压电效应"。具有"压电效应"的晶体称为压电晶体。该传感器灵敏度:35pC/g,

测量范围：-100～100g，频率范围：0.2～8000Hz，最大横向灵敏度比：<5%。

(2) 压阻式加速度计。压阻式加速度计的敏感元件是固定在悬臂梁的应变计。应变计是惠斯顿电桥的一个臂，与之匹配的放大器是动态应变仪。压阻式加速度传感器的输出阻抗低，输出电平高，内在噪声低，对电磁和静电干扰的敏感度低，所以易于进行信号调理。它对底座应变和热瞬变不敏感，在承受大冲击加速度作用时漂零很小。该传感器的一个最大优点就是工作频带很宽，并且频率响应可以低到零频（直流响应），因此可以用于低频振动的测量和持续时间长的冲击测量，如军工冲击波试验。此外，压阻式加速度传感器的灵敏度通常比较低，因此非常适合冲击测量，广泛用于汽车碰撞测试、运输过程中振动和冲击的测量、颤振研究等。

(3) 电容式加速度计。电容式加速度传感器的结构形式一般也采用弹簧质量系统。当质量受加速度作用运动而改变质量块与固定电极之间的间隙进而使电容值变化。电容式加速度计与其他类型的加速度传感器相比具有灵敏度高、零频响应、环境适应性好等特点，尤其是受温度的影响比较小；不足之处表现在信号的输入与输出为非线性，量程有限，受电缆的电容影响，以及电容传感器本身是高阻抗信号源，因此电容传感器的输出信号往往需通过后继电路给予改善。在实际应用中电容式加速度传感器较多地用于低频测量，其通用性不如压电式加速度传感器，且成本也比压电式加速度传感器高得多。

4. 拉索索力、吊杆拉力测试仪器

目前工程上常用的索力测试方法有压力表法、压力传感器测定法以及频率法。前两种方法适用于正在张拉的拉索索力测定，很难对已张拉的拉索进行复测。频率法是一种成熟的测试方法。其根据索的自振频率与张拉力之间的关系来换算出索力。频率法的精度取决于高灵敏度拾振技术以及准确的索力、频率的对应关系。随着高灵敏度拾振技术的进步，频率测量的成本大幅下降，并且通过对拉索垂度、斜度等因素对斜拉索索力测量影响的深入研究，频率法已经能够满足斜拉桥索力测量高精度的要求。

如 SET-PFW-01 型无线索力动测仪是一款基于无线 WiFi 技术的张拉应力监测分析智能仪器，适用于桥梁斜拉索、吊杆、锚索等受拉索道的张拉力测试。仪器以节点为单位，最大容限 32 节点；信号采集、发射一体化设计；高精度基频识别算法，测试结果准确可靠。其传输距离：≤120m，依据需求最大可达 1000m；测试范围：拉力 10～10000kN，索长 2～600m，索径 6～150mm；测试精度：幅度精度优于 0.1%，频率精度优于 0.1%；采样频率：25Hz～1.25MHz 共 8 档可调。

2.2.4 传感器的优化布置

桥梁结构监测系统是获取桥梁结构信息的工具，通常大跨径桥梁结构监测系统的监测项目包括工作环境监测、荷载监测、结构状态和力学行为监测几个方面。而监测系统的基本功能是通过传感器系统来实现的，从理论上讲，结构健康监测系统使用的传感器越多，结构特征的描述就越准确，但传感器的数量总是有限的。合理布置传感器是保证结构监测质量的前提。

传感器的优化布置与监测的目的有关，所以首先应明确监测系统要实现什么目标，一般而言有这几种层次：桥梁预警监测、桥梁状态监测、桥梁安全评估、桥梁承载力评估、桥梁寿命预测。不同层次要求下传感器的种类、数量、布置位置都不相同。在明确监测目的的前提下，为了在含噪声的实时环境监测信号中利用所布置的有限个传感器与设备，获取尽可能多的监测信息，并使实测值对桥梁结构变化敏感具有良好的鲁棒性，实现对结构状态改变信息的最优采集，需要根据桥梁结构特点及测量条件进行传感器优化布置[9]。

1. 传感器优化布置的研究进展

为了获得较高的参数识别精度，需要选用最佳的传感器布设数量及位置，而且从经济方面考虑，与传感器配套使用的数据采集和处理设备的代价也都较高，因此对传感器的布置进行优化，具有重要的实际工程价值。通常一种好的传感器配置方案应做到以下几点[10]。

(1) 在含噪声的环境中，能够利用尽可能少的传感器获取全面精确的结构参数信息。
(2) 测得的模态应能够与模型分析的结果建立起对应关系。
(3) 能够通过合理添加传感器对感兴趣的部分模态进行数据重点采集。
(4) 测得的时程记录对模态参数的变化最为敏感。
(5) 传感器配置应使得模态试验结果具有良好的可视性和鲁棒性。

2. 传感器优化配置的准则

要进行传感器的优化配置，首先要确定优化配置准则，也即优化的目标函数。传感器的优化布置基于不同的目的有不同的准则，可构造不同的目标函数，通过对目标函数的优化得出最终的优化布置结果。其次，必须选用适当的优化方法。传感器布置是一个组合优化问题，它的求解仍然是研究的热点之一。模态试验中目前所发展的传感器配置准则大致可分为以下几类[11]。

(1) 识别误差最小准则。由于多数情况下首先采用参数识别方法处理模态试验的结果，因此很多文献以识别参数的误差最小来优化配置传感器。Liu 和 Tasker[12]考虑采用多参考点 Ibrahim 时域法(multiple-reference ibrahim time domain)时，采用扰动分析方法推导了传感器位置与识别方差的关系，配置传感器以使识别方差最小。Rafajlowicz[13]提出了信息矩阵与输入谱密度和测量位置的关系，在频域中研究用于参数识别的传感器优化配置问题。Kammer 提出了有效独立法(effective independence，EFI)，其基本思路是逐步消除那些对目标振型独立性贡献最小的自由度，以使目标振型的空间分辨率能得到最大限度的保证[14]。Park 和 Kim[15]在保证目标振型独立性的同时，提出了每次循环中消去传感器最大数目的一个准则。Lim[16]基于目标模态的独立性，结合特征系统实现算法，以 Hankel 矩阵的条件数最小为目标配置传感器。Bayard 等[17]采用与 EFI 方法密切相关的 D 域准则，将最优输入及传感器配置解耦，从而可以分别考虑两者的优化配置。

(2) 可控度/可观度准则。可控性和可观性这一概念源于控制系统理论，控制系统的设计必须保证系统是可控和可观的。在控制系统理论中，要先建立状态方程，再利用状态方程的系数矩阵来判别其可控性/可观性。基于这一准则，Shih 等[18]定义了二阶常微分方程的可控度/可观度，并揭示了它与频响函数之间的关系，根据各自由度对该定义贡献的大小来配置传感器。也可采用 Xing 和 Bainum[19]定义的离散系统可控度/可观度来配置传感器，因为它直接反映了识别方差的大小。

(3) 模态应变能准则。Salama 等[20]以模态应变能为目标，研究了用于模型相关和修正的传感器优化配置问题。模态应变能方法(MKE)，通俗来讲，就是将传感器布设在具有较大模态应变能的位置上，因为这类位置自由度上的响应也比较大，有利于准确地进行参数识别。该准则的应用性取决于有限元模型的划分，如果划分得较粗，则传感器将分布得较远，精确度降低。当然还可以对模态应变能进行加权平均来确定传感器的位置。

(4) 模型缩减准则。系统自由度可分为主要自由度和次要自由度，而模型缩减准则就是要去掉次要自由度，保留主要自由度。将传感器配置在这些主要自由度上测得的响应，能较好地反映系统的低频模态。用于模型缩减的常用方法有 Guyan 缩聚法(guyan reduction)[21]、改进缩聚法(improved reduced system，IRS)、近似循环缩聚法(successive approximat reduction，SAR)[22]，这些方法都能用于优化配置传感器。根据模型缩减的观点，也可将传感器配置在结构的静力变形与目标模态之间误差最小的自由度上。

(5) 插值拟合准则。传感器优化配置的另一个目的是能利用有限测点的响应来构造未测量点的响应。Baruh 和 Choe[23]在利用有限测点的响应提出模态滤波器时，采用样条函数插值的方法得到其余各点的响应，这时以插值拟合的误差最小来配置传感器，得到了对简支梁传感器应均匀分布的结论。

3. 传感器优化配置的方法简介

传感器布置是一个组合优化问题，而优化组合问题有一定的难度，它的求解仍然是研究的热点之一。优化方法的选择直接关系到优化计算的效率和可行性，目前已提出了多种优化处理方法。下面就简单介绍几种主要的方法。

1) 序列法

序列法的基本原理是尽量使模式置信因子(MAC)矩阵的最大非对角元最小。对振型矩阵进行 QR 分解后，初步拟定出 1 组测点自由度，尽管最终并不依赖于这种估计，但初步的选择越精确，后面的计算工作就越少。初步测点自由度确定后，即可从剩余可选取的模型自由度中每次增加或删除 1 个测点自由度，以减小 MAC 矩阵的最大非对角元。序列法通常得到的只是次优解。黄民水等采用序列法对一座高速公路桥梁进行了传感器的优化布置，结果表明：该法简单易行，优化效率高，具有较高的工程应用价值。

2) 非线性优化规划方法

对于梁、板等形状规则的结构，我们可能得到振型与固有频率的解析表达式，这时传感器的优化配置就可直接采用非线性规划的方法求解，如拟牛顿法、递推二次规划法等。而对于一些复杂结构的传感器优化配置，可以采取一些措施，将离散变量转化为连续变量求解，如分枝与定界法[24]、Abdullah 法[25]等。如果目标函数为线性函数，而且变量的规模较小，运用法是非常有效的；Abdullah 法能够适应复杂的情况。这些方法利用了非线性规划优化方法已经比较成熟的优点，但是它们都需要用到目标函数的梯度，因此往往会陷于局部最优解。

3) 有效独立法

Kammer 提出的有效独立法是基于每个传感器布点对确定模态向量线性无关的贡献的有效独立性的一种传感器优化布置方法，其目的是用有限的传感器采集到尽可能多的模态反映信息。有效独立法是从所有可能的测点出发，利用模态矩阵形成信息阵，按照各测点对目标模态矩阵独立性的贡献排序，依次删除对其秩贡献最小的待选测点，从而优化费歇尔信息阵，使感兴趣的模态向量尽可能保持线性无关[26]。

4) 推断算法

Haftka 和 Adelman[27]在研究形状控制问题时，提出了两种推断算法：WOBI 法以及 ESPS 法。WOBI 方法是首先任意选取 N 个位置，然后从这 N 个位置每次循环去掉一个使目标函数变化最小的位置，再从其余的 N_p-N 个位置中补充一个位置，如果这时目标函数有改善则保留这个位置，这个过程一直重复到收敛为止。其中 N_p 表示可选位置。而 ESPS 方法过程与 WOBI 方法类似，不过它是在每次循环中对所有 N 个位置都进行替换操作。

5) 随机类方法

传感器优化布置中的随机类算法主要包括模拟退火法、神经网络法、遗传算法等。这类算法虽然具有较好的并行性和搜索全局性，但也存在缺点，如收敛速度慢、迭代次数多、计算效率和可靠性还有待改善等。

(1) 模拟退火算法。模拟退火算法起源于统计力学和热动力学，Kirkpatrick 等[28]将其用于求解组合优化问题。模拟退火模仿物质体系的冷却固化过程，大规模组合优化问题的求解与物质体系的退火过程有很多相似性。理论证明，模拟退火算法能够以概率 1 收敛于全局最优解，其最大问题是需要选择初始温度、退火速度等参数，由于这些参数随具体问题而变化，因此较难合理地选取这些参数，从而不能控制搜索的效率，可能导致搜索时间过长。

(2) 遗传算法。遗传算法起源于达尔文的生物进化理论，它模拟自然界"适者生存"的机制，由 Holland 教授所创立。其基本思想就是在遗传计算过程中，适应度较好的个体基因得到遗传，而适应度较差的个体基因会逐渐消失。周雨斌将遗传算法引入结构健康监测预警系统中的传感器优化问题上，用于解决此类优化问题的适应度选取问题。遗传算法是一种很有应用前景的优化方法，完全可以用来选取大型空间结构试验分析的最优测点。作为一种新的工具，它的编程与操作值得进一步研究和完善。

2.3 数据采集与传输

桥梁监测数据采集与传输，包括数据采集、传输和存储三个阶段。因此，将数据采集与传输系统划分为三个子系统：数据采集子系统、数据传输子系统和数据存储子系统。

2.3.1 数据采集子系统

在健康监测期间，传感器实时地对桥梁的响应信息进行动态采集，这个数据是海量的，由于受到数据传输量的限制，采集仪通过模数转换器，对原始数据进行采样、保持和量化、编码，将其转换为便于传输的数字信号，数字信号经放大器进行数字滤波去噪处理。最后对最终的数据进行记录，所得数据临时存储至采集仪的存储器中。

数据采集子系统主要由一系列传感器构成，主要包括以下几类。

(1) 环境类数据采集传感器。该类传感器主要对桥梁所处的真实环境进行监测，通常包括风向风速传感器、温度传感器、湿度传感器、雨量传感器、气压传感器、海水盐度传感器等。

(2) 基本状态数据传感器。该类传感器主要对桥梁的实时状态信息进行监测。如位移传感器、倾角传感器及应力应变传感器等。

(3) 振动数据采集传感器。该类传感器主要采集桥梁纵、横向振动参数，包括加速度传感器、拾振仪等。

2.3.2 数据传输子系统

数据传输子系统的主要功能是将数据采集子系统采集到的数据通过无线通信方式传输至控制系统。

无线网络通信方式通常有以下 5 种。

(1) 蓝牙。蓝牙是一种无线技术标准，可实现固定设备、移动设备和楼宇个人域网之间的短距离数据交换(使用 2.4~2.485GHz ISM 波段的 UHF 无线电波)，能有效地简化移动设备间的通信，也能成功地简化设备与互联网之间的通信，从而使数据传输变得更加迅速高效。

(2) 近场通信(near field communication，NFC)，又称近距离无线通信，是一种短距离的高频无线通信技术，允许电子设备之间进行非接触式点对点的数据传输交换。由免接触式射频识别(RFID)演变而来。与使用较多的蓝牙技术相比，NFC 使用更加方便、成本更低、能耗更低，建立连接的速度也更快，只需 0.1s。但是 NFC 的使用距离比蓝牙要短得多，有的只有 10cm，传输速率也比蓝牙低许多。

(3) Wi-Fi。Wi-Fi 是一种无线联网技术，通过一个无线路由器，在其电波覆盖的有效范围都可以采用 Wi-Fi 连接方式进行联网。其覆盖范围广，传输速度快。

(4) 超宽带(UWB)。UWB 是一种无载波通信技术，利用纳秒至微秒级的非正弦波窄脉冲传输数据。有人称它为无线电领域的一次革命性进展，认为它将成为未来短距离无线通信的主流技术。它具有抗干扰性能强、传输速率高、带宽极高、消耗电能小、保密性好、发送功率小、穿透力较高等诸多优势。

(5) ZigBee 又称为"紫蜂"，是一种近距离、低功耗的无线通信技术。其优点众多，如低功耗，在低耗电待机模式下，2 节 5 号干电池可支持节点工作 6~24 个月，甚至更长；低成本，通过大幅简化协议，免去协议专利费，每块芯片的价格为 2 美元左右，降低了设备成本，为大规模的工程应用提供了可能；通信可靠，低速率传输，满足了边坡监测对低速率数据传输的应用需求；时延短，ZigBee 的反应速度快，通常情况下，从睡眠状态转入工作状态仅需 15ms，而节点连接进入网络传输只需 30ms；安全性高，ZigBee 提供了三级安全模式，包括无安全设定、使用访问控制清单防止非法获取数据以及采用高级加密标准的对称密码，以灵活确定其安全属性[29]。

以上是数据的近距离传输，还有远程传输，现在处理远程传输有如下几种途径，各有优点和缺点。

(1) 通过有线的互联网进行传输。这需要在桥位处有网线对外连接，在山区桥梁监测时极不方便。对于高速公路桥梁，有另一种解决措施就是利用高速公路三大系统中传递信息的光缆通道进行传输。

(2) 通过手机网络进行传输。这种传输方式受手机网络流量的控制，传输有时间延迟。因此采用这种传输方式只能是静态数据采集，一般可以实现 5min 采集一次。现在正在研发的 5G 网络，从相关单位披露的技术细节看，应该可以实现远程无线传输动态数据，但流量费用是否较高需要等待正式实施之后方可知晓。

(3) 近距离采用动态采集传输，在桥位处进行一次数据处理，把处理中间结果通过手机网络传输出来，实现分层次计算，最后不影响桥梁的评估。

2.3.3 数据存储子系统

数据存储子系统分为硬件部分和软件部分，硬件部分比较简单，主要是存储空间的大小和数据输入输出的问题；软件部分主要是设计一个数据库，合理高效地进行数据存储。系统一般使用 Web 服务器及数据库服务器，采集系统使用 C/S 结构，具有现场数据采集、缓冲存储和数据处理能力。传感器采集的数据传送至数据库服务器存储。

中心数据库模块主要完成设计资料，施工资料，内、外部环境监测数据，结构静、动力指标监测数据，结构边界条件及荷载监测数据，结构分析、逆分析数据，日常巡检、养护、维修数据，事故、灾害处理数据，环境及活载声波数据，损伤声波数据，声波过滤对比分析数据的存储及管理。数据库系统要求能够保障数据存储安全、能够长期不间断地稳定工作、能够同时处理结构化及非结构化数据、能够完成数据的高速查询及视图的快速生成、支持网络分布式数据管理、支持 Web 数据访问、满足开放式数据库协议等。中心数据库的组成见图 2.1。

1. 数据库逻辑设计

根据用户的使用要求及数据库设计理论，确定整个数据逻辑结构，在 SQL Server 关系数据环境下，确定整个数据由哪些关系模式构成，每个关系模式又由哪些字段及关键字组成。通过对桥梁管理进行详细调研以及数据的需求分析、筛选、合并，最终确定系统的库、库文件以及字段数量。子模式是根据不同用户的不同应用需求而构成的逻辑模式，模式是在各子模式的基础上，经过数据分类，合并而成的数据存储逻辑模型。

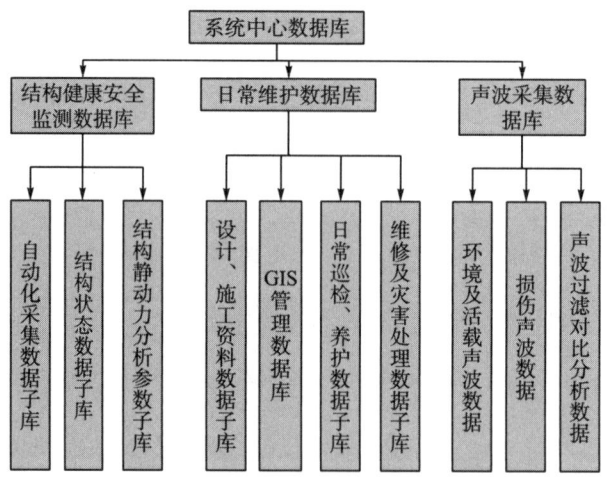

图 2.1　桥梁健康监测系统中心数据库构成示例

2. 数据库物理设计

物理设计指对数据结构中有关数据的存贮要求、访问方法、存取物理关系(索引、顺序文件等)及保密处理方式进行具体的物理确定。桥梁数据库的一个基本特点是采用代码进行信息处理、存贮和传输。

数据库设计与编码标准设计：结合桥梁综合管理系统需要，进行数据需求分析，引用的编码符合国家标准。

3. 数据库特性

(1)综合性：系统涵盖了桥梁基本数据、路面及附属设施基本数据、病害检查数据、维修数据、技术指标、评价分析、竣工文档等多专业、多学科的综合信息数据，并通过不同的分析为管理工作提供决策支持。

(2)动态性：桥梁在使用过程中受到自然侵蚀、灾害、人为破坏、工程施工等因素的影响，其状态在不断变化，因此数据也在随时间变化。

(3)复杂性：由于管理工作涉及面广，且相互间具有连动关系，在数据库建立时要考虑实体一对多、多对多的关系。这就需要在建立数据库时予以考虑，以确保数据库设计时建立良好的数据模式，保证数据的一致性。

4. 建立数据库的主要技术

(1)编码技术：编码是代表客观存在实体或属性的符号，一套科学、合理的编码，可以使计算机对数据的分类、校对、统计、查询等处理变得简单、快捷。编码设计的原则是：编码要具有唯一性、可扩展性、标准化、方便稳定、结构尽量简单、长度尽可能短等特点。

(2)网络数据库设计技术：推荐选用 SQL Server 数据库，它具有较强的数据管理和处理能力。在客户/服务器结构中，客户端的用户请求被传送到数据库服务器，数据库服务器进行处理后，只将结果返回给用户，从而显著减少了网络的数据传输量，提高了系统的性能、吞吐量和负载能力。

(3) 接口技术：数据的共享是提高数据资源使用率的关键，因此必须实现多种不同类型数据库的数据交换。可以用数据库 DTS(data transformation service)功能实现同构与异构数据 DBMS 之间的数据复制模式和数据共享模式，进行数据库接口设计。

2.4 混凝土桥梁健康监测系统案例

国内外从 20 世纪 80 年代中后期开始建立各种规模的桥梁健康监测系统。英国在总长 522m 的三跨变高度连续钢箱梁桥 Foyfe 桥上布设传感器，监测大桥运营阶段在车辆与风载作用下主梁的振动、挠度和应变等响应，同时监测环境风和结构温度场。该系统是最早安装且较为完整的桥梁健康监测系统之一，它实现了实时监测、实时分析和数据网络共享。

我国自 20 世纪 90 年代起也在一些大型桥梁上建立了不同规模的健康监测系统，如香港的青马大桥、汲水门大桥和汀九大桥，上海徐浦大桥、江阴长江大桥以及东海大桥、苏通大桥、南京长江三桥等。表 2.1 列出了我国安装了健康监测系统的桥梁的基本情况[4]，从表中可以看出，安装的桥梁数量众多，传感器类型也较多，我国已处于桥梁运营期安全监测的高速发展期[15-28]。

桥梁健康监测带来的不仅是监测系统和对某特定桥梁设计的反思，它还可能并应该成为桥梁研究的"现场实验室"。尽管桥梁抗风、抗震领域的研究成果以及新材料、新工艺的出现不断推动着桥梁的发展，但大跨度桥梁的设计中还存在很多未知和假定，超大跨度桥梁的设计也有许多问题需要研究，桥梁结构控制与健康评估技术的深入研究与开发也需要结合现场试验与调查。桥梁健康监测为桥梁工程中的未知问题和超大跨度桥梁的研究提供了新的契机，由运营中的桥梁结构及其环境所获得的信息不仅是理论研究和实验室调查的补充，而且可以提供有关结构行为与环境规律最真实的信息。

表 2.1 国内桥梁安装健康监测系统概况表

序号	桥名/类型/建成年份	跨径/m	监测系统的传感器种类
1	汀九大桥/斜拉桥/1998	127+475+448+129	风速仪、温度传感器、加速度计、应变计、位移计、动态称重系统、GPS
2	青马大桥/悬索桥/1997	主跨：1377	风速仪、温度传感器、加速度计、应变计、位移计、动态称重系统、GPS、摄像机
3	汲水门大桥/斜拉桥/1997	主跨：430	风速仪、温度传感器、加速度计、应变计、位移计、动态称重系统、GPS、摄像机、水准仪
4	深圳湾大桥（南航道桥）/斜拉桥/2007	主跨：210	风速仪、温度传感器、加速度计、应变计、位移计、动态称重系统、GPS、摄像机、腐蚀计、气压计、湿度计、雨量计
5	昂船洲大桥/斜拉桥/2008	主跨：1018	风速仪、温度传感器、加速度计、应变计、位移计、动态称重系统、GPS、摄像机、腐蚀计、气压计、湿度计、磁通量传感器、雨量计、倾斜仪、光纤传感器

续表

序号	桥名/类型/建成年份	跨径/m	监测系统的传感器种类
6	江阴大桥/悬索桥/1999	369+1385+309	风速仪、温度传感器、加速度计、应变计、位移计、GPS、光纤传感器
7	南京长江大桥/钢桁架/1968	主跨：160	风速仪、温度传感器、加速度计、应变计、位移计、地震检波器、动态称重系统
8	南京长江二桥/斜拉桥/2001	主跨：268	风速仪、温度传感器、加速度计、应变计、位移计、地震检波器、动态称重系统、磁通量传感器、湿度计
9	润扬大桥(南侧)/悬索桥/2000	主跨：1490	风速仪、温度传感器、加速度计、应变计、GPS
10	润扬大桥(北侧)/悬索桥/2004	主跨：460	风速仪、温度传感器、加速度计、应变计
11	苏通大桥/斜拉桥/2007	主跨：1088	风速仪、温度传感器、加速度计、应变计、位移计、动态称重系统、GPS、摄像机、腐蚀计、磁通量传感器、倾斜仪、光纤传感器
12	南京长江三桥/斜拉桥/2005	主跨：648	风速仪、应变计、位移计、加速度计、索力计、静力水准仪
13	铜陵长江大桥/斜拉桥/1995	主跨：432	风速仪、温度传感器、应变计、倾斜仪、加速度计
14	芜湖大桥/斜拉桥/2000	主跨：312	温度传感器、应变计、倾斜仪、光纤传感器、加速度计、水准仪
15	虎门大桥/悬索桥/1997	主跨：888	应变计、倾斜仪、GPS、水准仪
16	湛江海湾大桥/斜拉桥/2002	主跨：480	风速仪、温度传感器、应变计、倾斜仪、加速度计、位移计、GPS、磁通量传感器、地震检波器、湿度计
17	上海徐浦大桥/斜拉桥/1997	主跨：590	温度传感器、应变计、加速度计、动态称重系统、水准仪
18	卢浦大桥/拱桥/2003	主跨：550	温度传感器、应变计、加速度计、水准仪
19	大佛寺长江大桥/斜拉桥/2001	主跨：450	温度传感器、应变计、加速度计、光纤传感器、水准仪
20	珠江黄埔大桥/悬索桥/2008	主跨1108	风速仪、温度传感器、应变计、加速度计、GPS、压力变送器
21	滨州黄河大桥/斜拉桥/2004	主跨：300	风速仪、温度传感器、光纤传感器、加速度计、GPS
22	东营黄河大桥/连续刚构桥/2005	115+210+220+210+115	FGB温度及应力传感器
23	茅草街大桥/拱桥/2006	主跨：368	风速仪、加速度计、FGB温度及应力传感器
24	峨边大渡河桥/拱桥/1992	150	FGB温度及应力传感器、声发射仪
25	钱江四桥/拱桥/2004	主跨：580	风速仪、温度传感器、应变计、加速度计、磁通量传感器
26	松花江特大桥/斜拉桥/2004	主跨：365	风速仪、应变计、加速度计、GPS、FGB温度及应力传感器
27	呼兰河大桥/连续刚构桥/2000	主跨：40	FGB温度及应力传感器

续表

序号	桥名/类型/建成年份	跨径/m	监测系统的传感器种类
28	珠江黄埔大桥(北)/斜拉桥/2008	主跨 383	风速仪、温度传感器、应变计、加速度计、GPS、压力变送器
29	深圳湾大桥(北航道桥)/斜拉桥/2007	主跨 180	风速仪、温度传感器、应变计、加速度计、GPS、位移计、动态称重系统、倾斜仪、湿度计、索力计、压力变送器、支座反力测量系统、雨量计、摄像机
30	杭州湾大桥/斜拉桥/2007	318+160+100	GPS、应变计、加速度计、压力变送器
31	西堠门大桥/悬索桥/2009	主跨：1650	风速仪、温度传感器、应变计、加速度计、RTK测量仪、位移计、倾斜仪、湿度计、雨量计、光栅尺
32	舟山连岛工程金塘大桥/斜拉桥/2009	77+218+620+218+77	风速仪、温度传感器、应变计、加速度计、RTK测量仪、位移计、倾斜仪、湿度计、雨量计、支座反力测量系统、光栅尺
33	厦门集美大桥/连续梁桥/2008	60	风速仪、温度传感器、磁通量传感器、应变计、加速度计、压力变送器、湿度计
34	宁波青林湾大桥/斜拉桥/2010	326+380+326	风速仪、温度传感器、应变计、加速度计、倾斜仪、压力变送器、位移计、湿度计、GPS、动态称重系统、摄像机
35	宁波外滩大桥/斜拉桥/2010	主跨：225	风速仪、温度传感器、应变计、加速度计、倾斜仪、压力变送器、位移计、湿度计、GPS、动态称重系统、摄像机
36	宁波湾头大桥/拱桥/2009	主跨：225	风速仪、温度传感器、应变计、加速度计、倾斜仪、压力变送器、位移计、湿度计、GPS、动态称重系统、摄像机
37	宁波明州大桥/拱桥/2011	100+450+100	风速仪、温度传感器、应变计、加速度计、倾斜仪、压力变送器、位移计、湿度计、GPS、动态称重系统、摄像机

本节主要介绍几个混凝土梁桥的健康监测案例，包括城市的简支梁桥与小跨径连续梁桥、多跨连续梁桥和连续刚构桥三种混凝土梁式桥的健康监测情况。混凝土梁桥的健康监测系统与钢结构桥梁的有很多不同之处，其传感器布设、监测断面选择都有一定的规律。

2.4.1 简支梁桥与小跨径连续梁桥

1. 昆明市老 320 国道升级改造工程某匝道桥

1) 桥梁基本概况

匝道桥(图 2.2、图 2.3)为 1 跨 20m 简支梁桥。上部结构由 12 片标准跨径 20m 的空心板(先张法)组成，单跨 20m，单向 3 车道；下部结构由 12 根直径 1.2m 的基桩组成，成孔工艺为冲孔灌注桩。

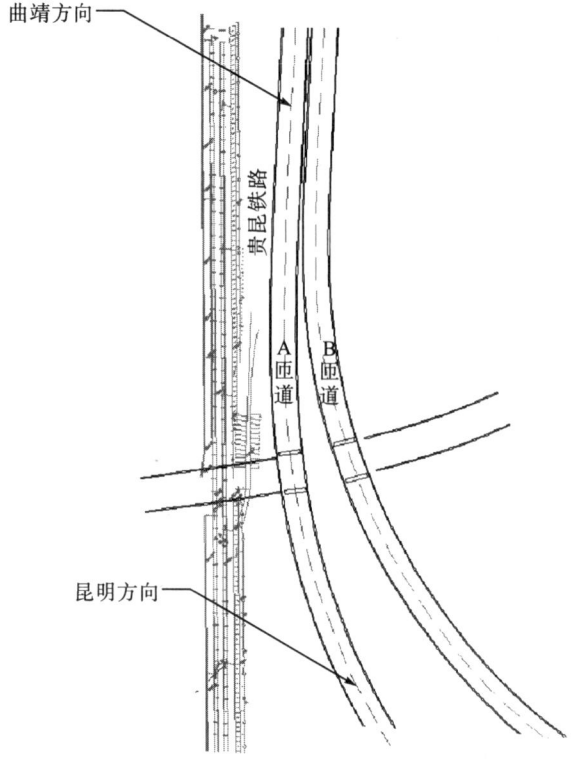

图 2.2 匝道桥平面图

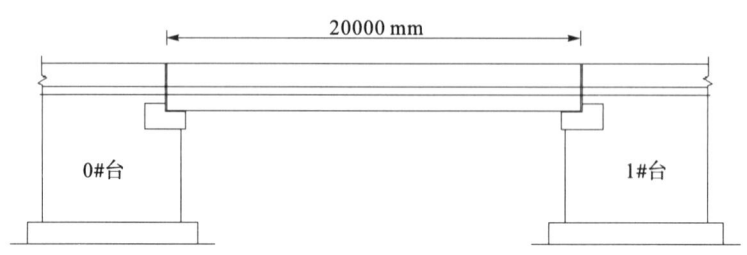

图 2.3 匝道桥立面图

2) 监测断面、监测指标及测点确定

根据最近一次桥梁检测结果,并结合该桥梁自身桥型、结构特点,对该桥跨进行监测。

该桥为整幅单向行车,共 3 车道。为保证桥梁健康监测的准确性和全面性,结合桥梁结构特点及监测指标设计原则,同时考虑该桥梁实际运营过程中的车辆通行状况,设定的可行性监测指标为温湿度、挠度、应变、倾角。监测断面及监测指标见表 2.2。

各监测断面传感器布置如图 2.4~图 2.7 所示。

(1) 0#台倾角测点布置:倾角测点布置在桥台顶部,共布置 2 个测点(图 2.4)。

表 2.2　监测断面及监测指标

断面名称	监测指标	测点数量/个	原因
0#台顶	倾角	2	倾角：高桥墩在行车方向受车辆惯性影响可能产生倾斜 温度：环境监测指标，对桥梁结构表面进行监测，消除其他传感器因温度变化的影响 挠度：跨中为最大受力点，为最不利断面，L/4 和 3L/4 断面为附加工况测试断面 应变：跨中为最大受力点，为最不利断面
第 1 跨 L/4 断面	挠度	1	
第 1 跨 3L/4 断面	挠度	1	
第 1 跨跨中断面	挠度	1	
	应变	2	
	温度	1	

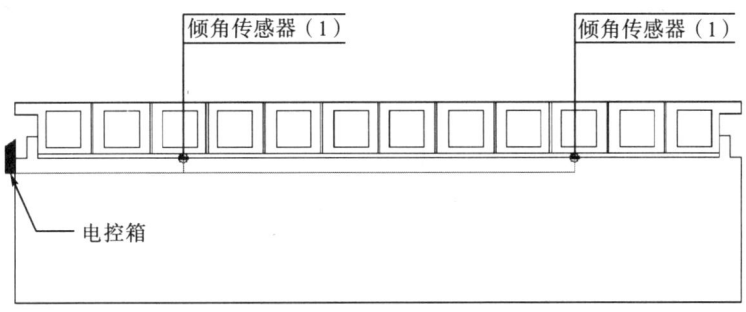

图 2.4　匝道桥 0#台测点布置图

(2) L/4 跨挠度测点布置：挠度测点布置在梁体侧边，布置 1 个测点(图 2.5)。

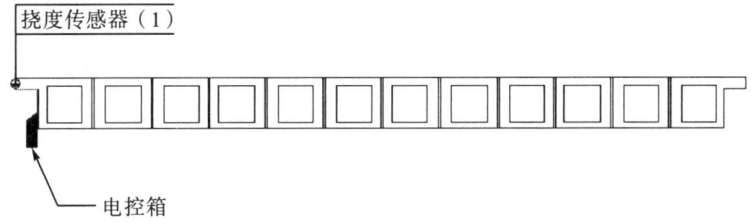

图 2.5　匝道桥 L/4 跨测点布置图

(3) 跨中截面测点布置：跨中部位共布置 2 个应变测点、1 个温度测点和 1 个挠度测点(图 2.6)。

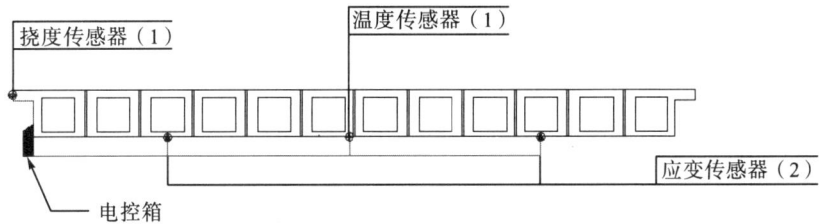

图 2.6　匝道桥跨中截面测点布置图

(4) 3L/4 跨挠度测点布置：挠度测点布置在梁体侧边，布置 1 个测点(图 2.7)。

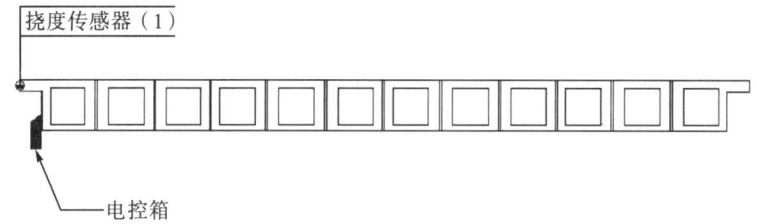

图 2.7 匝道桥 3L/4 跨测点布置图

3)供电方案

桥梁监测系统原则上须(7×24)h 不间断工作,为防止市政工程施工停电等情况,该项目供电方案设计为市电+太阳能+UPS 备用电源(振动采集单元使用)的供电方式。监测传感器由无线智能采集终端进行供电,无线智能采集终端外接市电并内置锂电池和太阳能板。预留220V 市电接口,就近取电。

4)传输方案

本桥传输方案:监测传感器通过有线方式连接至无线智能采集终端,无线采集终端通过4G 无线网络传输至桥梁监测子系统。

2. 昆明市呈黄路改扩建与王家营准轨场铁路立交工程 A 匝道桥

1)桥梁基本概况

呈黄路改扩建与王家营准轨场铁路立交工程 A 匝道主体为现浇箱梁桥,共 13 跨,具体为(21.36+2×22+21.36+45+3×25+24+4×24)m,单向 2 车道(图 2.8、图 2.9)。

2)监测断面、监测指标及测点确定

该桥为整幅单向行车,共 2 车道,为保证桥梁健康监测的准确性和全面性,结合桥梁结构特点及监测指标设计原则,同时考虑该桥梁实际运营过程中的车辆通行状况,设定可行性监测断面及监测指标。监测断面及监测指标见表 2.3,布置的原则如下。

图 2.8 A 匝道桥照片

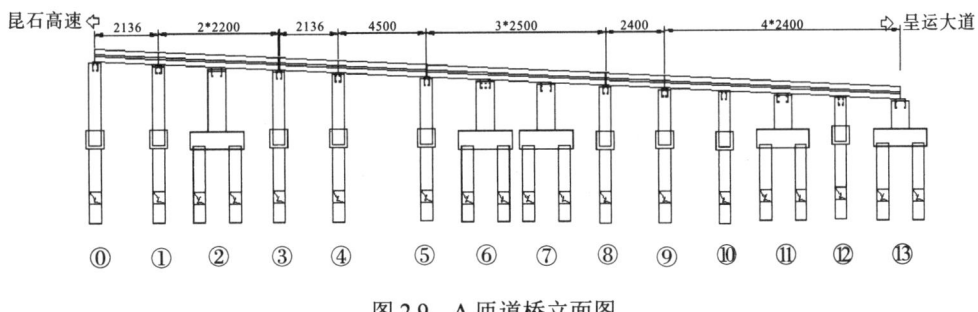

图 2.9 A 匝道桥立面图

(1) 振动：布置在第 2 跨、第 3 跨、第 4 跨、第 5 跨跨中截面，通过振动反应桥梁刚度。

(2) 倾角：1#墩、2#墩为最不利断面桥跨主要承载墩，其在行车方向受车辆惯性影响可能产生倾斜。

(3) 挠度：第 2～7 跨为主要桥跨，其跨中为最大受力点，为最不利断面。

(4) 应变：第 2～7 跨跨中截面及 2#墩顶、6#墩顶截面为最大受力点，为最不利断面。

(5) 温湿度：环境监测指标，对桥梁结构表面进行监测，消除其他传感器因温度变化的影响。

表 2.3 监测断面及监测指标

断面名称	监测指标	测点数量/个	断面名称	监测指标	测点数量/个
1#墩顶	倾角	2	第 5 跨跨中	振动	1
第 2 跨跨中	振动	1		应变	2
	挠度	1		挠度	1
	应变	3		温度	1
2#墩顶	倾角	2	第 6 跨跨中	挠度	1
	应变	2		应变	2
第 3 跨跨中断面	挠度	1	6#墩顶	应变	2
	应变	2	第 7 跨跨中	挠度	1
	振动	1		应变	2
第 4 跨跨中	挠度	1			
	应变	2			
	振动	1			

根据桥梁结构规范布置 1 个温湿度传感器(典型代表位置)、8 个应变测点(关键跨的跨中、墩顶)、6 个挠度测点(关键跨的跨中)、4 个振动测点(关键跨的跨中)和 2 个倾角测点(高桥墩)。测点布置如图 2.10 所示。

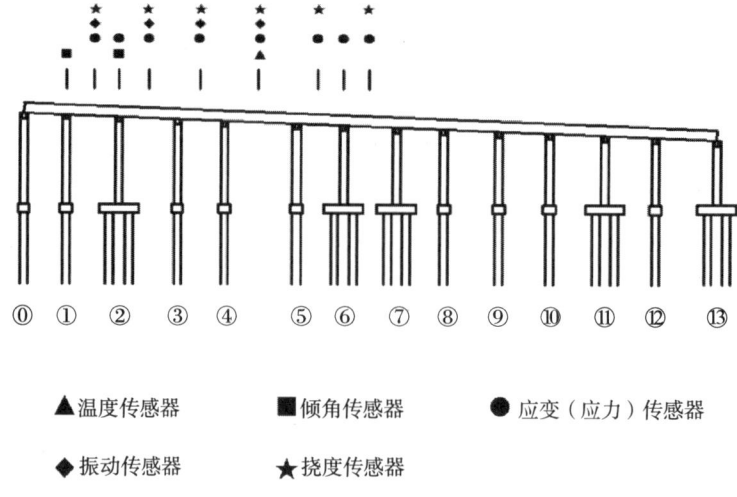

▲温度传感器　　■倾角传感器　　●应变（应力）传感器

◆振动传感器　　★挠度传感器

图 2.10　A 匝道桥测点布置图

2.4.2　多跨连续梁桥

1. 桥梁概况

鳌峰大桥，是一座预应力混凝土连续箱梁桥，1993 年建成，位于福建省福州市区，跨越闽江，连接晋安区与仓山区，全桥长 4485m，主桥长 500.9m，桥面宽 25.8m，设有 4 条机动车道和 2 条非机动车道及人行道。主桥最大跨径 70m，采用双箱单室截面，设计荷载等级为汽-超 20 级、挂-120。由于该桥已建成 20 多年，因此传感器布设方法与现在的布设方法有一定差别，其温度及应变传感器均采用表面式安装，而现在大多采用埋入式。文献[30]详细研究了这类桥梁的监测系统如何设置及如何对数据进行合理分析。本书摘录其中硬件部分，介绍传感器的具体布置方法。

鳌峰大桥健康监测系统基于物联网技术，通过传感器的无线传输，与后台数据处理系统相结合，实现大桥实时智能控制与评估管理，掌握大桥运营状况，做到一旦出现异常情况，能够马上报警，最大限度地降低了桥梁安全事故的发生。**鳌峰大桥**主桥立面图如图 2.11 所示。

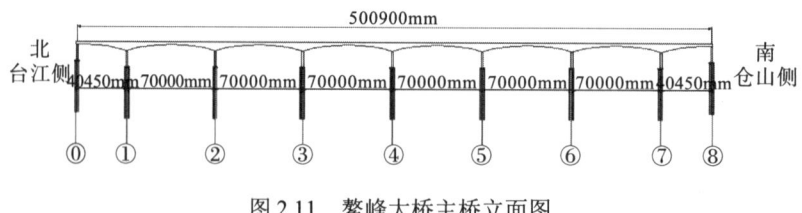

图 2.11　鳌峰大桥主桥立面图

2. 传感器系统

鳌峰大桥传感器系统主要包括加速度传感器、应变及温度传感器、位移传感器。

1）加速度传感器

加速度传感器主要通过有效独立法对传感器的布设位置及数量进行优化，再用 MAC 模态保证准则进行检验。最终得到加速度传感器的最优布置数量为 20 个，具体位置如图 2.12 所示。

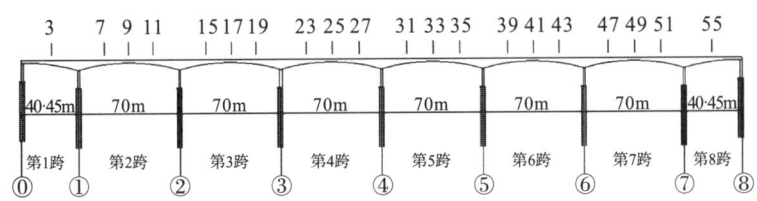

图 2.12 加速度传感器位置布置图

加速度传感器主要布置于主梁上，该大桥中采用的加速度传感器型号为 991B，适用于连续采集、周期采集和触发采集，由传感元件、数据处理单元和通信模块组成，最高采样频率为 100Hz。在安装过程中，为保证传感器安装精度，根据传感器的规格，定制了可调节安装支架。同时为了保护传感器设备，配套安装了保护罩，以减小外界环境对设备的干扰。

2）应变及温度传感器

实际工程中，无法直接对应力进行监测，通常通过应变的监测来反映应力。对于大型桥梁，在整个监测中，应力的监测是十分必要的，一方面，可通过应力来判断裂缝；另一方面对了解桥梁在各种荷载工况下的响应以及进行结构整体状况评估十分有帮助。

目前我国对于静力监测项目上传感器的优化研究并不多，通常采用常规方法来布设。该工程中，主要利用有限元软件的静力分析结果，最终确定最优布设截面为边跨跨中以及各跨跨中、L/4 和 3L/4 截面（图 2.13）。每个截面布设应变传感器 6 个、电阻式温度传感器 6 个，共 174 个应变测点、174 个温度测点。

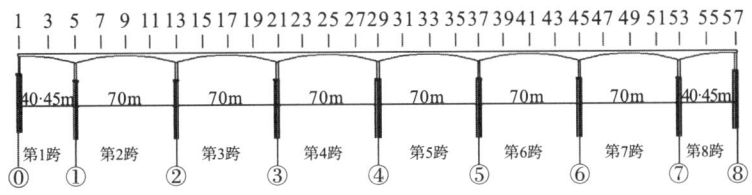

图 2.13 应变及温度传感器布置图

该系统的应变传感器采用 BGK-4000 型表面式振弦应变计，是一种内置温度传感器的智能记忆型表面应变计，可同时测量应变与温度。该仪器的长度为 150mm、量程为 3000με、灵敏度为 1με。

3) 位移传感器

位移传感器主要用于主梁的挠度及变形监测。主梁的挠度不仅影响行车舒适度，而且影响桥梁的安全性及耐久性，因此必须精确掌握挠度信息。该大桥监测系统采用的是中铁大桥科学研究院有限公司自主研发的 VDM2 型挠度仪，其布设方案同应变、温度传感器：在边跨跨中以及各跨跨中、L/4 和 3L/4 截面箱梁中心线各布置一台挠度仪，共 38 台。

需指出的是，该桥的实时监测系统是一个试点研究，因此在第一阶段并非一次性在所有监测断面布设传感器，而是分阶段根据后期监测的实际情况进行传感器的布设。目前桥梁的实时监测是以南半桥作为研究对象，具体的传感器布设如图 2.14、图 2.15 所示。

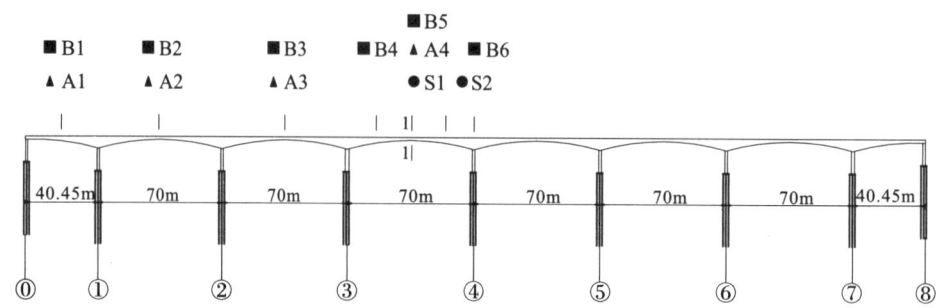

图 2.14 传感器布设图

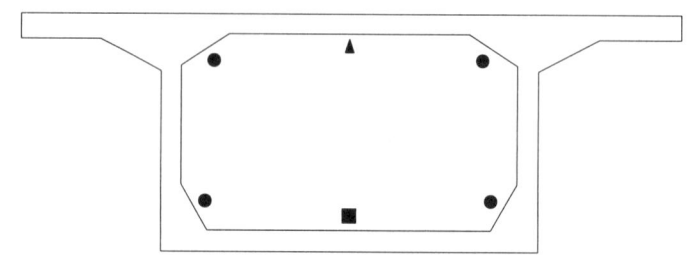

图 2.15 控制截面传感器布设图

3. 数据采集与传输系统

为实现对数据信号的采集、预处理及传输等功能，鳌峰大桥数据采集与传输子系统包括表 2.4 所列设备。

表 2.4 采集与传输设备

序号	设备名称	规格/型号	技术规格	数量
1	振弦应变计	BGK-4000	量程：3000$\mu\varepsilon$；灵敏度：1$\mu\varepsilon$	8 支
2	振弦采集模块	—	4 通道，RS485 输出	2 套
3	振动传感器	991B	频响 0.125～100Hz	4 个
4	采集模块	NI 9238	±500mV 输入，4 通道同步采集，50 kS/s/通道，抗混叠滤波	1 套

续表

序号	设备名称	规格/型号	技术规格	数量
5	以太网插槽	Ni 9181	单模块以太网插槽	6个
6	挠度仪	VDM2	量程：±500mm，分辨率：±0.1mm	1套
7	串口服务器	MOXA NPort5430	4口RS485/422串口设备联网服务器	1套
8	工业交换机	IES-1080A	8口	1台
9	工控机	IPC RK610/ MxE5303	内存总容量2G以上、硬盘总容量1T以上	1台
10	无线网桥	Anykey9550	最大54Mbps，空旷10km	1套
11	机柜	Toten	19英寸机柜	1台
12	信号电缆	RVVSP4*0.3	—	400m
13	信号电缆	RVVSP4*0.2+0.2	—	500m
14	电源转换模块、线管线槽等配件	—	—	2套

4. 数据处理与控制系统

该子系统由数据处理、储存服务器和现场采集计算机组成，将预处理过的数据传输到控制中心。数据处理与储存服务器采用先进的多芯多核CPU服务器。而主计算机系统主要实现接收和处理监测数据，实时记录车辆通过桥头和桥中的时间、车速、桥梁振动的时程曲线、超限报警等，所有的监测数据由数据库保存。

5. 结构预警与评估系统

结构预警与评估作为健康监测系统的核心功能，通过荷载及结构响应数据，把握结构整体运营状态，为桥梁的管养维修提供科学依据。

鳌峰大桥采用状态分级预警模式，初级预警设置在数据采集单元内，当预处理的数据超出预警值后，系统会根据传感器相关参数，自动判别预警，同时会向控制中心发出优先传输的申请；高级预警设置在控制中心的数据处理服务器内，通过从数据库调入相关数据，对初级预警的数据进行更详细的评估分析，决定是否需要进行现场检查。

2.4.3 连续刚构桥

1. 桥梁概况

麻柳湾至昭通段高速公路是国家高速公路网G85渝昆高速的重要路段，主线全长约105km。沿线山高谷深、悬崖峭壁连绵，地形地貌和地质条件复杂，桥梁、隧道等较多，全线桥隧比为50.2%，其中大关境内45km路段的桥隧比高达82.4%，工程规模大、工程技术难度大，特别是"八桥八隧"。其中熊家沟特大桥桥面距谷底最大高度209m，最大墩高140m，最大跨径180m，是全线特殊性控制工程中的重中之重。8座双幅大桥(共16座)分别为大关河3号大桥、洒渔河特大桥、泡桐湾特大桥、龙洞湾大桥、芝来沟大桥、三岔沟特大桥、腰岩特大桥、熊家沟特大桥。

由于麻昭高速路段的地形地貌及地质条件复杂，桥梁跨度大、墩体高，桥梁受力结构复杂，地震时有发生，而且桥隧众多，未来维护工作量大，加之维护人员有限，对桥梁出现的问题难以及时发现和跟踪,在桥梁检查及维护过程中对问题的分析判断易出现偏差。在麻昭高速16座特大桥建立的健康监测系统对大桥的运行维护起着关键作用,是大桥长期健康监测的技术保障。此系统是根据麻昭高速16座特大桥(超静定结构)的受力特点和结构参数,并结合大桥的工作环境以及经济条件而确定的。主要监测的内容如下。

(1)应力类监测,主要是桥梁(主梁及墩柱)控制截面的应力监测。

(2)环境类监测,主要是桥梁构件温度场监测。

(3)几何类监测,主要是结构变形位移的监测,包括主梁挠度和桥墩的沉降监测。

根据麻昭高速特大桥结构特点和功能需求,建立的麻昭高速特大桥健康监测系统是将硬件作为"平台"、各专业分析软件作为"中枢"、软硬件系统相互结合的结构健康监测系统,主要由传感器、数据采集与传输、数据处理与分析、状态评估、数据库管理和远程监控六部分组成。

2. 传感器系统

监测系统采用先进光纤光栅传感技术,向用户单位提供后期的数据分析服务。以麻昭高速三岔沟特大桥为例,结构监测传感器布置如图2.16所示。

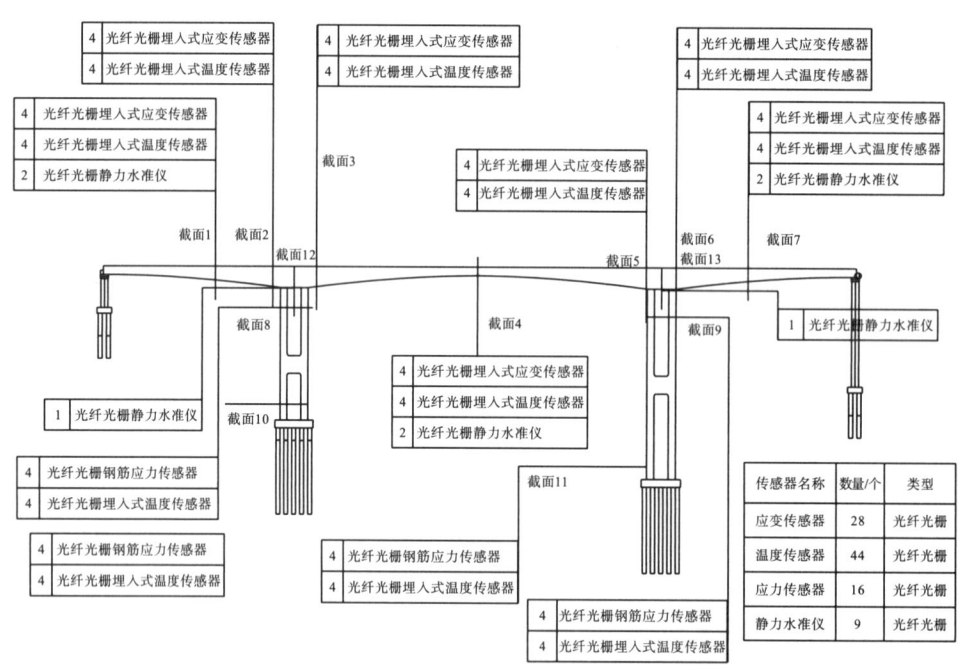

图2.16 三岔沟特大桥健康监测总体布置图

3. 数据采集与传输系统

数据采集与传输系统只有可靠、准确地传递现场数据信号,后期数据分析与处理才能发现结构异常,正确评价结构状态。该项目健康监测系统中传感器信号探测和传输均采用光信号,在技术上取消传感现场端诸如电压电流转换模块、前置滤波模块、接口通信协议、现场供电方案、防雷击模块。为了减少光纤信号传输的衰减,该项目按3个标段采用三个数据采集站进行数据的集中采集。

4. 数据预处理和分析

数据处理与控制系统对采集的数据进行处理,为后面的流程做准备;同时也要对数据采集与传输模块的工作进行操作控制。

(1)应变数据处理与分析主要是对光纤光栅传感器输出的数据进行二次处理与分析,同时对应变值进行温度修正,并消除收缩和徐变产生的应变影响,进而得到弹性应变,最后通过弹性模量转换成结构的真实应力。

(2)挠度数据处理工作主要是确定各个测点的相对沉降,即相对于基准点而言的垂直位移。基准点是通过人工观测手段确定的。而分析工作主要是对挠度监测数据进行统计分析、趋势分析、位移与应力之间的关系分析。

(3)温度监测数据的特征分析,通过绘制温度实时变化曲线,分析温度的补偿效应以及温度场对应力、温度数据去噪分析,温度对应变的影响关系。

5. 安全预警与综合评估

(1)安全预警。结构安全预警主要通过预警参数与预警指标进行组合判断。预警参数是指用于预警的桥梁特征参数,如结构位移、应力、应变等。预警指标的确定方法目前分为两种:无模型预警方法和有模型预警方法。该项目采用无模型方法和有模型方法相结合来确定麻昭高速大桥的预警指标。

(2)综合评估。预期的评估目标有:系统数据和定期检查相结合;生成周报、月报对结构跟踪;根据评估报告给出管理意见。

层次分析法可以将结构的判断指标和判断专家的经验相结合,把一些问题量化,对于桥梁评估来说是一种常用的有效的方法。结合麻昭高速大桥的具体情况,该项目采用层次分析法建立桥梁结构的层次分析模型,是分级预警后评估工作的理论框架。确定桥梁健康状态,为大桥养护维修工作提供科学依据,保障桥梁设计基准期内安全运营[31,32]。

本章参考文献

[1]冯良平, 李娜, 张革军, 等. 中国长大跨桥梁结构安全监测系统研发现状及趋势[J]. 公路, 2009(5): 176-181.

[2]Chueng M S, Tadros G S, Tadros T G, et al. Field Monitoring and Research on performance of the Confederation Bridge[J]. Canadian Journal of Civil Engine-ering, 1997, 24(6): 951-962.

[3]Razaqpur A G. Damage Detection Monitoring and Evaluation in Concrete Structures[C]//Proceedings of the First International Civil Engineering "Egypt-China-Canada "Symposium, Egypt, 1997: 43-62.

[4]Zhou Z, Wang T L, Huang D Z, et al. State-of-the-art report of bridge health monitoring[J]. Journal of Fuzhou University, 2002, 30(2): 127-146.

[5]冉志红. 桥梁结构损伤识别的动力指纹方法研究[D]. 成都: 西南交通大学, 2007.

[6]刘娟. 桥梁健康监测系统的设计与实现[D]. 成都: 电子科技大学, 2011.

[7]许建军. 桥梁结构健康监测实时数据采集系统设计[D]. 武汉: 武汉理工大学, 2008.

[8] 李战明, 李娟霞, 陈若珠. 桥梁结构健康监测数据采集系统设计方法研究[J]. 科学技术与工程, 2008(13): 3633-3636.

[9] 高荣. 桥梁健康监测系统传感器优化布置研究[D]. 武汉: 华中科技大学, 2007.

[10] 刘娟. 基于遗传算法的海洋平台传感器优化配置及损伤诊断研究[D]. 青岛: 中国海洋大学, 2003.

[11] 刘福强, 张令弥. 作动器/传感器优化配置的研究进展[J]. 力学进展, 2000, 30(4): 506-515.

[12] Liu C, Tasker F. Sensor placement for multiinput multioutput dynamic identification[C]// Structures, Structural Dynamics & Materials Conference, 2013.

[13] Rafajlowicz E. Optimal experiment design for identification of linear distributed-parameter systems: Frequency domain approach[J]. IEEE Transactions on Automatic Control, 2003, 28(7): 806-808.

[14] Kammer D C. Sensor placement for on-orbit modal identification and correlateon of large space structures[J]. Journal of guidance, Control, and Dynamics, 1993, 16(5): 251-255.

[15] Park Y S, Kim H B. Sensor placement guide for modal comparison and improvement[C]//Wick A L. Proceedings of the 14th International Modal Analysis Conference, 1996: 404-409.

[16] Lim T W. Actuator/Sensor Placement for Modal Parameter Identification of Flexible Structures[J]. International Journal of Analytical & Experimental Modal Analysis, 1993, 8(1): 1-13.

[17] Bayard D S, Hadaegh F Y, Meldrum D R. Optimal experiment design for identification of large space structures[J]. Automatica, 1988, 24(3): 357-364.

[18] Shih Y T, Lee A C, Chen J H. Sensor and actuator placement for modal identification[J]. Mechanical Systems and Signal Processing, 1998, 12(5): 641-659.

[19] Xing G, Bainum P M. Actuator placement using degree of controllability for discrete-time systems[J]. Journal of Dynamic Systems, and Control, 1993, 114(1): 508-516.

[20] Salama M, Rose T, Garba J. Optimal placement of exciters and sensors for verification of large dynamical systems[C]//Proceeding of SDI conference, 1987: 1024-1031.

[21] Chung Y T, Moore D. On-orbot sensor placement and system identification of space station with limited instrumentations. In: MacDonald K L ed. Proceedings of 11th IMAC conference, 1993: 41-46.

[22] 张德文, 魏阜旋. 模型修正与破损诊断[M]. 北京: 科学出版社, 1999.

[23] Baruh H, Choe K. Sensor palcement in structural control[J]. Journal of Guidance, Control, and Dynamics, 1987, 10(5): 474-482.

[24] Sepulveda A E, Chmit L A. Optimal placement of active elements in control augmented structural synthesis[J]. Aiaa Journal, 1992, 31(10): 1906-1915.

[25] Sunar M, Rao S S. Thermopiezoelectric control design and actuator placeme-nt[J]. Aiaa Journal, 1997, 35(2): 543-559.

[26] 刘艳, 刘贵杰, 刘波. 传感器优化布置研究现状与展望[J]. 传感器与微系统, 2010, 29(11): 4-6.

[27] Haftka R T, Adelman H M. Selection of actuator locations for static shape control of large space structures by heuristic integer programing[J]. Computers & Structures, 1985, 20(1): 575-582.

[28] Kirkpatrick S, Gelatt C, Vecchi M. Optimization by simulated annealing[J]. Science, 1983, 220(26): 671-680.

[29] 何磊. 基于物联网的桥梁健康监测系统研究[D]. 重庆: 重庆交通大学, 2016.

[30] 黄朝星. 多跨混凝土连续梁桥实时监测研究[D]. 福州: 福州大学, 2016.

[31] 云南省公路科学技术研究院. 麻昭特大桥健康监测方案[R]. 昆明, 2016.

[32] 云南省公路科学技术研究院. 麻柳湾至昭通段高速公路桥梁施工监控报告[R]. 昆明, 2016.

第3章 基于概率可靠度的桥梁评估理论

可靠度分析法是用统计推断理论对影响结构可靠性的诸多不确定因素进行分析,用可靠度理论对结构的可靠性水平进行评定,并采用失效概率或可靠指标来衡量结构的安全水平。它为结构可靠度评估提供了坚实的理论基础。该理论用于结构承载能力评估时,通常是计算失效概率或可靠指标,并与预先拟定的安全临界可靠指标相比较[1]。到目前为止,少部分基于结构可靠性理论的结构评估规范已进入实用阶段[2,3],但完全以可靠性理论为基础的桥梁结构评估技术还不成熟。

我国于2011年颁布的《公路桥梁承载能力检测评定规程》(JTG/T J21—2011)(以下简称"评定规程"),按照标度评定的办法对配筋混凝土桥梁的技术状况、材质状况、状态参数、交通量等进行观测,确定对应的标度等级,进而逐次加权或直接计算相应系数,最终按修正后的结构抗力和作用效应计算其承载能力表达式是否满足规范要求。其中,承载能力评定过程的系数包括承载能力检算系数、承载能力恶化系数、截面折减系数、钢筋截面折减系数等。这些系数在计算上虽然按照承载能力计算评定主要影响因素进行分类,并逐层考虑了营运桥梁的实际状况和实测参数,但个别参数交叉,操作中也有不符合工程实际的情况。从本质上看,评定规程采用加权平均的办法,类似于原试行规范的评分法,没有考虑各个参数的实际概率分布形式,也没有考虑各个参数之间的耦合问题。

工程实践经验表明,评定规程的方法操作简单,实用性强。但评估理论还在进一步发展,评估体系也在不断扩大,评估方法有待完善充实。本章介绍基于概率可靠度的钢筋混凝土桥梁评估理论。

3.1 结构可靠度理论

本节首先介绍结构可靠度的基本概念,可靠度与失效概率的关系,然后引出可靠指标的概念,分析既有结构与拟建结构可靠度的区别与联系。

3.1.1 可靠性与可靠度

任何结构都面临同样的问题:在安全适用与经济合理之间找到一种平衡,力求以最经济的方式,使之在正常使用时满足预定功能[4,5]。

(1) 能承受在正常施工和正常使用时可能出现的各种作用。
(2) 在正常使用时具有良好的工作性能。
(3) 在正常维护下具有足够的耐久性能。
(4) 在偶然事件(如地震、火灾等)发生时及发生后,仍能保持必需的整体稳定性。

第(1)、(4)项为结构的安全性要求；第(2)项为结构的适用性要求；第(3)项涉及结构的耐久性。结构的可靠性就是安全性、适用性和耐久性的总称。可靠度是可靠性的数值度量，是建立在统计数学的基础上，经过分析计算确定的，它表示结构完成"预定功能"的概率，是一个定量的描述。国内外学者一致认为可靠度是在规定的时间内、规定的条件下，结构完成预定功能的概率。结构可靠度主要研究的是结构在其服役期内所处的状态超过极限状态的概率，概率是表征出现失效可能大小的数值度量。

3.1.2 可靠度与极限状态

作用效应、材料性能、几何参数、计算模式等是影响结构可靠度的因素。在进行可靠度分析时，把这些因素当作基本变量 $X_1, X_2, \cdots, X_n$ 来处理，由这些基本变量组成描述结构功能的函数 $Z = g(X_1, X_2, \cdots, X_n)$，就是结构的功能函数[6]。效应的基本变量组合成综合效应 S，抗力的基本变量组合成综合抗力 R，简化后功能函数为 $Z = R - S$。Z 可能出现以下情况：①$Z = R - S > 0$，表明结构处于可靠状态；②$Z = R - S < 0$，表明结构已失效或破坏；③$Z = R - S = 0$，表明结构处于极限状态。

极限状态方程准确描述了结构的极限状态，研究的问题不同，极限状态方程的形式将会不同，但不同的极限状态方程可统一归为

$$Z = g(X_1, X_2, \cdots, X_n) = 0 \tag{3-1}$$

一般用"极限状态"来衡量结构是否完成预定的功能。当结构超过某个特定的状态，不能满足某一特定功能时，所处的这个状态就是结构在这一功能中的极限状态。极限状态是结构工作状态可靠与失效的分水岭，在一般工程应用中，包括承载能力极限状态和正常使用极限状态两种。

1. 承载能力极限状态

承载能力极限状态是指结构达到它所能承受的最大承载力。承载能力极限状态与安全性直接相关，任何工程结构都必须做承载能力极限状态的计算分析，并且必须保证它的失效概率处于一个足够低的水平。当结构或构件出现下列状况之一时，即认为超过了承载能力极限状态。

(1) 整个结构或结构的一部分作为刚体失去平衡(如倾覆等)。
(2) 结构构件或者连接因材料强度被超过而破坏(包括疲劳破坏)，或因过度的塑性变形而不适于继续承载。
(3) 结构转变为机动体系。
(4) 结构或结构构件丧失稳定(如压屈等)。

2. 正常使用极限状态

正常使用极限状态是结构或构件达到某项规定的正常使用的极限值，已经影响到结构的工作条件和耐久程度。当结构或结构构件出现下列状况之一时，即认为超过了正常使用极限状态。

(1) 影响正常使用或外观变形。
(2) 影响正常使用或耐久性能的局部破坏(包括裂缝)。
(3) 影响正常使用的振动。
(4) 影响正常使用的其他特定状态。

3.1.3 失效概率

本研究遵循从易到难的原则，先只考虑有一个 R 和一个 S 的情形。R 和 S 的概率密度函数分别为 f_R、f_S。

为方便起见，而且又不失一般性，在此仅考虑一个结构构件的可靠度，并且按照规定，结构构件的抗力 R 小于作用在其上的荷载效应 S，就认为这个结构构件已失效[7]。

$$P_f = P(R \leq S) = P(R-S \leq 0) = P(R/S \leq 1) = P(\ln R - \ln S \leq 0) \quad (3-2)$$

或更一般的

$$P_f = \left[G(R \leq S) \leq 0 \right] \quad (3-3)$$

式中，G 是这个问题中结构的功能函数。

$f_{RS}(r,s)$ 是 R 和 S 的联合概率密度函数。如图 3.1 所示，图中的阴影失效区域 D 对应的是式(3-3)。

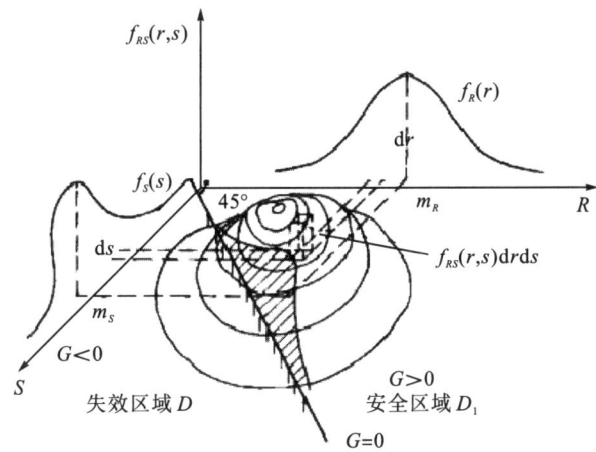

图 3.1 确定失效概率的积分区域 D

失效概率变为

$$P_f = P(R-S \leq 0) = \iint_D f_{RS}(r,s) \mathrm{d}r \mathrm{d}s \quad (3-4)$$

当 S 和 R 独立时，$f_{RS}(r,s) = f_R(r) \cdot f_S(s)$，因此，式(3-4)可写为

$$P_f = P(R-S \leq 0) = \int_{-\infty}^{\infty} \int_{-\infty}^{s \geq r} f_R(r) f_S(s) \mathrm{d}r \mathrm{d}s \quad (3-5)$$

$x \geq y$，$F_x(x)$ 由下式表示：

$$F_x(x) = P(X \leq x) = \int_{-\infty}^{x} f_X(y) \mathrm{d}y \quad (3-6)$$

上式适合于一般情况。对于 R 和 S 相互独立的特殊情形，式(3-5)可表示为

$$P_f = P(R-S \leqslant 0) = \int_{-\infty}^{\infty} F_R(x) f_S(x) \mathrm{d}x \tag{3-7}$$

这个积分被称为"卷积积分",参考图 3.2 可容易地对其意义作出解释。$F_R(x)$ 就是 $R \leqslant x$ 的概率,或说 R 比 x 某些特定值小的概率,这个概率就是失效概率。作用在构件上的荷载效应 S,当 $\Delta x \rightarrow 0$ 时,在 x 和 $(x+\Delta x)$ 之间具有某一值的概率用 $f_S(x)$ 项来表示。通过考虑所有可能的 x 值,即对所有 x 积分,就可得到总的失效概率。

结构的可靠和失效是两个对立的事件,P_f 和 P_r 的互补关系,可表示为

$$P_f + P_r = 1 \tag{3-8}$$

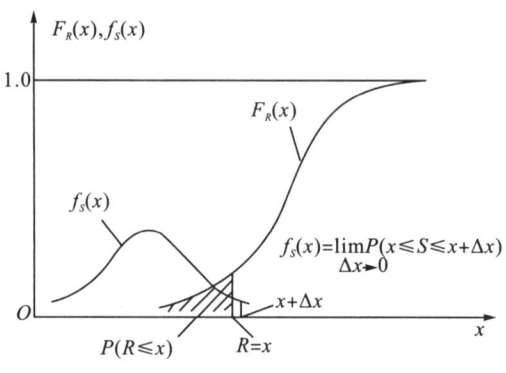

图 3.2 $F_R(x)$ 和 $f_S(x)$ 的描述

要结构达到 100%的可靠是不切实际的,更是完全没有必要和极其不经济的,综合考虑投资、社会经济后果,只要失效概率足够小,达到人们可以接受的程度,就认为结构是安全可靠的。

3.1.4 可靠指标

1. 可靠指标

3.1.3 节所述均处于理论阶段,工程实践中,由于工程存在难以克服的复杂性和多样性,基本随机变量的联合概率密度函数很难准确得到,而且计算多重积分也不是一件容易的事,因此用直接积分法计算失效概率是一件很困难的事。引入可靠指标[8,9],它与失效概率有对应关系,从计算失效概率转为计算更为直观的可靠指标,是进行结构或构件可靠度分析的简便途径,且可以通过多种方法保证计算结果具有足够的精度。

由浅入深,设 R 和 S 是两个相互独立的正态随机变量,$Z = R - S = 0$,从 P_f 入手讨论可靠指标。

$$P_f = \int_{-\infty}^{0} \frac{1}{\sqrt{2\pi}\sigma_Z} \exp\left[-\frac{1}{2}\left(\frac{Z-m_Z}{\sigma_Z}\right)^2\right] \mathrm{d}Z \tag{3-9}$$

式中,m_Z 和 σ_Z 分别是 Z 的平均值和标准差。运用 $t(m_t=0, \sigma_t=1)$,将一般正态分布 $N(m_Z, \sigma_Z)$ 标准化:

$$t = \frac{Z - m_Z}{\sigma_Z}, \quad dZ = \sigma_Z dt$$

当 $Z \to -\infty$, $t \to -\infty$

当 $Z = 0$, $t = -m_Z/\sigma_Z$

将以上结果代入后得：

$$P_f = \int_{-\infty}^{-\frac{m_Z}{\sigma_Z}} \frac{1}{\sqrt{2\pi}} \exp\left(-\frac{t^2}{2}\right) dt = 1 - \Phi\left(\frac{m_Z}{\sigma_Z}\right) = \Phi\left(-\frac{m_Z}{\sigma_Z}\right) \tag{3-10}$$

式中：$\Phi(\ )$ 为标准化正态分布函数。

现引入符号 β，并令

$$\beta = \frac{m_Z}{\sigma_Z} \tag{3-11}$$

得

$$P_f = \Phi(-\beta) \tag{3-12}$$

式中：β 为无量纲系数，称为可靠指标。

式(3-12)明确了 P_f 与 β 的关系。利用式(3-7)导出 β 和 P_r 的关系：

$$P_r = 1 - P_f = 1 - \Phi(-\beta) = \Phi(\beta) \tag{3-13}$$

其中：

$$\beta = \frac{m_R - m_S}{\sqrt{\sigma_R^2 + \sigma_S^2}}$$

式中，m_R、m_S 和 σ_R、σ_S 分别是 R 和 S 的平均值和标准差。

将 β 作为可靠指标的原因如下。

(1) β 是失效概率的度量，β 与 P_f 有对应关系，β 越大，则 P_f 越小，P_r 越大。

(2) 如图 3.3，Z 的平均值 m_Z、标准差 σ_Z，$\beta\sigma_Z$ 是 $Z=0$ 到 m_Z 处的距离，$\beta\sigma_Z$ 大，阴影部分面积小，P_f 小，可靠度大；反之，$\beta\sigma_Z$ 小，阴影部分面积大，P_f 大，可靠度小。

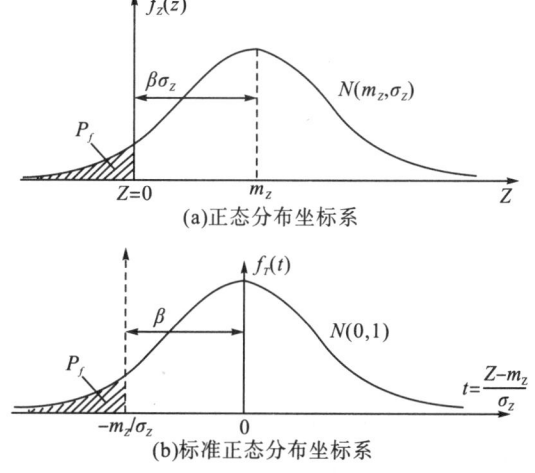

图 3.3 正态分布和标准正态分布坐标系

(3) 不同的正态分布,若各自 μ_i 和 σ_i 的比值 β_i 相等,那么 P_f 就相等。而对于某些非正态分布,如对数正态分布,服从同一分布类型的不同随机变量各自的 μ_i 和 σ_i 的比值 γ_i 相等,则分布函数也相等,但 γ_i 与 β_i 的意义不完全一致,所以特定的分布类型决定了特定的对应关系。由 γ_i 不便于确定 P_f,不利于实际问题的求解,采用正态数字特征表示方法问题将大大简化。

(4) 如图 3.4 所示,Z 的概率密度函数为 $f_Z(z)$,由 $\beta = m_Z / \sigma_Z$ 可知,当 σ_Z 为常量时,β 只随 m_Z 的变化而变化。当 β 增加时,由于 m_Z 的增加,$f_Z(z)$ 曲线会向右移动(如图中的虚线所示),这样 P_f 变小,变为 P_f',P_r 就会增大。

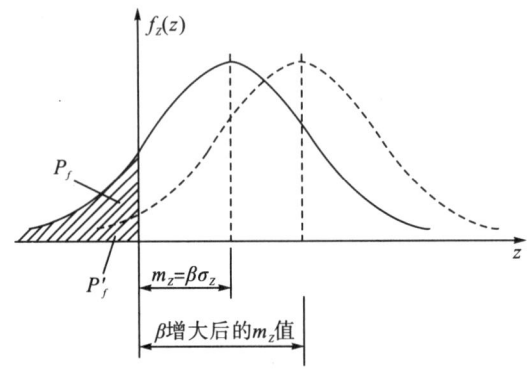

图 3.4 可靠指标 β 与平均值 m_Z 的关系图

以上分析表明,结构可靠度既可用 P_f 描述,也可用 β 度量,目前在实际工程中,常用 β 表示结构的可靠程度。

式(3-11)是在 R 和 S 均服从正态分布的情况下 β 的计算公式。如果不满足这一条件,Z 的 m_Z 和 σ_Z 也可以求出,但由式(3-11)算出的 β 值只是名义上的。式(3-12)和式(3-13)都是在 R 和 S 都服从正态分布的情况才成立,如不满足,它们不再精确成立,但在工程中仍具有一定的参考价值。

2. 可靠指标的常用公式

(1) R 和 S 都服从正态分布,极限状态方程是:

$$Z = R - S = 0 \tag{3-14}$$

R 和 S 的平均值和标准差分别为 m_R、m_S 和 σ_R、σ_S,这样 $Z = R - S$ 也服从正态分布,其平均值和标准差分别为 $m_Z = m_R - m_S$ 及 $\sigma_Z = \sqrt{\sigma_R^2 + \sigma_S^2}$。由式(3-11)得

$$\beta = \frac{m_Z}{\sigma_Z} = \frac{m_R - m_S}{\sqrt{\sigma_R^2 + \sigma_S^2}} \tag{3-15}$$

这是结构可靠度分析中一个最基本的公式。

(2) R 和 S 是两个对数正态分布变量,极限状态方程:

$$Z = \ln R - \ln S = 0 \tag{3-16}$$

在不断的实践中人们发现：R 和 S 有时趋向于偏态分布，如继续按正态分布计算，将产生较大的误差。Rosenblueth 和 Estera 等学者建议，采用对数正态分布的模型。$\ln R$ 和 $\ln S$ 的平均值与标准差分别计为 $m_{\ln R}$、$m_{\ln S}$ 和 $\sigma_{\ln R}$、$\sigma_{\ln S}$，由于 $\ln R$ 和 $\ln S$ 都是正态分布，这样 Z 也是正态分布，其平均值和标准差为 $m_Z = m_{\ln R} - m_{\ln S}$ 和 $\sigma_Z = \left(\sigma_{\ln R}^2 + \sigma_{\ln S}^2\right)^{1/2}$。

通过变换可以用 m_R、m_S 和 σ_R、σ_S 来表示 m_Z、σ_Z，这样就可以直接利用 R 和 S 的一、二阶矩来使问题得到简化。根据对数正态分布的性质，$\ln R$ 和 $\ln S$ 的方差分别为：$\sigma_{\ln R}^2 = \ln\left(1 + V_R^2\right)$ 和 $\sigma_{\ln S}^2 = \ln\left(1 + V_S^2\right)$。其中：$V_R = \dfrac{\sigma_R}{m_R}$，$V_S = \dfrac{\sigma_S}{m_S}$。则

$$\begin{aligned}\sigma_Z &= \left[\ln\left(1+V_R^2\right)+\ln\left(1+V_S^2\right)\right]^{1/2} \\ &= \left[\ln\left[\left(1+V_R^2\right)\left(1+V_S^2\right)\right]\right]^{1/2}\end{aligned} \tag{3-17}$$

$\ln R$ 和 $\ln S$ 的平均值分别为：$m_{\ln R} = \ln m_R - \dfrac{1}{2}\sigma_{\ln R}^2$ 和 $m_{\ln S} = \ln m_S - \dfrac{1}{2}\sigma_{\ln S}^2$，则

$$\begin{aligned}m_Z &= \ln m_R - \ln m_S - \dfrac{1}{2}\left(\sigma_{\ln R}^2 - \sigma_{\ln S}^2\right) \\ &= \ln\left(\dfrac{m_R}{m_S}\right) - \dfrac{1}{2}\ln\left(\dfrac{1+V_R^2}{1+V_S^2}\right) \\ &= \ln\left[\dfrac{m_R}{m_S}\sqrt{\dfrac{1+V_S^2}{1+V_R^2}}\right]\end{aligned} \tag{3-18}$$

最后由式(3-11)得

$$\beta = \dfrac{m_Z}{\sigma_Z} = \dfrac{\ln\left(\dfrac{m_R}{m_S}\sqrt{\dfrac{1+V_S^2}{1+V_R^2}}\right)}{\sqrt{\ln\left[\left(1+V_R^2\right)\left(1+V_S^2\right)\right]}} \tag{3-19}$$

若 V_R 和 V_S 都小于 0.3，可进一步简化为

$$\ln\left(1+V_R^2\right) \approx V_R^2,\quad \ln\left(1+V_S^2\right) \approx V_S^2$$

其误差小于 2%，当 V_R 和 V_S 很小或基本上相等时，有

$$\sqrt{\dfrac{1+V_S^2}{1+V_R^2}} \approx 1$$

将以上各式代入式(3-19)得

$$\beta = \dfrac{\ln(m_R/m_S)}{\sqrt{V_R^2 + V_S^2}} \tag{3-20}$$

世界范围内，有少数国家的设计规范以式(3-20)为基础，将其作为一个基本计算公式，如美国的钢结构设计规范。

根据分析计算，当 V_R 和 V_S 均小于 0.3 时，式(3-20)的计算误差不大于 2%。而实际工程中，结构随机变量的变异系数值几乎都小于 0.3，所以运用式(3-20)计算得到的结果一般偏差不大，可以推广使用。

3. 可靠指标的几何解释

上述对 β 的计算公式、物理意义、其与失效概率的关系进行了详细分析和讨论,为了更形象和更清晰地了解 β,再对其几何含义做进一步讨论。

1) 特殊情形 I:R 和 S 均为正态随机变量,且 $\sigma_R = \sigma_S = \sigma$

R 和 S 的标准差是 σ,平均值分别为 m_R 和 m_S,极限状态方程为
$$Z = R - S = 0$$
在如图 3.5 所示的直角坐标系中,表示 Z 的直线就是失效边界线。

利用几何知识,可以证明 β 值就是平均值点 (m_R, m_S) 到失效边界上的最短距离。现证明如下。

(1) 当 $\sigma_R = \sigma_S = \sigma$ 时,$\sigma_Z = \sqrt{\sigma_R^2 + \sigma_S^2} = \sqrt{2}\sigma$。

(2) $\beta = m_Z / \sigma_Z = m_Z / (\sqrt{2}\sigma)$。

(3) 点 (m_R, m_S) 到失效边界上的最短距离为
$$\overline{MP^*} = \overline{MN} \cos 45° = m_Z / \sqrt{2} = \beta\sigma$$

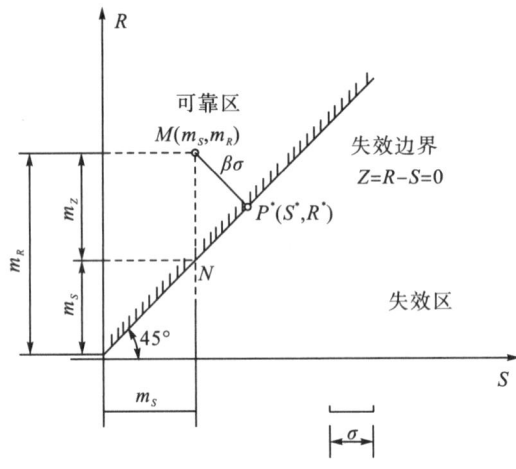

图 3.5 失效边界

上述表明,$\overline{MP^*}$ 是 β 的 σ 倍,这样看来,如果取 σ 为一个单位,β 值就是点 (m_R, m_S) 到失效边界上的最短距离 $\overline{MP^*}$。

我们还注意到两个点:M 和 P^*。M 由 R 和 S 的平均值确定;P^* 位于失效边界上,是与结构最大可能失效概率对应的点,就是常说的与设计规定值相对应的点,称为设计验算点,常常用它来作校核。图 3.6 表示出了 Z 为一般正态分布和变换为标准正态分布后 P^* 和 M 两个点的位置。

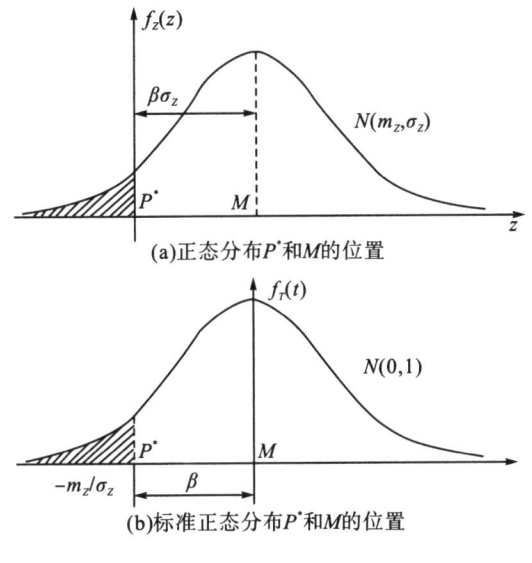

(a) 正态分布 P^* 和 M 的位置

(b) 标准正态分布 P^* 和 M 的位置

图 3.6 P^* 和 M 位置图

2) 特殊情形Ⅱ：两个正态变量 R 和 S 且 $\sigma_R \neq \sigma_S$

这种情况下，需要重新建立坐标系。新坐标系建立的方法是：首先将原点 O 点平移到 $\hat{O}$ 点（M 点）处；然后作变换，使 σ_R 和 σ_S 都变成一个单位量。由情形Ⅰ可知，在新坐标系 $\hat{R}\hat{O}\hat{S}$ 中的原点到失效边界上的最短距离 $\hat{O}P^*$ 就是 β 值（图 3.7）。

在新坐标系中，R 和 S 须满足：平均值 $m_R = 0$；$m_S = 0$，标准差 $\sigma_R = 1$，$\sigma_S = 1$。

现简要证明如下。

在 $\hat{R}\hat{O}\hat{S}$ 中，$\hat{R}$ 和 $\hat{S}$ 分别为

$$\hat{R} = \frac{R - m_R}{\sigma_R}, \quad \hat{S} = \frac{S - m_S}{\sigma_S} \tag{3-21}$$

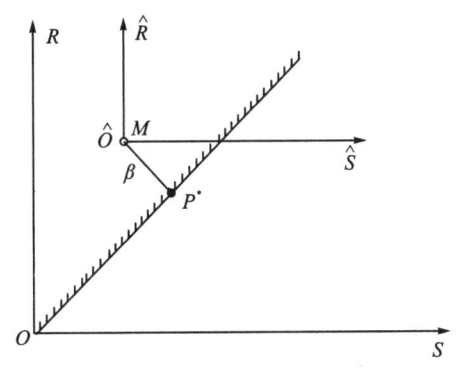

图 3.7 新坐标系中 β 位置图

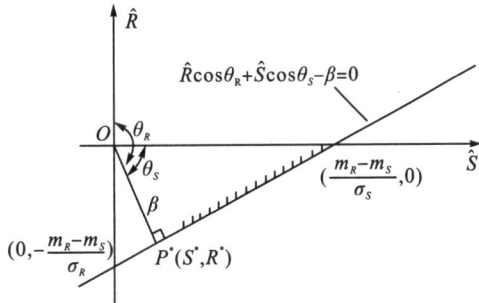

图 3.8 变换坐标系后的失效边界

由于 m_R、m_S、σ_R、σ_S 都是常量，由有关知识，可以证明 $\hat{R}$ 和 $\hat{S}$ 的平均值和标准差分别为 0 和 1。前述坐标系的变换，它的实质上是将正态分布 $N(m_i, \sigma_i)$ 进行标准化，使之变成标准正态分布 $N(0, 1)$。从式 (3-21) 中解出 R 和 S，代入 $Z = R - S = 0$，得

$$m_R + \hat{R}\sigma_R - (m_S + \hat{S}\sigma_S) = 0 \quad (3\text{-}22)$$

或

$$\hat{R}\sigma_R - \hat{S}\sigma_S + m_R - m_S = 0 \quad (3\text{-}23)$$

变换后的坐标系如图 3.8 所示。

3.1.5 既有结构可靠度

既有结构可靠性评估主要依据结构目前的状况、设计施工所留下的信息，很多时候可能还需要参考有关资料，采用适当的计算分析方法，计算可靠度或者失效概率。将结果与一定的可以接受的可靠度水准或者失效概率的上限对比，确定结构的可靠度是否符合要求。

拟建结构是既有结构的前身，它们之间有不可分割的联系，所以既有结构的可靠性分析研究可以借鉴该结构作为拟建结构时设计过程中所采用的可靠性方法，但必须注意既有结构与拟建结构有本质区别，不能完全将用于研究拟建结构的可靠性方法照搬到对既有结构的可靠度分析中，需找到合适的分析方法。既有结构是设计方案的实现，其结构性能在服役期间随着环境、使用条件的发展变化而不断变化，而且不同的结构还有环境和使用条件的差别，其评估过程与设计过程相比更加多样和复杂，拟建结构的设计过程和既有结构的评估过程，既有密切联系，又有很大不同。总结起来，既有结构的可靠性评估有以下特点。

(1)既有结构与拟建结构都需要处理可靠性分析中所涉及的诸多不确定性，但既有结构的可靠性评估对象是比拟建结构更复杂和多样的实际结构，这时就要求工程师们考虑更大范围的不确定性。

(2)与拟建结构的设计仅停留在图纸阶段不同，既有结构是客观存在的实体，可以通过各种方法获取大量有用的数据信息。随着技术的不断提高，涌现出越来越多的无损检测技术，检测结果也越来越精确，越来越接近真实值，如结构材料强度、构件几何尺寸、结构损坏程度等。这些数据和信息在可靠性评估中有至关重要的作用，应该充分利用，这有利于提高既有结构可靠性评估的准确性。但这些信息不是完全可以准确获取的，受主客观条件的影响和制约，这就是既有结构评估的条件性。客观条件允许并且观测精度高的，可以作为确定量，直接用实测数据进行分析；对于受客观条件限制难以充分观测，或者能够观测但受技术方面制约导致观测结果精度不高，与真实值存在较大偏差的，仍应作为随机变量。其统计参数的取用这时就显得至关重要，应使之与实际情况尽可能一致。

(3)研究既有结构服役的历史对其可靠性评估有一定参考价值，尤其是使用期间承受过的最大荷载，或者发生过的重大事件。

(4)拟建结构待建时的设计基准期是人们期望的结构的使用期限，而结构建成以后受环境、使用条件的影响，它所能达到的继续使用期往往与人们的期望值有所不同，一般结构的继续使用期是由结构的具体情况和使用条件决定的。

(5)既有结构在服役过程的状态是一个动态的发展变化过程，具体而言影响既有结构荷载和抗力的关键因素都是随时间变化的随机变量，结构表现出的荷载效应和结构抗力也是随时间变化的随机变量而并非是某一定值,所以其可靠性也是随时间的变化而变化的。随着时间的推移,既有结构的抗力逐步衰减,因此时变特性是一个非常重要的方面。

(6)我国目前关于既有结构可靠性评估的规范很少,很多可能需要借鉴拟建结构的相关规范,需要针对既有结构自身特点有选择性地进行,并不是完全照搬。

3.2 既有桥梁作用效应与结构抗力分析

既有桥梁在服役期间,结构性能并不是一成不变的,而是处在一个不断发展变化的过程,总体上的变化趋势是从新到旧、从高到低、从好到坏,逐渐减弱,这也是所有客观事物存在的由兴到衰的变化规律。桥梁结构可靠度分析中,功能函数中有两大重要的变量,即作用和抗力,两者相辅相成、缺一不可。对于钢筋混凝土桥而言,主要是由荷载引起的正截面抗弯和斜截面抗剪。

3.2.1 混凝土的时变特性

1. 碳化机理

水泥水化后生成 $Ca(OH)_2$、CSH,未水化的水泥组分中含有 C_3S、C_2S,混凝土暴露在空气中,这些物质会与空气中的 CO_2 发生化学反应,生成碳酸盐,混凝土成分发生质的变化,组织和性能也随之改变。随着碳化的发生,一方面混凝土碱浓度降低,减弱了原混凝土给钢筋营造的碱性环境,钢筋可能发生锈蚀;另一方面还会影响其自身的受力行为。

碳化的化学方程式:

$$CO_2 + H_2O = H_2CO_3$$
$$Ca(OH)_2 + H_2CO_3 = CaCO_3 + 2H_2O$$
$$3CaO \cdot SiO_2 + 3CO_2 + \gamma H_2O = 3CaCO_3 + SiO_2 \cdot \lambda H_2O$$
$$2CaO \cdot SiO_2 + 2CO_2 + \gamma H_2O = 2CaCO_3 + SiO_2 \cdot \lambda H_2O$$

2. 碳化的因素

影响混凝土碳化及碳化速度的因素如下。

(1)时间和空气中的 CO_2 浓度。环境中 CO_2 的浓度越高,大气压力越大,CO_2 快速向混凝土内部扩散,混凝土碳化反应必需的物质条件已经具备,碳化反应迅速发生,随着时间的推移,碳化速度越来越快。

(2)水灰比。碳化随水灰比的增加而增大,原因是:成型混凝土内部的空隙率是随混凝土拌合时水灰比的增大而增大的,空隙为碳化反应必需的物质 CO_2 提供了更多的存在空间,使混凝土碳化速度不断加快。混凝土拌合时水灰比小,水泥浆组织严密,透气性降低,碳化速度随之降低。

(3)水泥品种与水泥用量。水泥品种是影响混凝土碳化的另一重要因素,研究和实践均表明,掺有混合材料的水泥碳化快,普通水泥次之,快硬硅酸盐水泥碳化慢,而且随着混合材料掺量的增多,混凝土碳化速度会随之加快。另外,碳化反应的过程实质上是混凝

土孔隙内部的 CO_2 被存在于砂浆或者混凝土中的碱性物质吸收的过程,其碱性物质绝大多数是 CaO。碱性物质的含量越高,水泥硬化后形成的水泥石中生成的 $Ca(OH)_2$ 的量也就越多,根据前述化学反应方程式,消耗 CO_2 的能力越强,碳化速度越快。

(4) 环境温度与相对湿度。当环境中湿度较大时,CO_2 向混凝土内部扩散的阻力增加,故长期处于气干状态下的混凝土碳化较快,反之潮湿部位碳化慢。在一般环境温度下,温度升高碳化速度降低。

(5) 外加剂的掺量。对于许多常用的外加剂,随掺量的增加都将使混凝土碳化速度减慢,如塑性剂以及减水剂和加气剂,塑性剂里的成分能有效减慢碳化速度,减水剂和加气剂并不能直接减慢混凝土的碳化速度,而是通过改良混凝土的和易性而减慢碳化速度。

(6) 覆盖层状况。覆盖层就像一道屏障,发挥着保护混凝土的作用,无论是对于混凝土碳化的延迟还是碳化速度的减慢都有明显效果。需要指出的是,可以使用密实性好的饰面材料来减弱混凝土的碳化作用。

上述(2)、(3)、(5)项属于混凝土本身的碳化因素;(1)、(4)、(6)项属于混凝土使用条件引起的碳化。

3. 碳化性能对结构的影响

混凝土的碳化是水化硅酸钙与 CO_2 相互作用的结果,由于水化硅酸钙是呈网状的水泥结晶,因此这一部分形成的 $CaCO_3$ 也是网状的。混凝土内部裂缝的存在与发展在碳化前后差异很大,这也是混凝土性能发生变化的直接原因,原本混凝土为钢筋提供了一个较好的碱性环境,对钢筋起到很好的保护作用,随着混凝土碳化的进行,碱浓度逐渐降低,这将很容易导致钢筋锈蚀;伴随发生的碳化收缩使其核心形成压力,表面产生拉应力,导致微细裂缝的发展。裂缝的产生与发展将对混凝土的力学行为产生影响,继而进一步影响结构的耐久性。

对于混凝土碳化和强度的关系有两种观点:一种是混凝土碳化只会使混凝土的空隙率下降,对混凝土本身没有太大危害,考虑到碳化提高了混凝土的密实度,反而使其抗压强度有一定程度的增加;另一种是混凝土碳化的产物比其本身强度低一些。根据大量实验分析结果,混凝土发生碳化后,其抗压强度确实有略微提高,不可忽视的是延性随强度的提高而呈下降趋势,而且弹性模量的变化与强度的变化成正比,碳化达到一定程度后,混凝土将表现出明显的脆性,这时混凝土如果发生破坏是没有明显预兆的。这就是脆性破坏,是工程中不允许发生的。综合多方面因素,本研究认为在确定构件承载力时,碳化强度的提高不加以考虑。原因是考虑混凝土抗压强度提高的同时延性降低、脆性增加,对安全不利,可以将其作为强度储备,以现场检测的结果作为混凝土的实际强度。

4. 碳化深度的预测模型

混凝土的自然碳化速度极其缓慢,研究试验周期长,给研究工作带来了非常大的困难。目前使用的研究方法主要有:理论分析法(基于扩散理论)、人工快速碳化法、长期自然暴露法以及实际碳化调查法。预测模型各不相同,但基本可以归为

$$X(t) = K \cdot \sqrt{t} \tag{3-24}$$

式中，$X(t)$ 为混凝土碳化深度；t 为碳化时间；K 为混凝土碳化速度综合系数。

K 是混凝土综合抗碳化能力的反映，其中包括水灰比、水泥品种和用量、外加剂，以及使用的环境条件，如大气中 CO_2 的浓度、环境温度与相对湿度以及覆盖层的状况等因素。影响因素众多且大多是不确定的，因此将K看成一个随机变量。

目前，实际工程中K的计算主要采用西安建筑科技大学牛荻涛教授[10-12]的随机模型：

$$K = 2.56 K_{mc} k_j k_{CO_2} k_P k_s \sqrt[4]{T} (1-\mathrm{RH}) \mathrm{RH} \left(\frac{57.94}{f_{cu}} \cdot m_c - 0.76 \right) \tag{3-25}$$

式中，K 为混凝土碳化速度综合系数；K_{mc} 为计算模式的不定性随机变量；k_j 为角部修正系数；k_{CO_2} 为 CO_2 浓度影响系数；k_P 为浇筑面修正系数；k_s 为工作应力影响系数；T 为环境年平均温度；RH 为环境年平均相对湿度；f_{cu} 为立方体抗压强度随机变量；m_c 为立方体抗压强度平均值与标准值之比。

K 的平均值与标准差分别为

$$\mu_K = 2.56 \mu_{K_{mc}} k_j k_{CO_2} k_p k_s \sqrt[4]{T} (1-\mathrm{RH}) \mathrm{RH} \left(\frac{57.94}{f_{cu}} \cdot m_c - 0.76 \right) \tag{3-26}$$

$$\sigma_K = \sqrt{ \left(\frac{\partial K}{\partial K_{mc}} \bigg|_\mu \right)^2 \sigma_{K_{mc}}^2 + \left(\frac{\partial K}{\partial f_{cu}} \bigg|_\mu \right)^2 \sigma_{f_{cu}}^2 } \tag{3-27}$$

式中，μ_K 为 K 的平均值；σ_K 为 K 的标准差；$\mu_{K_{mc}}$ 为 K_{mc} 的平均值；$\sigma_{K_{mc}}$ 为 K_{mc} 的标准差。偏导数在 K 的平均值处取值。

碳化深度的平均值和标准差函数：

$$\mu_X(t) = \mu_K \sqrt{t} \tag{3-28}$$

$$\sigma_X(t) = \sigma_K \sqrt{t} \tag{3-29}$$

5. 强度的时变规律

既有钢筋混凝土桥梁受使用情况和环境因素的影响，混凝土强度不可能是一成不变的，而是随时间的推移不断发展变化，同时混凝土的强度变化对于确定既有桥梁抗力的衰减有至关重要的作用，是研究既有桥梁抗力的基础。

关于混凝土的大量实验结果表明：使用初期混凝土强度随时间的推移而增大；中期增速逐渐放缓；后期则逐渐下降。碳化研究情况：刘西拉教授曾进行了大量的混凝土试验，总结出了混凝土强度的预测公式，但该公式并未考虑混凝土初期的强度增长；日本学者耕田佳宽通过大量统计，得出服役混凝土的强度服从正态分布，均值和方差为时间的函数，这为应用正态随机过程来描述既有结构的混凝土强度提供了坚实的理论基础；牛荻涛教授在总结前人经验的基础上，结合实测数据，详细分析总结了既有结构在一般大气环境下混凝土强度的时变规律，运用统计回归，给出混凝土强度平均值和标准差的计算公式；张建仁教授又对牛荻涛教授的模型进行了修正。

上述各种混凝土强度的实时模型均为某一确定性函数与混凝土初始强度的乘积。目前，实际工程中混凝土强度的实时模型主要选用牛荻涛教授的计算公式：

$$\mu_f(t) = \eta_c(t) \cdot \mu_{f0} \tag{3-30}$$

$$\sigma_f(t) = \xi_c(t) \cdot \sigma_{f0} \tag{3-31}$$

式中，$\mu_f(t)$ 为 t 年后混凝土强度的平均值；$\sigma_f(t)$ 为 t 年后混凝土强度的标准差；μ_{f0} 为混凝土 28d 强度的平均值；σ_{f0} 为混凝土 28d 强度的标准差；$\eta_c(t)$ 为关于时间的函数，见式(3-32)；$\xi_c(t)$ 为关于时间的函数，见式(3-33)。

$\eta_c(t)$ 和 $\xi_c(t)$ 的计算公式如下：

$$\eta_c(t) = 1.4529 \exp\{-0.0246(\ln t - 1.7154)^2\} \tag{3-32}$$

$$\xi_c(t) = 0.0305 \cdot t + 1.2368 \tag{3-33}$$

3.2.2 钢筋的时变特性

工程实践证明，钢筋是影响既有结构可靠性的重要因素，钢筋锈蚀将使结构的承载能力降低，使原有的安全储备大大减小，同时结构的刚度随之降低，结构变形增大，可能影响结构的正常使用，钢筋所起到的增加结构延性的作用也会逐渐削弱，结构可能由延性破坏转为脆性破坏，导致事故的发生。世界范围内由钢筋锈蚀引起的工程事故屡有发生，这个问题已引起工程界的关注。

1. 锈蚀类型

(1) 钢筋的电化学锈蚀原理。来自阳极的电子被水中的溶解氧所吸收，产物就是氢氧根离子。电子从阳极流向阴极，形成腐蚀电流，钢筋表层出现氢氧化亚铁薄膜，与水氧结合，生成铁锈，即氢氧化铁。铁锈疏松、多孔、非共格的特点增加了透气性和渗水性，导致钢筋不断发生锈蚀。

(2) 碳化腐蚀。混凝土发生碳化慢慢到达钢筋表面，钢筋原有的致密钝化膜一步步减弱，碱度降低，这时如果加上合适的环境条件(温度)、物质条件(氧气)，混凝土中的钢筋锈蚀一触即发。

(3) 其他主要因素。混凝土对钢筋有保护作用，正常情况下，钢筋并不产生锈蚀，但当一些因素致使混凝土密实性不足，或保护层被破坏，空气中的 CO_2 渗入混凝土内部引起碱性降低，混凝土对钢筋的保护作用减弱，钢筋钝化膜被破坏，锈蚀就会发生。另外，裂缝为 CO_2 和水提供了进入混凝土内部的通道，不断诱发锈蚀。

2. 锈蚀钢筋面积时变

目前，关于锈蚀钢筋面积的时变计算模型有很多种，其中比较典型的被人们接受的有两种：一种是将钢筋锈蚀分为整体和局部锈蚀，用不同的公式分别计算[13]；另一种是并不考虑锈蚀模式的不同，直接将钢筋初始面积与某一关于时间的函数相乘，相当于对钢筋面积进行实时折减[14]。由于钢筋工程是典型的隐蔽工程，实际工程中整体锈蚀和局部锈蚀也没有明确的划分标准，而且很多时候整体锈蚀和局部锈蚀还存在叠加，综合这些因素，同时也为了便于计算，本研究采用张建仁和刘扬[14]的计算模型。一般大气环境中钢筋面积的实时计算：

$$\mu_{As}(t) = \lambda(t)\mu_{As0} \tag{3-34}$$

$$\sigma_{As}(t) = \eta(t)\sigma_{As0} \tag{3-35}$$

式中，$\mu_{As}(t)$ 为锈蚀 t 年后面积的平均值；$\sigma_{As}(t)$ 为锈蚀 t 年后面积的标准差；μ_{As0} 为初始平均值；σ_{As0} 为初始标准差；$\lambda(t)$ 为表示平均值时变的函数；$\eta(t)$ 为表示标准差时变的函数。

$\lambda(t)$、$\eta(t)$ 的表达式为

$$\lambda(t) = \alpha_1 + \alpha_2(t-52.5) + \alpha_3(t-52.5)^2 + \alpha_4(t-52.5)^3$$

$$\eta(t) = \beta_1 + \beta_2(t-52.5) + \beta_3(t-52.5)^2 + \beta_4(t-52.5)^3 + \beta_5(t-52.5)^4 + \beta_6(t-52.5)^5$$

其中，$\alpha_1 = 9.2362 \times 10^{-1}$；$\alpha_2 = -1.7761 \times 10^{-3}$；$\alpha_3 = 3.7610 \times 10^{-6}$；$\alpha_4 = 9.8409 \times 10^{-8}$；$\beta_1 = 0.9149$；$\beta_2 = -4.898 \times 10^{-3}$；$\beta_3 = -4.8983 \times 10^{-3}$；$\beta_4 = 4.2951 \times 10^{-5}$；$\beta_5 = 4.0581 \times 10^{-8}$；$\beta_6 = -8.9279 \times 10^{-9}$。

3. 锈蚀钢筋强度时变

锈蚀钢筋混凝土性能退化，主要表现在截面损失和强度降低；试验研究表明，当截面损失率小于10%时，热轧钢筋仍具有明显的屈服点。当锈蚀到一定程度，明显的屈服点消失，屈服与抗拉强度很接近，容易发生突然破坏。对于锈蚀钢筋的屈服强度和抗拉强度，文献[14]给出了建议公式：

$$f_{ys} = \frac{0.985 - 1.028\eta_s}{1-\eta_s} f_{y0} \tag{3-36}$$

$$f_{bs} = \frac{0.986 - 1.103\eta_s}{1-\eta_s} f_{b0} \tag{3-37}$$

式中，f_{ys} 为锈蚀后的屈服强度；f_{bs} 为锈蚀后的抗拉强度；f_{y0} 为锈蚀前的屈服强度；f_{b0} 为锈蚀前的抗拉强度；η_s 为面积损失率。

为计算简便采用孙维章等[15]的计算模型，计算公式为

$$f_{ys} = (1 - 0.695\eta_s) \cdot f_{y0} \tag{3-38}$$

根据式(3-34)、式(3-35)计算出钢筋时实面积的平均值 μ_{As} 和标准差 σ_{As}，则面积损失率：

$$\eta_s = \frac{\mu_{As0} - \mu_{As}}{\mu_{As0}} \tag{3-39}$$

锈蚀钢筋面积服从正态分布，面积损失率同样服从正态分布，将式(3-39)计算出的 η_s 代入式(3-36)得到锈蚀钢筋强度的均值，根据概率论知识锈蚀钢筋强度的方差为 $\frac{0.695 f_{y0}}{\mu_{As0}} \sigma_{As}$。

3.2.3 蒙特卡罗方法

蒙特卡罗法[16]又名统计实验法或随机模拟法，是一种采用统计抽样近似地求解数学

问题的方法，是随着现代计算机技术的迅猛发展而发展起来的一种独特的数值方法。

1. 原理和基本思路

该方法的基础是数理统计原理，其基本思路是：首先建立合适的概率模型，要求所建立的概率模型与待解决问题尽可能相似，充分利用这种相似性，把概率模型的特征值与待解决问题的解答联系起来，然后对概率模型进行随机抽样，最终利用随机抽样结果求出统计估计值，把它们作为待解决问题的近似解。

进行蒙特卡罗模拟时，通常由计算机按所讨论的随机变量以某种特定的规律产生数量足够多的随机数，利用这些随机数进行大量试验，然后对结果进行统计推断，将所得的估计值作为特征值的近似解。蒙特卡罗方法为解决许多复杂问题提供了一条有效而又可行的途径，这些问题用传统的数学方法通常很难解决。

2. 在可靠度分析中的应用

在结构可靠度分析中需要处理大量的随机变量，而蒙特卡罗方法正好擅长处理随机变量。该方法是进行结构可靠度分析的一个重要手段。蒙特卡罗法以最简单的方式，随机地对每一个随机变量抽样得到一个样本值，然后将这些样本值代入功能函数，与极限状态进行对比，如果超过了极限状态，则认为结构已经"失效"。试验次数确定后进行随机抽样，计算并记录试验结果，最后统计超越极限状态的次数，这就是第 2 章中讨论的失效概率。可以看到蒙特卡罗方法很好地回避了结构可靠度分析中复杂的数学问题，但要得到接近真实值的答案需要很多次计算。

运用蒙特卡罗方法分析结构可靠度通常是得到失效概率，但现行规范对既有结构失效概率目标值并无明确规定，而由 3.1 节的知识所知，只有抗力 R 和作用效应 S 均服从正态分布时，失效概率和可靠指标才具有明确的一一对应关系，所以本研究拟运用蒙特卡罗方法得到桥梁结构抗力这一随机变量的均值和方差，桥梁荷载效用则是通过有限元软件得到均值，根据有关的统计参数得到方差，然后计算可靠指标，最后与最低可靠指标对比，判断既有桥梁可靠度是否符合要求。

3.2.4 桥梁作用效应

桥梁结构可靠度分析中，作用和抗力是重要的基本变量，两者缺一不可，抗力是指结构承受各种外加作用的能力。对于预应力钢筋混凝土桥来说，主要是由荷载引起的正截面抗弯和斜截面抗剪。这里引入变异系数 V_R，它是随机变量标准差与平均值之比，是无量纲的量。

1. 恒载

恒载，一般是指钢筋混凝土梁式桥的上部结构自重，由构件重和桥面重组成。恒荷载虽属于永久荷载但也会发生变异，引起桥梁结构恒荷载发生变异的主要原因包括：结构或构件长度变异、构件断面尺寸变异、铺装层厚度变异、材料重度差异，以及运营期布设附加构造物导致的附加重量，如过桥管线等。这些恒载变异对结构承载能力的影响须在结构验算分析过程中加以考虑。通过对大量实测数据的分析、整理，结果表明桥梁的恒载服从正态分布，根据公路可靠度设计标准，沥青混凝土桥面自重服从正态分布，V_G =0.1114；构件重服从正态分布，V_G =0.0462。

构件重和桥面铺装自重等效为沿桥梁纵向的均布线荷载作用于桥梁上，根据结构力学知识简支梁在均布荷载作用下中点处弯矩最大值为 $M=\frac{1}{8}ql^2$。

$$q = q_1 + q_2 \tag{3-40}$$

$$q_1 = \frac{\rho_1 gSl}{l} = \rho_1 gS \tag{3-41}$$

$$q_2 = \frac{G_2}{l} \tag{3-42}$$

$$M_1 = \frac{1}{8}ql^2 = \frac{1}{8}(q_1+q_2)l^2 = \frac{1}{8}\left(\rho_1 gS + \frac{G_2}{l}\right)l^2 = \frac{1}{8}\rho_1 gSl^2 + \frac{1}{8}G_2 l \tag{3-43}$$

式中，q_1 为桥面铺装的均布线荷载；q_2 为梁自重的均布线荷载；S 为梁横截面面积；l 为桥梁长度；g 为重力加速度，本研究取 9.8m/s²；ρ_1 为沥青混凝土桥面密度；G_2 为构件自重。ρ_1、G_2 均服从正态分布，它们的线性组合仍然服从正态分布，故 M_1 也服从正态分布。这里需要说明，在进行桥梁在恒载作用下的内力分析时，为使计算简便，均不考虑构件长度、截面尺寸等的离散性，且在实际工程中，由构件长度、截面尺寸等引起的桥梁内力的离散性较荷载小，出于此考虑这种简化是合理的，对计算结果影响不大。

2. 车辆荷载

车辆荷载中有很多个参数，如轴重、轴距等，都与车辆荷载引起的效应有关，但直接引入可靠度分析，有很大困难。为解决这个问题，变相求具有控制作用的各类荷载效应，由车辆荷载效应引起跨中弯矩的 V_G =0.2[17]。对于既有桥梁车辆荷载引起的荷载效应一般须根据实际情况考虑交通量的增长。大量研究结果及工程经验表明车辆荷载引起的桥梁结构效应服从正态分布。

3. 温度作用

桥梁结构的温度作用问题越来越引起桥梁界的重视。众所周知，桥梁温度作用与气温是分不开的，因为桥梁外表面与外界环境随时都进行着热交换，这种热交换将通过桥梁结构外表面传递到内部，使桥梁的温度随时变化。温度作用采用 MIDAS/Civil 有限元软件进行分析，必要时可以参考设计规范进行手工复核。由于温度作用产生的弯矩有正负之分，负弯矩一定程度上对结构是有利的，本研究考虑对结构不利的正弯矩。大量研究结果及工程经验表面温度引起的桥梁结构效应服从极值Ⅰ型分布，变异系数 V_G =0.225[17]。

3.2.5 桥梁结构抗力

抗力是结构承受各种外加作用的能力。本节仅研究钢筋混凝土简支梁桥由荷载引起的跨中正截面抗弯承载能力。结构抗力是多个随机变量的函数，这些随机变量的概率分布都已知，理论上抗力的概率分布可以通过多维积分求得，但实际操作过程中将会遇到许多困难。一般认为抗力服从对数正态分布,因为结构抗力的计算模式大多为 $Y = X_1 \cdot X_2 \cdot X_3 \cdots$ 或 $Y = X_1 \cdot X_2 \cdot X_3 + X_4 \cdot X_5 \cdots$ 之类的形式,在实用上,不论 $X_i (i = 1, 2, \cdots, n)$ 怎么分布,均可近似地认为抗力服从对数正态分布[5]。实践证明,这样处理不但简便,而且对后续计算分析可靠度的影响也不大。

1. 抗力计算公式

构件抗力的计算方法参照《公路钢筋混凝土及预应力混凝土桥涵设计规范》(JTG 3362—2018),(以下简称"桥涵设计规范"),在此不再赘述。

2. 各参数分析

既有结构可靠性评估中需要考虑和处理各种不确定性,既有结构为客观存在的实体,可以通过检测、试验等方法获取大量有用的数据,可以充分利用这些数据和信息。但不是所有数据都可准确获得,客观条件允许、能够准确观测的参数,可以作为确定量,用实际观测的数据进行分析;客观条件不允许,或难以充分观测的参数,这时应作为随机变量,统计参数的取用就显得至关重要,保证其与该结构的实时情况尽可能一致。工程中根据实际情况来确定各参数为确定量还是随机变量。如钢筋面积和强度可以采用本节中的公式进行计算,一些参数如实测有困难或数据较少,可以参照表 3.1 所示[17]的一些常用参数。

表 3.1 常用几何参数不定性表

截面形式	高度或宽度	统计参数 V_R
T 形梁	梁宽	0.0091
	梁高	0.0018
	板厚	0.0825
空心板	板宽	0.0076
	板高	0.0317
	孔径	0.0327
箱形梁	箱宽	0.0061
	箱高	0.0333
	板厚	0.1138
梁、板截面有效高度		0.0226
混凝土圆柱截面半径		0.0070
钢筋截面面积		0.0350
空心板圆孔孔径		0.0337
混凝土保护层厚度		0.0487

3.2.6 数值算例

1. 项目概况

某预应力混凝土结构简支梁桥,横截面为 4 梁式 T 形截面,标准跨径 20m,桥面净宽为净 8m+(2×0.5)m 护栏,汽车荷载为公路Ⅱ级,双向 2 车道。预制 T 形梁采用 C45 混凝土,桥梁铺装现浇层混凝土(厚 10cm)采用 C45 混凝土。预应力钢绞线采用标准高强度低松弛预应力钢绞线,公称直径 $\Phi^s 15.2(7\Phi5)$ mm,公称面积 140mm^2,抗拉强度标准值 f_{pk} =1860MPa。跨中下缘受拉钢筋为 6 根直径 25mm^2 的 HRB335 级钢筋,面积计 2945mm^2。跨中预应力钢筋位于受拉区,分 3 束共 11 股,面积计 1540mm^2,该桥梁已服役 10 年。

2. 桥梁荷载效应分析

根据桥梁有关资料,利用 MIDAS/Civil 有限元软件建模,进行桥梁在二级公路荷载作用下的内力分析,分别得到 T 梁跨中在构件自重及铺装、公路荷载、温度作用下内力分别为 S_1、S_2、S_3,软件计算结果为各自的平均值,分别为 1468.200kN·m、1274.436kN·m、60.600kN·m。根据该地区有关统计,交通量每年增加 3%。由于公路荷载随交通量增长的对应关系不太明确,为使计算结果偏安全,将公路荷载效应随交通量按每年 3%增长,桥梁服役 10 年,根据张建仁等得到的各内力的统计特征求得各内力的标准差(表 3.2)。

表 3.2 荷载效应均值和标准差列表

荷载类型	荷载效应均值/(kN·m)	荷载效应标准差/(kN·m)
自重及铺装	1468.200	163.557
公路荷载	1274.436	254.887
温度荷载	60.600	13.635

3. 桥梁抗力分析

参考《公路钢筋混凝土及预应力混凝土桥涵设计规范》(JTG 3362—2018),根据工程的具体情况对桥梁结构抗力的公式进行简化,当

$$f_{sd}A_s + f_{pd}A_p \leqslant f_{cd}b'_f h'_f \tag{3-44}$$

则按下式计算:

$$R = f_{cd}bx\left(h_0 - \frac{x}{2}\right) \tag{3-45}$$

混凝土受压区高度 x 按下式计算:

$$f_{sd}A_s + f_{pd}A_p = f_{cd}bx \tag{3-46}$$

若不符合,则

$$R = f_{cd}\left[bx\left(h_0 - \frac{x}{2}\right) + (b'_f - b)h'_f\left(h_0 - \frac{h'_f}{2}\right)\right] \tag{3-47}$$

这种情况下，x 按下式计算：

$$f_{sd}A_s + f_{pd}A_p = f_{cd}\left[bx + \left(b'_f - b\right)h'_f\right] \tag{3-48}$$

式中，符号含义与《公路钢筋混凝土及预应力混凝土桥涵设计规范》（JTG 3362—2018）中的相同。

现在的问题是确定上述参数哪些是确定值，哪些作为随机变量，确定的过程中应结合该参数对结构抗力的影响大小以及实际的检测情况，对结构抗力影响大的参数采取各种技术手段获取尽可能多的检测数据，对结构抗力影响不大的参数在实际检测中可以不作为桥梁检测的重点，对结构抗力影响不大且由于客观条件限制难以检测或者检测精度不高的考虑采用经验公式进行分析计算得到。这里先分析上述哪些参数对桥梁抗力的结果影响较大，利用统计参数将所有变量均作为随机变量，然后分别使各参数乘以 0.9 进行折减，由于计算量大，借用 MATLAB 编制初算程序。附录 1 给出了笔者编写的程序作为参考。

计算结果见图 3.9。按照对结构抗力的影响将上述数据分为三类，第一类截面全高，这一类参数对此桥梁结构抗力的影响最大；第二类受拉区预应力钢筋的抗拉强度和面积，这一类参数对结构抗力的影响比较大；第三类截面腹板宽度、混凝土轴心抗压强度值、受拉区普通钢筋的抗拉强度和面积、截面受压翼缘厚度、截面受压翼缘有效宽度和混凝土保护层厚度，这一类参数对结构抗力的影响比较小。

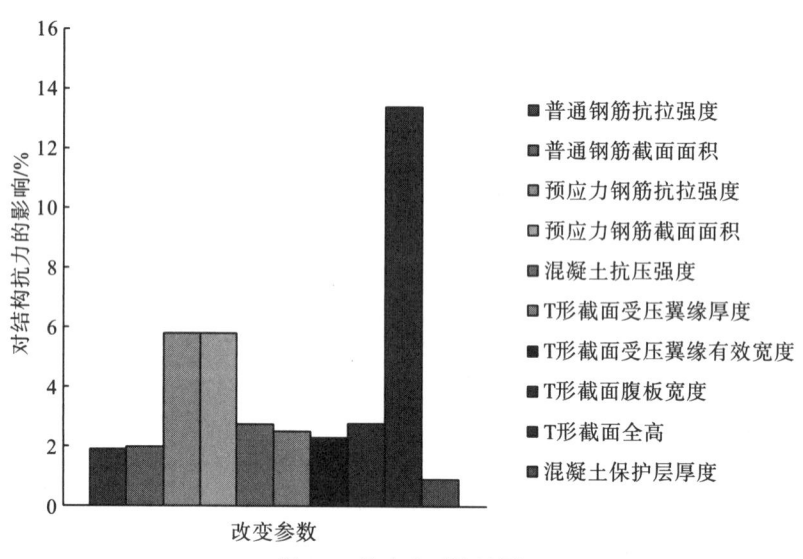

图 3.9　抗力衰减比较图

第一类截面全高采用实测数据；第二类受拉预应力钢筋的面积可测但精度较差，抗拉强度是面积的函数，面积和抗拉强度均看作正态随机变量，建议采用 3.2 节的计算公式，逐一算出其均值和方差；第三类混凝土强度可测，且一般可以获取比较多的实测数据，故一般采用实测数据，尽可能多地测量，采用 3.2.1 节的方法进行数据处理；受拉区普通钢筋的面积同样可测但精度较差，建议采用本书的计算公式，处理方式同受拉预应力钢筋；截面受压翼缘厚度和有效宽度的影响为零，仅进行抗弯承载能力可靠度计算时可不测；混凝土保护层厚度采用实测，特别需要说明的是，混凝土保护层厚度变小抗力是增大的，但会影响结构构件的耐久性能，本研究不做结构构件耐久性能的可靠度评估，仅考虑混凝土保护层厚度对抗力的影响大小。

本工程 h =1398.96mm，a =101.78mm，b'_f =2304.14mm，h'_f =180.25mm，b =200.36mm，将 t=10 年代入式(3-28)、式(3-29)、式(3-32)、式(3-33)、式(3-36)、式(3-37)计算混凝土强度、钢筋面积、钢筋强度的均值和方差，各参数均服从正态分布。以 f_{sd} 为例，f_{sd} 服从均值为 357.581、标准差差为 26.951 的正态分布，记作 $f_{sd} \sim N(357.581，26.951)$。上述各随便变量的参数为：$f_{sd} \sim N(357.581，26.951)$；$A_s \sim N(2916.531，11.453)$；$f_{pd} \sim N(2008.415，151.374)$；$A_p \sim N(1525.113，5.989)$；$f_{cd} \sim N(60.911，9.948)$。

由于计算量大，借用 MATLAB 编制程序进行计算。附录 2 给出了笔者编写的程序作为参考。

对于上述程序 total$N$ 大小的确定，total$N$ 值越大结果越精确，但 total$N$ 值的选择要同时考虑到计算机的计算运行能力和工程实践中对评估时间的要求，先取 total$N$=1000000，分别运行 10 次上述程序，由于 R 和 S 是两个参数，不方便进行对比分析，我们分别对失效概率 PF 进行观测，得到的结果见表 3.3。

表 3.3　PF 统计表

PF 值	4.6×10^{-4}	4.7×10^{-4}	4.8×10^{-4}	4.9×10^{-4}	5.0×10^{-4}
出现次数	2	3	2	1	2

从表 3.3 中可以看出，total$N$=1000000 还并不能使计算结果趋于稳定，将 total$N$ 值改为 10000000，分别运行 10 次上述程序，得到的结果见表 3.4。

表 3.4　PF 统计表

PF 值	4.73×10^{-4}	4.74×10^{-4}	4.75×10^{-4}	4.76×10^{-4}	4.78×10^{-4}
出现次数	2	2	1	3	2

说明 total$N$=10000000 计算结果已趋于稳定，所以在工程实践中，出于对结果精确性的考虑，建议 total$N$ 值应不低于 10000000，再考虑计算机的计算运行能力和桥梁可靠度评估的时效性，由此确定 total$N$ 值的大小。设定 total$N$=10000000，运行程序得到该桥梁跨中正截面抗弯承载能力均值为 4614.9kN·m，标准差为 266.7kN·m(图 3.10)。

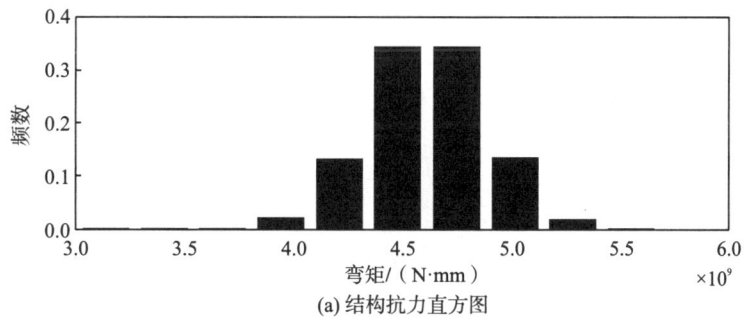

(a) 结构抗力直方图

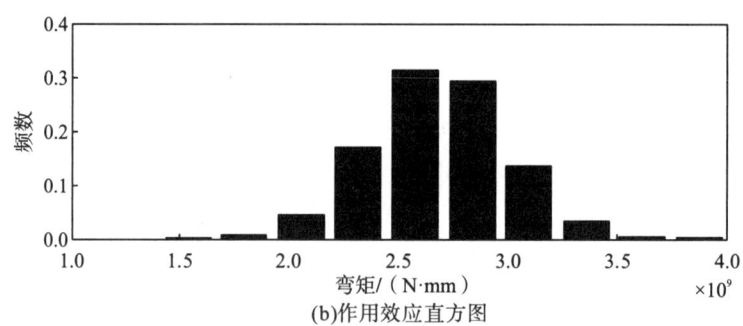

(b)作用效应直方图

图 3.10 结构抗力和作用效应直方图

由此算例,总结出编制 MATLAB 程序计算结构抗力的一般步骤:①选择初算;②参数分类;③参数确定;④运行程序;⑤查看结果。

3.3 既有桥梁可靠指标计算

结构的可靠指标比较直观,更加有利于实际工程应用。根据第 2 章所述的理论知识可知,在定义可靠指标时,有一假定:功能函数服从正态分布,推导出可靠指标与失效概率有明确的一一对应关系。而实际工程中,大多功能函数的分布形式是任意的,并不满足正态的假定,这时就不能简单地使用第 2 章的可靠指标计算公式来进行计算。下面介绍工程中常用的四种可靠指标的近似计算方法。

3.3.1 实测数据的采集与处理

设总体 X 的分布未知,$x_1,x_2,\cdots,x_n$ 是来自 X 的样本值,来检验假设 H_0:总体 X 的分布函数为 $F(x)$;H_1:总体 X 的分布函数不是 $F(x)$,其中 $F(x)$ 不含未知参数。将在 H_0 下 X 可能取值的全体 Ω 分成互不相交的子集 $A_1,A_2,\cdots,A_k$,以 $f_i(i=1,2,\cdots k)$ 记样本观察值 $x_1,x_2,\cdots,x_n$ 中落在 A_i 的个数,这表示事件 A_i 在 n 次独立试验中发生 f_i 次,于是在这 n 次试验中事件 A_i 发生的频率为 f_i/n。当 H_0 为真时,可以根据 H_0 中所假设的 X 的分布函数来计算事件 A_i 的概率,得到 $P(A_i)(i=1,2,\cdots,k)$,频率 f_i/n 与概率 p_i 会有差异,但一般来说,当 H_0 为真,且试验的次数又很多时,这种差异不太大,故采用形如 $\sum_{i=1}^{k}C_i\left(\dfrac{f_i}{n}-p_i\right)^2$ 的统计量来度量样本与 H_0 中所假设的分布的吻合程度,其中 $C_i=n/p_i(i=1,2,\cdots,k)$,于是采用 $\chi^2=\sum_{i=1}^{k}\dfrac{n}{p_i}\left(\dfrac{f_i}{n}-p_i\right)^2=\sum_{i=1}^{k}\dfrac{f_i^2}{np_i}-n$ 作为检验统计量,且当 H_0 为真时统计量近似服从 $\chi^2(k-1)$ 分布。

以混凝土强度为例,进行概率分布拟合,表 3.5 是混凝土强度检测数据。将表中数据从小到大进行排列,然后按下述区间分为 6 组,第一组 $(-\infty,36.21]$,第二组 $(36.21,38.21]$,第三组 $(38.21,40.21]$,第四组 $(40.21,42.21]$,第五组 $(42.21,44.21]$,第六组 $(44.21,+\infty]$,计算结果见表 3.6。

$\chi^2 = 101.09 - 100 = 1.0$, $\chi^2_{0.1} = (k-r-1) = \chi^2_{0.1}(6-2-1) = \chi^2_{0.1}(3) = 6.521 > 3.69$，故在水平 0.1 下接受 H_0，即认为混凝土数据来自正态分布总体。采用矩估计法得到总体的均值和标准差分别为 41.04、2.88，故混凝土强度服从正态分布，其概率密度函数为：

$$\frac{1}{2.88\sqrt{2\pi}} e^{-\frac{(x-41.04)^2}{16.59}}$$ 。

表 3.5 混凝土强度检测数据

序号	混凝土强度/MPa			
1	44.33	41.51	41.07	40.98
2	41.24	43.05	39.94	45.22
3	37.99	39.23	43.01	40.73
4	41.18	42.62	41.12	39.10
5	38.15	42.80	43.10	47.01
6	39.73	38.56	42.25	39.24
7	40.46	41.03	38.33	41.89
8	38.87	42.93	40.44	40.52
9	40.25	36.76	39.74	41.45
10	38.75	39.50	41.26	39.45
11	41.78	39.27	42.74	40.82
12	42.69	41.63	41.09	43.76
13	43.49	45.86	44.35	40.42
14	41.12	43.37	42.65	45.34
15	42.13	40.10	42.51	39.51
16	41.07	43.92	41.42	38.38
17	39.88	39.65	42.91	39.58
18	41.68	40.31	36.99	39.20
19	40.30	39.60	42.89	38.79
20	38.51	42.49	36.86	40.82
21	37.61	39.10	39.05	40.72
22	41.89	42.97	44.94	42.39
23	39.35	44.26	40.47	43.60
24	36.21	41.16	43.35	39.21
25	41.12	39.38	41.86	38.83

表 3.6 计算表

A_i	f_i	$\hat{p}_i$	$n\hat{p}_i$	$f_i^2/(n\hat{p}_i)$
A_1: $x \leq 36.21$	6	0.0769	7.69	4.68
A_2: $36.21 < x \leq 38.21$	31	0.2574	25.74	37.33
A_3: $38.21 < x \leq 40.21$	33	0.3673	36.73	29.65

续表

A_i	f_i	$\hat{p}_i$	$n\hat{p}_i$	$f_i^2/(n\hat{p}_i)$
A_4: $40.21 < x \leqslant 42.21$	23	0.2236	22.36	21.64
A_5: $42.21 < x \leqslant 44.21$	6	0.0579	5.79	6.21
A_6: $44.21 < x \leqslant +\infty$	1	0.0063	0.63	1.58

3.3.2 可靠指标的计算

1. 中心点法

结构的功能函数为

$$Z = g_X(X) \tag{3-49}$$

上述功能函数中所包括的基本的随机变量 $X = (X_1, X_2, \cdots, X_n)^\mathrm{T}$，它们中的各个分量是相互独立的，均值是 $\mu_X = (\mu_{X_1}, \mu_{X_2}, \cdots, \mu_{X_n})^\mathrm{T}$，标准差是 $\sigma_X = (\sigma_{X_1}, \sigma_{X_2}, \cdots \sigma_{X_n})^\mathrm{T}$。

把 Z 展开成泰勒级数，即：

$$Z \approx Z_\mathrm{L} = g_X(\mu_X) + \sum_{i=1}^{n} \frac{\partial g_X(\mu_X)}{\partial X_i}(X_i - \mu_{X_i}) \tag{3-50}$$

可以看到上式展开是在均值点处，且只保留一次项。则 Z 的均值和方差可分别表示为

$$\mu_Z \approx \mu_{Z_\mathrm{L}} = g_X(\mu_X) \tag{3-51}$$

$$\sigma_Z^2 \approx \sigma_{Z_\mathrm{L}}^2 = \sum_{i=1}^{n}\left[\frac{\partial g_X(\mu_X)}{\partial X_i}\right]^2 \sigma_{X_i}^2 \tag{3-52}$$

代入式(3-11)就得到结构的可靠指标 β 的近似值为

$$\beta_\mathrm{c} = \frac{\mu_{Z_\mathrm{L}}}{\sigma_{Z_\mathrm{L}}} = \frac{g_X(\mu_X)}{\sqrt{\sum_{i=1}^{n}\left[\frac{\partial g_X(\mu_X)}{\partial X_i}\right]^2 \sigma_{X_i}^2}} \tag{3-53}$$

上述计算非线性功能函数 Z 的近似均值 μ_{Z_L} 和近似标准差 σ_{Z_L} 所用的泰勒级数方法通常称为 δ 方法，工程师通常称式(3-53)为误差传播公式。这种方法将 Z 在随机变量 X 的均值点处展开泰勒级数，只取其一次项，利用 X 的一阶矩和二阶矩来计算 Z 的可靠度，这种方法就是中心点法。式(3-53)表明，用中心点法简便计算结构可靠指标的近似值，仅仅需要知道 X 的均值和方差。但采用中心点法计算可靠指标时，极限状态方程的形式会对其计算结果产生很大影响，尽管这些极限状态方程的意义完全一致。

中心点法的优劣：不管基本随机变量是什么分布类型，只采用它们的前两阶矩，由此带来的计算结果精度不高是显而易见的，这是中心点法自身的缺点。但是它计算非常简便，有时作为大体的估算，在实际工程中还是有一定参考意义的。工程师们在实践中发现，相同的问题，功能函数意义完全相同，仅仅是形式不一样而已，该方法计算所得的可靠指标值却有明显的差异。

2. JC 法

X_i 为结功能函数中的非正态随机变量，其均值为 μ_{X_i}、标准差为 σ_{X_i}、概率密度函数为 $f_{X_i}(x_i)$、累积分布函数为 $F_{X_i}(x_i)$；与 X_i 相应的当量正态化变量为 X_i'，其均值为 $\mu_{X_i'}$、标准差为 $\sigma_{X_i'}$、概率密度函数为 $F_{X_i'}(x_i)$、累积分布函数为 $F_{X_i'}(x_i)$。使用该法正态化后，必须保证验算点在正态化前后的累积分布函数值、概率密度函数值均相同，即

$$F_{X_i'}(x_i^*) = \Phi\left(\frac{x_i^* - \mu_{X_i'}}{\sigma_{X_i'}}\right) = F_{X_i}(x_i^*) \tag{3-54}$$

$$f_{X_i'}(x_i^*) = \frac{1}{\sigma_{X_i'}}\phi\left(\frac{x_i^* - \mu_{X_i'}}{\sigma_{X_i'}}\right) = f_{X_i}(x_i^*) \tag{3-55}$$

对式(3-54)求反函数，得

$$\mu_{X_i'} = x_i^* - \Phi^{-1}\left[F_{X_i}(x_i^*)\right]\sigma_{X_i'} \tag{3-56}$$

由式(3-55)解得

$$\sigma_{X_i'} = \frac{\phi\{\Phi^{-1}[F_{X_i}(x_i^*)]\}}{f_{X_i}[x_i^*]} \tag{3-57}$$

JC 法的迭代计算步骤如下。

(1) 假定初始的 $x^* = \mu_X$。

(2) 对于 X_i，计算 $\sigma_{X_i'}$ 和 $\mu_{X_i'}$，利用式(3-57)和式(3-56)；用 $\mu_{X_i'}$ 替换 μ_{X_i}，用 $\sigma_{X_i'}$ 替换 σ_{X_i}。

(3) 计算 $\cos\theta_{X_i}$：

$$\cos\theta_{X_i} = -\frac{\dfrac{\partial g_X(x^*)}{\partial X_i}}{\sqrt{\displaystyle\sum_{i=1}^{n}\left[\frac{\partial g_X(x^*)}{\partial X_i}\right]^2 \sigma_{X_i}^2}} \tag{3-58}$$

(4) 计算 β：

$$\beta = \frac{\mu_{Z_L}}{\sigma_{Z_L}} = \frac{g_X(x^*) + \displaystyle\sum_{i=1}^{n}\frac{\partial g_X(x^*)}{\partial X_i}(\mu_{X_i} - x_i^*)}{\sqrt{\displaystyle\sum_{i=1}^{n}\left[\frac{\partial g_X(x^*)}{\partial X_i}\right]^2 \sigma_{X_i}^2}} \tag{3-59}$$

(5) 计算新的 x^*：

$$x_i^* = \mu_{X_i} + \beta\sigma_{X_i}\cos\theta_{X_i}, i = 1,2,\cdots,n \tag{3-60}$$

(6) 用新的 x^* 重复迭代，直到 $\|x^*\|$ 之差小于 ε 停止。

JC 法是在满足验算点的有关条件下，先处理非正态随机变量，它仅仅对随机变量的尾部进行了近似的变换，功能函数的形式不会改变而得到完整保留，是一种比较精确的方

法，因此得到众多工程师的亲睐，是使用最为广泛的方法。

3. 映射变换法

映射变换法的原理是：利用一个映射，把非正态分布随机变量变换成正态分布随机变量，这个映射可以使其变换前后累积分布函数值相等。

变量 $X=(X_1,X_2,\cdots,X_n)^{\mathrm{T}}$，各个分量均为非正态变量，且相互独立，$X_i(i=1,2,\cdots,n)$ 的概率密度函数为 $f_{X_i}(x_i)$，累积分布函数为 $F_{X_i}(x_i)$。结构的功能函数为 $Z=g_X(X)$。

对变量 $X_i(i=1,2,\cdots,n)$ 做变换，一般随机变量 X 就被映射成标准正态变量 Y：

$$F_{X_i}(x_i)=\Phi(Y_i) \tag{3-61}$$

即：

$$X_i=F_{X_i}^{-1}\left[\Phi(Y_i)\right] \tag{3-62}$$

$$Y_i=\Phi^{-1}\left[F_{X_i}(x_i)\right] \tag{3-63}$$

将式(3-62)和式(3-63)代入 Z，得到关于 Z 的新的函数表达式为

$$Z=g_X(X)=g_X\left\{F_{(X_1)}^{(-1)}\left[F_{X_1}^{-1}(Y_1)\right],F_{(X_2)}^{(-1)}\left[F_{X_2}^{-1}(Y_2)\right],\cdots,F_{(X_n)}^{(-1)}\left[F_{X_3}^{-1}(Y_n)\right]\right\}=g_Y(Y) \tag{3-64}$$

完成上面的步骤，经过处理后的随机变量就满足前述验算点法的使用条件，即是独立的正态分布随机变量，求解结构的可靠指标就变得易如反掌。现在 $Y_i\sim N(0,1)$，故：

$$\beta=\frac{g_X(x^*)-\sum_{i=1}^{n}\frac{\partial g_Y(y^*)}{\partial Y_i}y_i^*}{\sqrt{\sum_{i=1}^{n}\left[\frac{\partial g_Y(y^*)}{\partial Y_i}\right]^2}} \tag{3-65}$$

$$\cos\theta_{Y_i}=-\frac{\dfrac{\partial g_Y(y^*)}{\partial Y_i}}{\sqrt{\sum_{i=1}^{n}\left[\dfrac{\partial g_Y(y^*)}{\partial Y_i}\right]^2}},\quad i=1,2,\cdots n \tag{3-66}$$

$$y_i^*=\beta\cos\theta_{Y_i},i=1,2,\cdots n \tag{3-67}$$

其中：

$$\frac{\partial g_Y(y^*)}{\partial Y_i}=\frac{\partial g_X(x^*)}{\partial X_i}\frac{\partial X_i}{\partial Y_i}\bigg|_{y^*} \tag{3-68}$$

对式(3-61)两边进行微分，得

$$f_{X_i}(X_i)\mathrm{d}X_i=\phi(Y_i)\mathrm{d}Y_i \tag{3-69}$$

这种变换能够保持变换前后的概率相等，是一种等概率变换。

由式(3-69)得

$$\frac{\mathrm{d}X_i}{\mathrm{d}Y_i}\bigg|_{y^*}=\frac{\partial X_i}{\partial Y_i}\bigg|_{y^*}=\frac{\varphi(y_i^*)}{f_{X_i}(x_i^*)} \tag{3-70}$$

迭代计算步骤如下。
(1) 假定初始验算点 $x^* = \mu_X$。
(2) 根据 x^* 计算 y^* 的初始值，利用式(3-63)。
(3) 计算 $\cos\theta_{X_i}$，利用式(3-66)、式(3-68)和式(3-70)。
(4) 计算 β，利用式(3-65)、式(3-68)和式(3-70)。
(5) 计算 y^*，利用式(3-67)。
(6) 计算 x^*，利用式(3-62)。
(7) 用新的 x^* 重复迭代，直到 $\|x^*\|$ 之差小于 ε 停止。

映射变换法是一种优于中心点法的可靠指标计算方法，但等概率变换是精确的非线性变换，在标准正态空间可能增加功能函数的非线性程度，这就有可能改变功能函数的形式，相比只是在随机变量的尾部进行正态近似，对不会改变功能函数的形式的 JC 法而言，映射变换法有自身的不足之处。

4. 实用分析法

实用分析法是对 Paloheimo 和 Hannus 的加权分位值法的变化。非正态分布变量 X_i，以 X_i' 代替 X_i，X_i' 是当量正态分布变量。确定 X_i' 的条件是，X_i' 和 X_i 的均值相等并且在验算点 x^* 处 p_f 或 $1-p_f$ 有相同的分位值 x_i^f。对于某一非正态分布变量 X_i，但 $\dfrac{\partial g_X(x^*)}{\partial X_i} > 0$ 时，有

$$F_{X_i}(x_i^f) = F_{X_i'}(x_i^f) = p_f \tag{3-71}$$

这时点 x^* 位于 X_i 的概率密度曲线的上升段，即：

$$F_{X_i}(\mu_{X_i} - \beta_i^- \sigma_{X_i}) = F_{X_i'}(\mu_{X_i'} - \beta \sigma_{X_i'}) = p_f \tag{3-72}$$

式中，p_f 是结构的失效概率，β 为可靠指标。结构极限状态方程 $Z = R - S = 0$ 中的 R 就是 X_i。当 $\dfrac{\partial g_X(x^*)}{\partial X_i} < 0$，即点 x^* 取在 $f_{X_i}(x_i)$ 的下降段时，有

$$F_{X_i}(x_i^f) = F_{X_i'}(x_i^f) = 1 - p_f \tag{3-73}$$

即：

$$F_{X_i}(\mu_{X_i} + \beta_i^+ \sigma_{X_i}) = F_{X_i'}(\mu_{X_i'} + \beta \sigma_{X_i'}) = 1 - p_f \tag{3-74}$$

极限状态方程 $Z = R - S = 0$ 中的 S 就是 X_i。

这里需要 X_i' 和 X_i 有相等的均值，即：

$$\mu_{X_i'} = \mu_{X_i} \tag{3-75}$$

利用式(3-73)、式(3-75)和式(3-76)，可知正态当量化对 X_i' 和 X_i 的标准差要求为

$$\sigma_{X_i'} = \frac{\beta_i \sigma_{X_i}}{\beta} \tag{3-76}$$

当 $\dfrac{\partial g_X(x^*)}{\partial X_i} > 0$ 时，

$$\beta_i = \frac{\mu_{X_i} - F_{X_i}^{-1}(p_f)}{\sigma_{X_i}} \tag{3-77}$$

当 $\dfrac{\partial g_X(x^*)}{\partial X_i} < 0$ 时，

$$\beta_i = -\frac{\mu_{X_i} - F_{X_i}^{-1}(1-p_f)}{\sigma_{X_i}} \tag{3-78}$$

将非正态变量 X_i 相应的标准差 σ_{X_i} 按式(5-76)换以 $\sigma_{X_i'}$，然后利用前面所给的方法进行计算。

迭代步骤如下。

(1) 初始 x^*、初始 β，设 $x^* = \mu_X$。

(2) 计算 p_f，利用式 $p_f = \Phi(-\beta) = 1 - \Phi(\beta)$。

(3) 对于 X_i，计算 $\sigma_{X_i'}$，利用式(3-76)、式(3-77)和式(3-78)，用 $\sigma_{X_i'}$ 替换 σ_{X_i}。

(4) 计算 $\cos\theta_{X_i}$，利用式(3-58)。

(5) 计算 β，利用式(3-59)。

(6) 计算新的 x^*，利用式(3-60)。

(7) 用新的 x^* 重复迭代，直到 $\|x^*\|$ 之差小于 ε 停止。

实用分析法比较简单，在工程中有一定的实用价值，但由于其计算精度比较差，一般不推荐用于结构可靠指标的计算。

5. 四种方法的比较

以上分别从原理、迭代计算步骤、方法的优劣详细介绍了计算结构可靠指标的方法：中心点法只利用了基本随机变量的前两阶矩，原理和方法都很简洁，但计算分析精度不高，计算结果有一定的参考价值，但不作为最终结果；JC 法是一种比较精确的方法，是权威机构推荐使用的方法，如 JCSS，目前它正被全世界的工程师广泛应用；射变换法同样预先处理非正态变量，但由于方法本身的问题，不可避免地存在一些误差，是一种优于中心点法的可靠计算方法，但不如 JC 法精确；实用分析法比较简单，在工程中有一定的实用价值，但由于其计算精度比较差，一般不推荐用于结构可靠指标的计算[19]。

3.3.3 桥梁安全性的判别

我国现行规范中关于拟建结构的目标可靠指标的取值见表 3.7。

表 3.7 目标可靠指标

破坏类型	安全等级		
	一级	二级	三级
延性破坏	3.7	3.2	2.7
脆性破坏	4.2	3.7	3.2

对于桥梁结构安全等级均为一级,如研究的是延性破坏(如梁跨中正截面抗弯承载能力)时可靠指标最低为 3.7,研究的是脆性破坏(如支座附近梁斜截面抗剪承载能力)时可靠指标最低为 4.2。最低可靠指标是进行可靠度评估时的唯一标准,理论上应根据结构重要性、失效后果、破坏性质、经济指标以优化方法分析确定,但很难找到定量分析方法,国内外也没有统一方法程序。Allen[18]提出引入生命安全准则,考虑检测情况、结构破坏性质、风险种类三个因素,对原有的目标可靠指标进行调整,确定最低可靠指标;ISO/CD的方法是运用总费用最小原则,与其他风险相比较综合确定,反映结构的类型和重要性,同时涉及可能的失效后果以及社会经济条件,这样确定的最低可靠指标的范围为 2.3~4.3。在我国应用比较广泛的是赵国藩[9]的方法,即以设计基准期内的目标可靠指标乘以系数 0.85 进行折减作为既有结构的最低可靠指标,这种方法应用起来比较方便。

3.4 既有钢筋混凝土梁桥概率可靠度评估实例

3.4.1 评估对象项目概况

某桥全桥布局为 (30+30+69+120+69+30)m,主桥上部结构采用 (69+120+69)m 跨预应力混凝土连续刚构,下部结构主墩采用双薄壁墩、承台钻孔灌注群桩基础,过渡墩采用变截面 T 形墩、承台钻孔灌注桩基础;引桥上部结构采用 30m 跨预应力混凝土 T 形梁,下部结构采用钢筋混凝土圆形双柱式桥墩、钻孔灌注桩基础,桥台采用 U 形桥台,刚性扩大基础。桥面铺装,现浇 8cm 厚 C45 混凝土+桥面专用防水材料+10cm 厚沥青混凝土。预应力钢绞线公称直径 $\phi^s 15.2(7\phi 5)$mm,公称面积 139mm²,抗拉强度标准 f_{pk} =1860MPa。主桥箱梁腹板钢束每束为 17ϕ^s15.2mm,顶板束、中跨底板束和边跨顶板合拢束每束为 19ϕ^s15.2mm,边跨底板束每束为 15ϕ^s15.2mm。引桥 30m 跨 T 梁钢束分别为 10ϕ^s15.2mm、9ϕ^s15.2mm。汽车荷载为公路 I 级。

3.4.2 桥梁荷载效应分析

根据桥梁有关资料,利用 MIDAS/Civil 有限元软件建模分析内力(图 3.11)。该模型单元类型为梁单元,共计有节点 174 个、单元 167 个。主梁为 C55 混凝土,下部结构为 C40 混凝土,汽车荷载等级为公路 I 级。

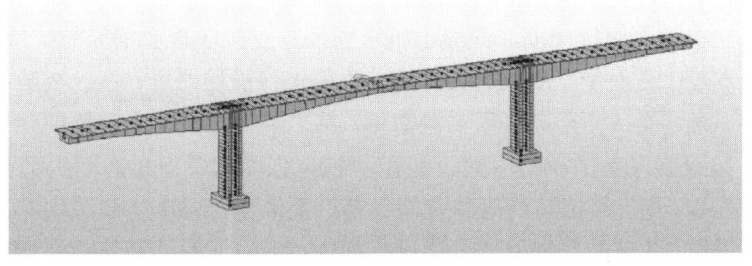

图 3.11 桥梁模型图

根据分析计算结果,分别得到主跨跨中在自重及铺装、公路荷载、温度作用下的荷载效应(弯矩),以及距离支座边缘1/2截面高度(1.6m)处的荷载效应(剪力)。计算结果取各截面位置处的平均值。根据张建仁等[17]得到的各内力的统计特征,求得各内力的标准差和均值见表3.8和表3.9。

表3.8 荷载效应(弯矩)均值和标准差列表

荷载类型	荷载效应均值/(kN·m)	荷载效应标准差/(kN·m)
自重及铺装	55982.6	6236.4
公路荷载	37406.2	7481.2
温度荷载	33407.6	7516.8

表3.9 荷载效应(剪力)均值和标准差列表

荷载类型	荷载效应均值/(kN·m)	荷载效应标准差/(kN·m)
自重及铺装	23328.0	2598.7
公路荷载	4109.3	821.9
温度荷载	1795.9	404.1

3.4.3 桥梁抗力分析

1. 抗弯承载力

根据工程的具体情况,对桥涵设计规范结构抗力的公式进行简化,当满足式(3-44)时,结构抗力按式(3-45)计算,混凝土受压区高度 x 按式(3-46)计算。

当不满足式(3-44)时,结构抗力按式(3-47)计算,混凝土受压区高度 x 按式(3-48)计算。

按照计算结构抗力的步骤,计算抗弯承载力。

1) 初算

利用MATLAB软件编制程序进行计算。附录3给出了笔者编写的程序作为参考。

2) 参数分类

按照对结构抗力的影响将这些数据分为三类,第一类截面全高,这一类数据对结构抗力的影响最大;第二类受拉区预应力钢筋的抗拉强度和面积,这一类数据对结构抗力的影响比较大;第三类截面腹板宽度、混凝土抗压强度、受拉区普通钢筋的抗拉强度和面积、截面受压翼缘厚度、截面受压翼缘有效宽度、混凝土保护层厚度,这一类数据对结构抗力的影响比较小。第一类截面全高采用实测数据。第二类受拉预应力钢筋的强度和面积可测但精度较差,抗拉强度是面积的函数,面积和抗拉强度均看作正态随机变量,建议采用3.2节的计算公式,逐一算出其均值和方差。第三类混凝土强度一般采用实测数据,尽可能多地测量,采用3.3节的数据处理方法进行处理;受拉区普通钢筋的强度和面积同样可测但精度较差,建议采用3.2节的计算公式,处理方式同受拉预应力钢筋;截面受压翼缘厚度和有效宽度对结构跨中抗弯承载能力没有影响，且考虑到本工程桥梁截面尺寸较大，不方便进行测量故采用设计值；混凝土保护层厚度采用实测，特别需要说明的是混凝土保护层厚度变小抗力是增大的，但会影响结构构件的耐久性能，本研究不做结构构件耐久性能的可靠度评估，仅考虑混凝土保护层厚度对抗力的影响大小。

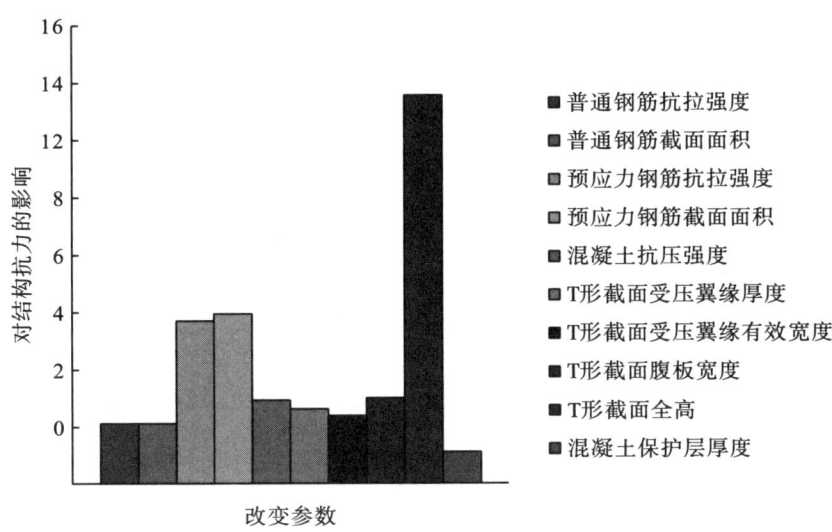

图 3.12　抗力衰减比较图

3) 参数确定

本工程跨中 h =2500.34mm，b_f' =10000.007mm，h_f' =500.691mm，b =800.429mm，将 t = 8 年代入式(3-34)、式(3-35)、式(3-38)、式(3-39)计算混凝土强度、钢筋面积、钢筋强度的均值和方差，各参数均服从正态分布。以 f_{sd} 为例，f_{sd} 服从均值为 358.140、标准差为 25.665 的正态分布，记作 $f_{sd} \sim N(358.140, 25.665)$。上述各随机变量的参数为：$f_{sd} \sim N(358.140, 25.665)$；$A_s \sim N(5832.432, 22.373)$；$f_{pd} \sim N(2009.711, 150.438)$；$A_p \sim N(3050.298, 10.147)$。

采用回弹法测定混凝土强度，实测数据和计算结果见表 3.10、表 3.11，混凝土保护层厚度实测数据及计算结果见表 3.12、表 3.13。

表 3.10　混凝土强度检测数据

序号	混凝土强度/MPa				
1	43.66	38.11	38.08	41.52	42.03
2	39.27	39.01	38.80	37.47	39.75
3	39.75	39.72	39.07	38.73	36.71
4	38.21	36.48	40.60	38.48	38.50
5	38.88	35.29	41.80	41.23	39.84
6	35.77	40.05	38.89	40.13	39.80
7	40.17	40.66	39.20	38.59	41.51
8	37.06	37.06	40.51	35.89	37.34

续表

序号	混凝土强度/MPa				
9	39.39	38.16	38.56	39.50	39.77
10	42.00	38.32	38.44	41.92	43.07
11	39.32	42.31	41.82	36.54	40.08
12	41.91	39.21	40.21	41.51	41.33
13	36.59	39.61	39.36	41.33	38.41
14	39.82	37.66	39.38	39.18	39.17
15	39.50	39.46	41.87	39.47	42.44
16	38.06	37.87	44.23	40.34	41.72
17	37.85	41.54	39.20	42.49	44.79
18	38.93	40.45	37.63	41.87	40.72
19	40.55	40.68	39.71	41.84	37.67
20	30.37	37.38	41.88	41.07	39.53

表3.11 计算表

A_i	f_i	$\hat{p}_i$	$n\hat{p}_i$	$f_i^2/(n\hat{p}_i)$
$A_1: x \leqslant 35.29$	9	0.0905	9.05	8.95
$A_2: 35.29 < x \leqslant 37.29$	33	0.3162	31.62	34.44
$A_3: 37.29 < x \leqslant 39.29$	34	0.3886	38.86	29.75
$A_4: 39.29 < x \leqslant 41.29$	22	0.1684	16.84	26.18
$A_5: 41.29 < x \leqslant +\infty$	2	0.0255	2.55	1.57

$\chi^2 = 100.89 - 100 = 0.89$，$\chi_{0.1}^2 = (k-r-1) = \chi_{0.1}^2(5-2-1) = \chi_{0.1}^2(2) = 4.605 > 0.89$，故在水平 0.1 下接受 H_0，即认为混凝土数据来自正态分布总体。采用矩估计法得到总体的均值和标准差分别为 39.69、2.85，故混凝土强度服从正态分布，其概率密度函数为：

$$\frac{1}{2.85\sqrt{2\pi}} e^{-\frac{(x-39.69)^2}{16.25}}$$

。

表3.12 混凝土保护层厚度实测数据

序号	保护层厚度实测数据/mm				
1	104.13	104.60	99.98	97.01	104.39
2	98.20	105.75	99.51	94.97	101.63
3	102.58	98.52	105.28	99.41	98.81
4	102.14	99.43	100.95	100.82	99.38
5	99.98	103.52	104.57	102.49	104.24
6	104.43	98.44	104.22	99.77	103.61
7	96.01	92.94	97.49	99.41	96.39
8	96.50	100.20	101.30	97.25	96.92
9	99.41	101.97	102.28	105.51	103.42
10	99.63	97.02	102.63	98.24	105.28

表 3.13 混凝土保护层厚度计算表

A_i	f_i	$\hat{p}_i$	$n\hat{p}_i$	$f_i^2/(n\hat{p}_i)$
A_1: $x \leqslant 94.94$	7	0.0556	5.56	9.31
A_2: $94.94 < x \leqslant 96.94$	10	0.1745	8.72	11.46
A_3: $96.94 < x \leqslant 98.94$	11	0.2444	12.22	9.90
A_4: $98.94 < x \leqslant 100.94$	12	0.2308	11.54	8.67
A_5: $100.94 < x \leqslant 102.94$	6	0.1469	7.35	6.67
A_6: $102.94 < x \leqslant +\infty$	4	0.0630	3.15	5.08

$\chi^2 = 51.09 - 50 = 1.09$，$\chi^2_{0.1} = (k-r-1) = \chi^2_{0.1}(6-2-1) = \chi^2_{0.1}(3) = 6.251 > 1.09$，故在水平 0.1 下接受 H_0，即认为混凝土数据来自正态分布总体。采用矩估计法得到总体的均值和标准差分别为 100.65、4.77，故混凝土强度服从正态分布，其概率密度函数为：

$$\frac{1}{4.77\sqrt{2\pi}} e^{-\frac{(x-100.65)^2}{45.51}}$$

。

使用 MATLAB 编制程序进行计算，附录 4 给出了笔者编写的程序作为参考。

4) 运行并查看结果

total$N$=10000000 计算结果已趋于稳定，设定 total$N$=10000000 运行程序。得到该桥梁跨中正截面抗弯承载能力均值为 97422.0kN·m、标准差为 1174.1kN·m（图 3.13）。

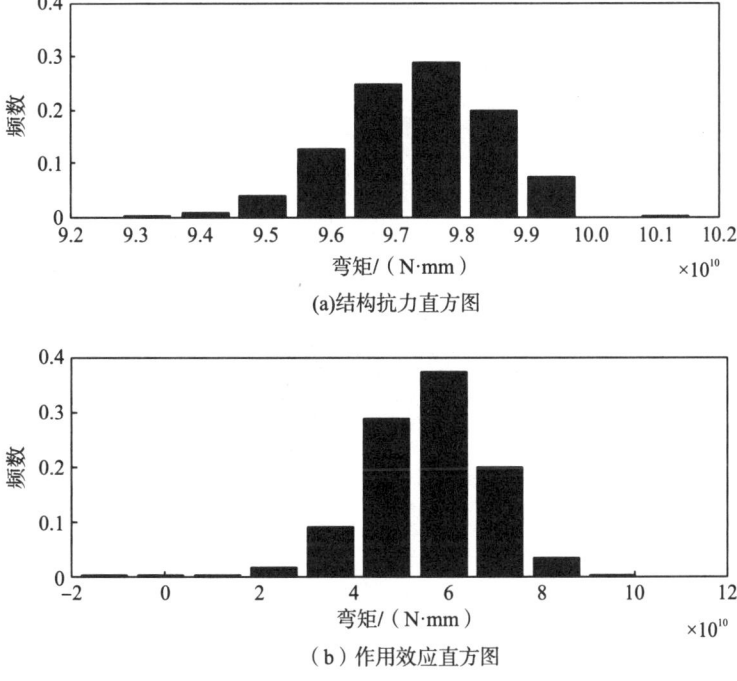

图 3.13 结构抗力和作用效应直方图

2. 抗剪承载力

根据工程的具体情况，对桥涵设计规范结构抗力的公式进行简化，当

$$V = V_{cs}$$

$$V_{cs} = \alpha_1\alpha_2\alpha_3 0.45\times 10^{-3}bh_0\sqrt{(2+0.6P)\sqrt{f_{cu,k}}\rho_{sv}f_{sv}}$$

式中，符号含义与《公路钢筋混凝土及预应力混凝土桥涵设计规范》(JTG 3362—2018) 相同。

按照本章总结的计算结构抗力的步骤，计算抗剪承载力。

1) 初算

利用 MATLAB 编制程序进行计算，附录 5 给出了笔者编写的程序作为参考。

2) 参数分类

计算后得到图 3.14。按照对结构抗力的影响将上述数据分为三类，第一类截面全高和混凝土保护层厚度，这一类数据对结构抗力的影响最大；第二类箍筋面积、箍筋抗拉强度、腹板宽度和箍筋间距，这一类数据对结构抗力的影响比较大；第三类混凝土抗压强度，这一类数据对结构抗力的影响比较小。第一类截面全高和混凝土保护层厚度采用尽可能多的实测数据。第二类箍筋面积、箍筋抗拉强度可测但精度不高，故建议采用本章的计算公式；腹板宽度和箍筋间距采用实测数据。第三类混凝土抗压强度采用实测数据，尽可能多地测量。特别需要说明的是混凝土保护层厚度变小抗力是增大的，但会影响结构构件的耐久性能，本研究不做结构构件耐久性能的可靠度评估，仅考虑混凝土抗保护层厚度对抗力的影响大小。

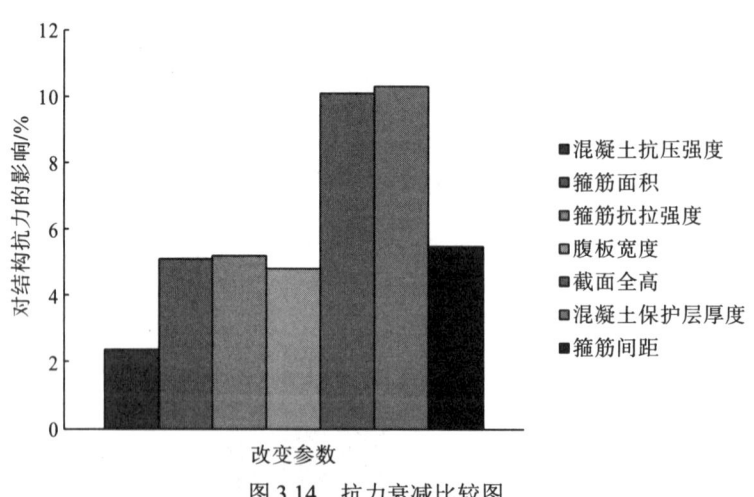

图 3.14 抗力衰减比较图

3) 参数确定

本工程 $h=1500.34\text{mm}$，$b=600.21\text{mm}$，将 $t=8$ 年代入式(3-34)、式(3-35)、式(3-38)、式(3-39)计算钢筋面积、钢筋强度的均值和方差，各参数均服从正态分布。以 f_{sv} 为例，f_{sv} 服从均值为 200.65、标准差为 20.17 的正态分布，记作 $f_{sv}\sim N(200.65, 20.17)$。上述各随

机变量的参数为：$f_{sv} \sim N(200.65, 20.17)$；$A_{sv} \sim N(198.21, 10.73)$。

箍筋间距实测数据及计算结果见表3.14、表3.15。

表3.14 箍筋间距实测数据

序号	箍筋间距实测数据/mm				
1	99.95	98.42	103.15	103.94	100.21
2	100.93	105.86	101.70	103.06	100.12
3	99.35	99.20	92.46	100.94	105.41
4	99.38	100.85	96.40	100.34	98.82
5	98.09	101.46	100.37	97.36	101.73
6	102.62	98.32	97.35	99.21	96.72
7	97.54	102.63	100.68	98.52	105.59
8	98.41	103.53	101.70	98.05	97.56
9	99.55	99.96	102.39	99.39	101.33
10	102.66	100.65	99.14	101.73	104.62

表3.15 箍筋间距计算表

A_i	f_i	$\hat{p}_i$	$n\hat{p}_i$	$f_i^2/(n\hat{p}_i)$
A_1: $x \leq 94.46$	3	0.0321	3.21	3.45
A_2: $94.46 < x \leq 96.46$	11	0.1639	8.20	12.20
A_3: $96.46 < x \leq 98.46$	15	0.2822	14.11	15.95
A_4: $98.46 < x \leq 100.46$	12	0.2763	13.81	10.42
A_5: $100.46 < x \leq 102.46$	5	0.1538	7.69	3.25
A_6: $102.46 < x \leq +\infty$	4	0.0487	2.43	6.57

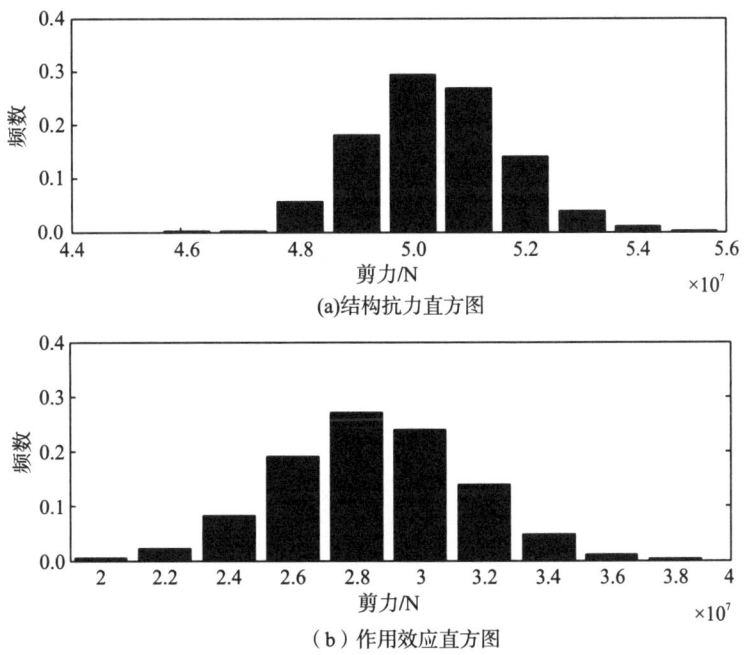

图3.15 结构抗力和作用效应直方图

$\chi^2 = 51.85 - 50 = 1.85$，$\chi^2_{0.1} = (k-r-1) = \chi^2_{0.1}(6-2-1) = \chi^2_{0.1}(3) = 6.25 > 3.69$，故在水平 0.1 下接受 H_0，即认为混凝土数据来自正态分布总体。采用矩估计法得到总体的均值和标准差分别为 100.39、3.41，故混凝土强度服从正态分布，其概率密度函数为：

$$\frac{1}{3.41\sqrt{2\pi}} e^{-\frac{(x-100.39)^2}{23.26}}$$

使用 MATLAB 编制程序进行计算，附录 5 给出了笔者编写的程序作为参考。

4) 运行并查看结果

total$N$=10000000 计算结果已趋于稳定，设定 total$N$=10000000 运行程序。得到该桥梁抗剪承载能力均值为 4844.8kN，标准差为 303.7kN(图 3.15)。

3.4.4 桥梁可靠指标计算

3.3.2 节分别从原理、迭代计算步骤、方法的优劣详细介绍了计算结构可靠指标的四种常用方法。从计算方法内容全面的角度考虑，分别使用这四种方法计算了桥梁可靠指标。但从计算精度考虑，最终结果以 JC 法计算的为准。笔者为以上四种方法编制了相关的 MATLAB 计算程序(附录 7~10)供参考。

四种不同计算方法的计算结果见表 3.16、表 3.17。本研究采用 JC 法的计算结果作为该桥梁的实时可靠指标，可以看到映射变换法的计算结果是最接近 JC 法的，这与第 5 章所讨论的映射变换法是除 JC 法外最为精确的方法这一结论是吻合的，而实用分析法精度较差。该桥梁跨中正截面抗弯承载能力实时可靠指标为 3.5788，与最低可靠指标 3.1450(由 3.7 乘以 0.85 得到)对比，其跨中正截面抗弯承载能力满足要求。该桥梁支座附近截面抗剪承载能力实时可靠指标为 3.8548，与最低可靠指标 3.570(由 4.2 乘以 0.85 得到)对比，其跨中正截面抗弯承载能力满足要求。

表 3.16 可靠指标(弯矩)计算结果

计算方法	计算值
中心点法	3.8487
JC 法	3.5788
映射变换法	3.5806
实用分析法	3.8018

表 3.17 可靠指标(剪力)计算结果

计算方法	计算值
中心点法	3.7322
JC 法	3.8548
映射变换法	3.7494
实用分析法	4.6969

本节主要以某后张法预应力钢筋混凝土桥梁为工程实例,对其跨中正截面抗弯承载能力进行评估,采用有限元软件对其建模进行荷载效应分析,利用3.3节的理论知识,结构抗力采用MATLAB编程进行分析计算,得到效应与抗力的统计参数以后,分别用中心点法、JC法、映射变换法和实用分析法进行桥梁可靠指标的计算,以JC法的结果作为该桥梁的最终可靠指标,对比规范规定的重要性结构延性破坏的可靠指标标准得到该桥跨中正截面抗弯承载力符合要求。

本章参考文献

[1] 李亚东. 既有桥梁评估方法研究[J]. 铁道学报, 1997(3): 109-115.

[2] Stewart M G, Rosowsky D V, Val D V. Reliability-based bridge assessment using risk-ranking decision analysis[J]. Structural Safety, 2001, 23(4): 397-405.

[3] AASHTO. Guide for Specification for Strength Evaluation of Existing Bridges[S]. American of State highway and Transportation Officials (AASHTO), Washington D C, 1989.

[4] 张建仁, 张起森. 公路工程可靠度理论以其应用[M]. 北京: 人民交通出版社, 1995.

[5] 李扬海, 鲍卫刚, 郭修武, 等. 公路桥梁结构可靠度与概率极限状态设计[M]. 北京: 人民交通出版社, 1997.

[6] 白国良, 薛建阳, 吴涛. 工程荷载与可靠度设计原理[M]. 北京: 中国建筑工业出版社, 2012.

[7] 杨伟军, 赵传智. 土木工程结构可靠度理论与设计[M]. 北京: 人民交通出版社, 1999.

[8] 赵国藩, 曹居易, 张宽权. 工程结构可靠度[M]. 北京: 水利电力出版社, 1984.

[9] 赵国藩. 工程结构可靠性理论与应用[M]. 大连: 大连理工大学出版社, 1996.

[10] 王均利. 在役桥梁检测、可靠性分析与寿命预测[M]. 北京: 中国水利水电出版社, 知识产权出版社, 2006.

[11] 金伟良, 赵羽习. 混凝土结构耐久性[M]. 北京: 科学出版社, 2002.

[12] 牛荻涛. 混凝土结构耐久性与寿命预测[M]. 北京: 科学出版社, 2003.

[13] 惠云玲, 林志伸. 锈蚀钢筋性能试验研究分析[J]. 工业建筑, 1997, 27(6): 10-13.

[14] 张建仁, 刘扬. 混凝土桥梁构件服役期的抗力概率模型[J]. 长沙理工大学学报(自然科学版), 2004, 1(1): 27-33.

[15] 孙维章, 梁宋湘, 罗建群. 锈蚀钢筋剩余承载能力的研究[J]. 水利水运工程学报, 1993(2): 169-179.

[16] Rubinstein R Y. Simulation and the Monte-Carlo Method[M]. New York: Wiley, 1981.

[17] 张建仁, 刘扬, 许福友, 等. 结构可靠度理论及其在桥梁工程中的应用[M]. 北京: 人民交通出版社, 2003.

[18] Allen D E. Limit states criteria for structural evaluation of existing buildings[J]. Canadian Journal of Civil Engineering, 1991, 18(6): 995-1004.

[19] 王国萍. 既有钢筋混凝土桥梁概率可靠度评估理论探索与工程应用[D]. 昆明: 云南大学, 2015.

第4章 基于非概率可靠度的桥梁评估理论

已经有大量文献论述了概率可靠度理论存在的不足和非概率可靠度理论产生的必要性[1-3]。对此，本章在对既有桥梁结构评估的非概率时变可靠度研究的基础上，介绍对既有桥梁结构进行非概率可靠度评估的新技术。

4.1 区间数学和非概率可靠度的基本理论

4.1.1 区间数学的基本理论

1. 常见三种函数区间的确定

概率可靠度指标与结构各个组成因素的分布有比较大的关系。其组成因素分布不同，概率可靠度指标的求解公式会有较大差异，所以传统概率可靠度与非概率可靠度之间的具体联系难以判定。本节只对简单正态分布进行比较，至于其他类型的分布函数，具体的关系需要通过具体实例来进行比较。

1) 置信区间

设总体 X 的分布函数 $F(x;\theta)$ 含有一个未知参数 θ，$\theta \in \Theta$（Θ 是 θ 可能取值的范围），对于已知值 $\alpha(0<\alpha<1)$，若由来自 X 的样本 $X_1, X_2, \cdots, X_n$ 确定的两个值 $\underline{\theta} = \underline{\theta}(X_1, X_2, \cdots, X_n)$ 和 $\overline{\theta} = \overline{\theta}(X_1, X_2, \cdots, X_n)(\underline{\theta} < \overline{\theta})$，对于任意 $\theta \in \Theta$ 满足：

$$P = \left\{ \underline{\theta}(X_1, X_2, \cdots, X_n) < \theta < \overline{\theta}(X_1, X_2, \cdots, X_n) \right\} \geq 1-\alpha \tag{4-1}$$

则称随机区间 $(\underline{\theta}, \overline{\theta})$ 是 θ 的置信水平为 $1-\alpha$ 的置信区间，$\underline{\theta}$ 和 $\overline{\theta}$ 分别称为置信水平为 $1-\alpha$ 的双侧置信区间的置信下限和置信上限，$1-\alpha$ 称为置信水平。

2) 比较常见的几种随机变量置信区间的选取

(1) 正态分布函数。假设 X 为正态随机函数，则它的均值和均方差分别为 μ_X、σ_X。已知 $\alpha = 0.95$，则可得到 X 的置信区间 $[\underline{X}, \overline{X}]$ 为 $[\mu_X - 1.645\sigma_X, \mu_X + 1.645\sigma_X]$。

(2) 对数正态函数。假设 X 为呈对数正态分布的随机函数，它的均值和均方差分别为 μ_X、σ_X。$Y = \ln X$ 为正态随机函数，对于对数正态随机函数 X，其对数 $Y = \ln X$ 的统计参数与其本身的统计参数之间关系为

$$\begin{cases} \mu_Y = \ln \dfrac{\mu_X}{\sqrt{(1+v_X^2)}} \\ \sigma_Y = \sqrt{\ln(1+v_X^2)} \end{cases} \tag{4-2}$$

式中，v_X 为 X 的变异系数。且因为 $\alpha = 0.95$ 为已知的情况，可得到 $Y = \ln X$ 的置信区间 $[\underline{Y}, \overline{Y}]$ 为 $[\mu_Y - 1.645\sigma_Y, \mu_Y + 1.645\sigma_Y]$。而对数正态随机分布函数 X 的置信区间则表示为：$[\exp(\mu_Y - 1.645\sigma_Y), \exp(\mu_Y + 1.645\sigma_Y)]$，将式(4-2)代入得到关于变量 X 上下限的表达形式，还可作一定的整理得到

$$\begin{cases} \exp(\mu_Y - 1.645\sigma_Y) = \dfrac{\mu_X}{\sqrt{1+v_X^2}} - \exp\left(1.645\sqrt{\ln(1+v_X^2)}\right) \\ \exp(\mu_Y + 1.645\sigma_Y) = \dfrac{\mu_X}{\sqrt{1+v_X^2}} + \exp\left(1.645\sqrt{\ln(1+v_X^2)}\right) \end{cases} \quad (4\text{-}3)$$

(3) 极值 I 型分布。假设 X 为极值 I 型分布函数，则它的均值和均方差分别为 μ_X、σ_X。极值 I 型分布函数如下：

$$F_T(x) = \exp\left\{-\exp\left[\dfrac{(x-\beta)}{\alpha}\right]\right\} \quad (4\text{-}4)$$

式中，α、β 为常数，它们与平均值 μ 和标准差 σ 的关系为

$$\begin{cases} \alpha = \dfrac{\sigma_X}{1.2826} \\ \beta = \mu_X - 0.5722\alpha \end{cases} \quad (4\text{-}5)$$

已知了上面 X 的分布函数，可以通过求解该函数的逆函数或者通过 MATLAB 软件来确定该函数 0.95 分位点的区间。

2. 区间数学的基本理论

1) 区间数的定义

区间数学理论是区间非概率可靠度研究的基础。为此，本节通过介绍区间数学，进而对区间运算中出现的非概率可靠度指标进行分析研究。

对于给定的数对 $\underline{x}, \overline{x} \in \mathbf{R}$，若满足 $\underline{x} \leq \overline{x}$，则实际有界闭集：

$$X^I = [\underline{x}, \overline{x}] = \{x \in R / \underline{x} \leq \overline{x}\} \quad (4\text{-}6)$$

就称为有界闭区间，其中 $\overline{x}$ 和 $\underline{x}$ 分别为下限和上限，而 $\underline{x}$ 和 $\overline{x}$ 被称为变量。

设该不确定的参数 x 为区间内的一个实数，则 x 表示为 $x \in X^I = [\underline{x}, \overline{x}]$，其中 $\overline{x}$ 为上限，$\underline{x}$ 为下限，根据区间算法有

$$x^c = \dfrac{\overline{x} + \underline{x}}{2}, \quad x^r = \dfrac{\overline{x} - \underline{x}}{2} \quad (4\text{-}7)$$

式中，x^c 为 x 的均值；x^r 为 x 的离差或区间半径。则区间 X^I 和区间变量 x 可分别表示为

$$X^I = x^c + x^r \Delta^I, \quad x = x^c + x^r \delta \quad (4\text{-}8)$$

式中，$\Delta^I = [-1, 1]$，为标准化区间；$\delta \in \Delta^I = [-1, 1]$，为标准化区间变量。

显然，x^c 和 x^r 可以唯一决定任意实值区间 X^I。

2) 区间的基本概念

对于任意的两个区间变量，$m \in M^I = [\underline{m}, \overline{m}]$，$n \in N^I = [\underline{n}, \overline{n}]$，其区间运算有以下四种

算式：

$$\begin{cases} M^I + N^I = [\underline{m},\overline{m}] + [\underline{n},\overline{n}] = [\underline{m}+\underline{n},\overline{m}+\overline{n}], \\ M^I - N^I = [\underline{m},\overline{m}] - [\underline{n},\overline{n}] = [\overline{m}-\overline{n},\overline{m}-\underline{n}], \\ M^I \times N^I = [\underline{m},\overline{m}] \times [\underline{n},\overline{n}] = \left[\min(\underline{mn},\underline{m}\overline{n},\overline{m}\underline{n},\overline{mn}),\max(\underline{mn},\underline{m}\overline{n},\overline{m}\underline{n},\overline{mn})\right] \\ M^I / N^I = M^I \times \left(\dfrac{1}{N^I}\right) = [\underline{m},\overline{m}] \times [1/\underline{n},1/\overline{n}], 0 \notin N^I \end{cases} \quad (4\text{-}9)$$

区间的运算也可以用上述几种算式的组合来完成。可以看出，区间运算有以下特点：通常，$M^I - M^I \neq 0$，即区间数相加减之间不能相互逆运算，如 $[1,2]-[1,2]=[-1,1]\neq 0$；同样地，$\dfrac{M^I}{M^I} \neq 1$，$0 \notin M^I$，即区间之间乘除也不能相互逆运算，如 $\dfrac{[1,2]}{[1,2]} = \left[\dfrac{1}{2},2\right] \neq 1$。

此外，对区间数 $M^I = [\underline{m},\overline{m}]$，$N^I = [\underline{n},\overline{n}]$，$O^I = [\underline{o},\overline{o}]$，有下列准则。

(1) 交换律：
$$M^I + N^I = N^I + M^I$$
$$M^I \times N^I = N^I \times M^I$$

(2) 结合律：
$$(M^I + N^I) \pm O^I = M^I + (N^I \pm O^I)$$
$$(M^I \times N^I) \times O^I = M^I \times (N^I \times O^I)$$

4.1.2 非概率可靠度的基本理论

1. 非概率可靠性的度量

1) 几种常见的椭球模型[4]

瞬时的能量边界凸集模型：
$$U(\alpha,\overline{u}) = \left\{u(t):[u(t)-\overline{u}(t)]^\mathrm{T} W [u(t)-\overline{u}(t)] \leqslant \alpha^2\right\} \quad (4\text{-}10)$$

其中，W 是正定实对称矩阵。

累积的能量边界凸集模型：
$$U(\alpha,\overline{u}) = \left\{u(t):\int_0^\infty [u(t)-\overline{u}(t)]^\mathrm{T} W [u(t)-\overline{u}(t)\mathrm{d}t] \leqslant \alpha^2\right\} \quad (4\text{-}11)$$

其中，W 是正定实对称矩阵。

平面边界凸集模型：
$$U(\alpha,\overline{u}) = \left\{u(t):[u(t)-\overline{u}(t)]^2 \leqslant \alpha^2, n=1,\cdots,N\right\} \quad (4\text{-}12)$$

其中，W 是正定实对称矩阵。

椭球边界凸集模型：
$$U(\alpha,\overline{u}) = \left\{u(t):[u-\overline{u}]^\mathrm{T} W [u-\overline{u}] \leqslant \alpha^2\right\} \quad (4\text{-}13)$$

其中，W 是正定实对称矩阵。

2) 椭球的确定

区间和凸集合是非概率可靠度理论的两种评估理论，但是它们可以相互影响，相互交叉运用。本节以椭球集合为基础，把不确定参数看作区间变量和椭球形成内接关系，与失效凸集相比较，以确定结构非概率可靠度的评价指标。

椭球凸模型的表达式为

$$U(x,\alpha) = \left\{x : x^T W x \leq \alpha^2\right\} = \left\{x : \sum_{i=1}^{n} \frac{(x_i - \bar{x}_i)}{e_i^2} \leq \alpha^2\right\} \quad (4\text{-}14)$$

式中：e_i 为椭球的半径轴，$i=1,2,\cdots,n$；α 为椭球的半径，$\alpha>0$；当 $\alpha=0$ 时凸集只包含一个元素；$\bar{x}_i$ 为变量的名义值。

e_i 和 α 一起表示结构参数的不确定性或者变化区间。当 $\alpha \neq 0$ 时，椭球模型可转化为 $\alpha=1$ 的椭球。

$$U(x,\alpha) = \left\{x : \sum_{i=1}^{n} \frac{(x_i - \bar{x}_i)}{e_i^2} \leq 1\right\} \quad (4\text{-}15)$$

这时，参数的不确定性或变化区间将由椭球半径轴 e_i 来描述。

3) 非概率可靠性的度量

以结构的失效标准为基础建立的功能函数为

$$M = g(X) = g(x_1, x_2, \cdots, x_n) \quad (4\text{-}16)$$

当 $g(X)$ 为 $x_i (i=1,2,\cdots,n)$ 的连续函数时，M 也为一区间变量。

设功能函数 M 的均值和离差分别为 M^c 和 M^r，根据非概率可靠度理论，结构的非概率可靠度指标为

$$\eta = \frac{M^c}{M^r} \quad (4\text{-}17)$$

根据结构可靠度理论，失效面为 $g(X)=0$ 的超曲面，它将结构的基本参量空间一分为二：即失效区域和安全区域，当 $\eta > 1$ 时，对 $\forall x_i \in X_i^I (i=1,2,\cdots,n)$ 均有 $g(X)<0$，此时结构在安全区域；当 $\eta < 1$ 时，对 $\forall x_i \in X_i^I (i=1,2,\cdots,n)$ 均有 $g(X)>0$，此时结构在失效区域；当 $-1 \leq \eta \leq 1$ 时，对 $\forall x_i \in X_i^I (i=1,2,\cdots,n)$ 存在 $g(X)>0$ 和 $g(X)<0$ 两种情况，此时无法判断结构是否失效，非概率可靠度的观点认为此时结构是失效的。由此可得，稳定性与 η 成正比。因此，η 可作为结构安全可靠程度的度量指标。

取功能方程：

$$M = r - s_1 - s_2 = 0 \quad (4\text{-}18)$$

其中，$r \in R^I$ 和 $s \in S^I$ 分别表示强度和应力区间变量。可作如下标准化的变换：

$$r = R^c + R^r \delta_r, \quad s_1 = S_1^c + S_1^r \delta_{S_1}, \quad s_2 = S_2^c + S_2^r \delta_{S_2} \quad (4\text{-}19)$$

代入功能方程(4-18)可以得出：

$$M = R^r \delta_r - S_1^r \delta_{S_1} - S_2^r \delta_{S_2} + (R^c - S_1^c - S_2^c) = 0 \quad (4\text{-}20)$$

显然可以得到：

$$M^c = R^c - S_1^c - S_2^c, \quad M^r = R^r - S_1^r - S_2^r \tag{4-21}$$

从而，其非概率可靠性指标可以定义为

$$\eta = \begin{cases} \dfrac{R^c - S_1^c - S_2^c}{R^r + S_1^r + S_2^r} & R^c > S^c \\ 0 & \text{否则} \end{cases} \tag{4-22}$$

由于 $\eta < 0$ 时没有意义，所以我们在这里将 η 的最小值定义为 0。

2. 非概率可靠度的求解方法

1) 两个相互独立的正态随机变量的非概率可靠度指标的求解方法

假设在结构功能函数 $Z = R - S$ 中，当 R 和 S 为呈正态分布的随机变量且它们相互独立时，它们的均值和均方差分别为 μ_R、σ_R 和 μ_S、σ_S。通过上述内容已经知道非概率指标 $\eta = \dfrac{R^c - S^c}{R^r + S^r}$ 且已知 $\alpha = 0.95$，则可得到 R 和 S 的置信区间 $[\underline{R}, \overline{R}]$ 和 $[\underline{S}, \overline{S}]$ 分别为 $[\mu_R - 1.645\sigma_R, \mu_R + 1.645\sigma_R]$ 和 $[\mu_S - 1.645\sigma_S, \mu_S + 1.645\sigma_S]$。所以有

$$\begin{cases} R^c = \dfrac{\overline{R} + \underline{R}}{2} = \mu_R \\ R^r = \dfrac{\overline{R} - \underline{R}}{2} = 1.645\sigma_R \end{cases} \tag{4-23}$$

$$\begin{cases} S^c = \dfrac{\overline{S} + \underline{S}}{2} = \mu_S \\ S^r = \dfrac{\overline{S} - \underline{S}}{2} = 1.645\sigma_S \end{cases} \tag{4-24}$$

则可以计算出非概率可靠度指标的公式为

$$\eta = \dfrac{R^c - S^c}{\sqrt{(R^r)^2 + (S^r)^2}} = \dfrac{\mu_R - \mu_S}{1.645\sqrt{\sigma_R^2 + \sigma_S^2}} \tag{4-25}$$

2) 一对数正态和一正态随机变量的非概率可靠度指标的求解方法

假设在结构功能函数 $Z = R - S$ 中，R 为呈对数正态分布随机变量，而 S 为呈正态分布的随机变量，它们的均值和均方差分别为 μ_R、σ_R 和 μ_S、σ_S。又因为 S 呈正态随机分布，可得到 S 的置信区间 $[\underline{S}, \overline{S}]$ 为 $[\mu_S - 1.645\sigma_S, \mu_S + 1.645\sigma_S]$。所以有

$$\begin{cases} \exp(\mu_Y - 1.645\sigma_Y) = \dfrac{\mu_R}{\sqrt{1 + v_R^2}} - \exp\left(1.645\sqrt{\ln(1 + v_R^2)}\right) \\ \exp(\mu_Y + 1.645\sigma_Y) = \dfrac{\mu_R}{\sqrt{1 + v_R^2}} + \exp\left(1.645\sqrt{\ln(1 + v_R^2)}\right) \end{cases} \tag{4-26}$$

$$\begin{cases} R^c = \dfrac{\overline{R} + \underline{R}}{2} = \dfrac{\mu_R}{\sqrt{1 + v_R^2}} \\ R^r = \dfrac{\overline{R} - \underline{R}}{2} = \exp\left(1.645\sqrt{\ln(1 + v_R^2)}\right) \end{cases} \tag{4-27}$$

$$\begin{cases} S^c = \dfrac{\overline{S} + \underline{S}}{2} = \mu_S \\ S^r = \dfrac{\overline{S} - \underline{S}}{2} = 1.645\sigma_S \end{cases} \tag{4-28}$$

则可以得出该情况下非概率可靠度指标的表达式：

$$\eta = \frac{R^c - S^c}{\sqrt{(R^r)^2 + (S^r)^2}} = \frac{\dfrac{\mu_R}{\sqrt{1+V_R^2}} - \mu_S}{\sqrt{\left[\exp\left(1.645\sqrt{\ln(1+V_R^2)}\right)\right]^2 + (1.645\sigma_S)^2}} \tag{4-29}$$

3) 非概率可靠度的通用求解方法

假设在结构功能函数 $Z = g(x) = R - S_G - S_Q$ 中，且 R、S_G 和 S_Q 为相互独立的随机变量。无论它们属于何种函数，我们都可以求出它们的区间。本研究采用文献[5]中提出的"改进一维优化算法"来计算非概率可靠度，具体步骤如下。

(1) 确定各个参数的区间，由结构失效准则建立极限方程后将区间变量标准化，并将标准后的区间变量带入极限状态方程。

(2) 通过比较所有变量前的系数，可以发现 δ_i 的系数最大，这时可以令 $M = G(\delta) = G(0,\cdots,\delta_i,\cdots,0) = 0$，通过对方程求解，可得 δ_i 的值，从而可以确定 $|\delta_i|$ 的取值范围 $|\delta_1| = |\delta_2|,\cdots,|\delta_n| < \lambda = \min|\delta_i|$。

(3) 在上面确定的取值范围内，若有 $\dfrac{\partial M}{\partial \delta_i} > 0$，则可以令标准化极限状态方程中的 $\delta_i = -\delta$，若 $\dfrac{\partial M}{\partial \delta_i} < 0$，则 $\delta_i = \delta$。

(4) 将第三个步骤确定的变量代入第一个步骤确定的方程中，得到关于 δ 的方程，对其进行求解，可以得到具体的数值。

(5) 舍去负数解，对实数解取绝对值，其中最小值就是所求的结构的非概率可靠度。

4.2 基于实测数据的区间确定理论依据和方法

4.2.1 偏态曲线

1. 采用的偏态曲线

关于偏态曲线，是与正态分布相对而言的，实际工程中很多实测数据其实是属于偏态分布的。在此，本书尝试采用皮尔逊Ⅲ型曲线来对其进行描述。P-Ⅲ型曲线在水文学中的应用可能被大多数人所熟知，但是可能忽略了 P-Ⅲ型曲线最初被提出的背景，它是英国数学家 Karl Pearson 在生物学家高尔登优生学统计方法的启示下，对来自生物学、物理学和社会科学等实际的统计资料做了图示的、综合性的处理后，建立的一种概括性曲线族，按参数的不同分成 13 种线型，其中第三种即为皮尔逊Ⅲ型曲线。其在工程水文、水文预报、数学物理、概率统计等领域都有着广泛的应用。

本书基于对大量的实测数据进行曲线拟合和规律分析,急需找出一个函数来对其进行描述,以便对其区间进行求解,进而提高非概率可靠度理论在实际工程中的应用和可操作性。之后,再根据 P-III 型曲线的具体特点,最终拟采用该曲线来描述影响桥梁承载力的因素。皮尔逊III型分布曲线图如图 4.1 所示。

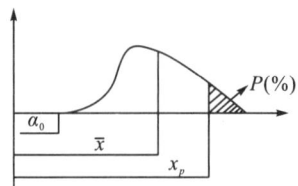

图 4.1　皮尔逊III型分布曲线图

皮尔逊III型曲线的密度函数为

$$y = \frac{\beta^{\alpha}}{\Gamma(\alpha)}(x-\alpha_0)^{\alpha-1}e^{-\beta(x-\alpha_0)} \tag{4-30}$$

式中,α_0 为曲线左端起点到系列零点的距离,$\alpha_0 = \bar{x} - (a+d)$;$\alpha$、$\beta$ 为曲线的参数;$\Gamma(\alpha)$ 为 α 的伽马函数。

显然,α、β、α_0 确定以后,该密度函数也随之确定。可以推证,这三个参数与总体的三个参数 $\bar{x}$、C_V、C_S 具有下列关系:

$$\alpha = \frac{4}{C_S^2}\ ;\quad \beta = \frac{2}{\bar{x}C_V C_S}\ ;\quad \alpha_0 = \bar{x}\left(1 - \frac{2C_V}{C_S}\right) \tag{4-31}$$

2. 偏态曲线的统计参数

1)均值

系列中随机变量的算术平均数以 $\bar{x}$ 表示,计算方法如下。

(1)出现次数相同时:

$$\bar{x} = \frac{x_1 + x_2 + \cdots + x_n}{n} = \frac{1}{n}\sum_{i=1}^{n}x_i \tag{4-32}$$

(2)出现次数不同时。若其中各变量的出现次数都不相同,x_1 出现 f_1 次,x_2 出现 f_2 次,x_n 出现 f_n 次,且 $f_1 + f_2 + \cdots + f_n = n$,由于各变量对平均数的影响不同,则均值应为系列中随机变量的加权平均值:

$$\bar{x} = \frac{x_1 f_1 + x_2 f_2 + \cdots + x_n f_n}{f_1 + f_2 + \cdots + f_n} = \frac{1}{n}\sum_{i=1}^{n}x_i f_i \tag{4-33}$$

2)中值(中位数)

系列中的随机变量为等权时,按大小递减顺序排列,位置居正中间的那个变量,称为中值,以 $\tilde{x}$ 表示。当系列中变量的项数为偶数时,则中值等于中间两项变量的平均数。中值的意义如下。

(1) 系列大于中值和小于中值的随机变量出现的概率相同。

(2) 中值是系列中的中间项，比中值大的和比中值小的变量恰好各占一半。密度曲线中，其垂线是曲线下方面积的平分线。反映系列中间项和密度曲线的位置。

3) 众值

系列中出现次数最多的那个变量称众值。众值的定义如下。

(1) 系列中出现概率最大的变量。

(2) 密度曲线中，是曲线峰顶处的横坐标值。反映系列中最大概率项和密度曲线的位置。

4) 均值、中值、众值的位置关系

均值、中值、众值的位置决定曲线分布的偏态：正偏态、负偏态、正态。密度曲线图如图 4.2 所示。

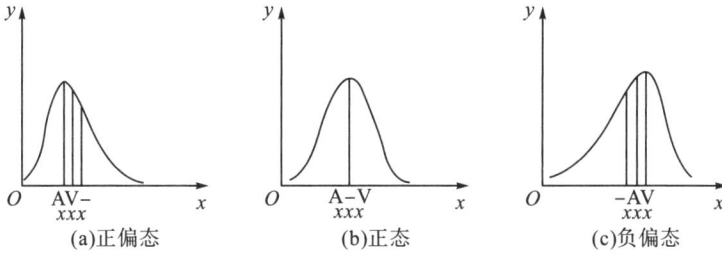

图 4.2 密度曲线图

5) 均方差

均方差和变差系数都是代表系列离均分布情况的参数，表明系列分布对均值是比较分散还是比较集中，反映频率分布对均值的离散程度。

均方差为离均差平方的平均数的平方根：

$$\sigma = \sqrt{\frac{\sum_{i=1}^{n}(x_i - \bar{x})^2}{n-1}} \tag{4-34}$$

离均差是系列中各变量 x_i 对均值的差值 $(x_1 - \bar{x}),(x_2 - \bar{x}),\cdots,(x_n - \bar{x})$ 等，表示变量间变化幅度的大小。

6) 变差系数(离差系数)

对于水平不同的两个系列，由于均值的影响，均方差就不足以表明它们的离散程度大小，在数理统计中，通常采用相对值来反映系列的相对离散程度，作为系列间的衡量标准，称为变差系数或离差系数，用 C_V 表示。C_V 值较小，表示系列的离散程度较小，即变量间的变化幅度较小，频率分布比较集中；C_V 值较大，表示系列离散程度较大，频率分布比较分散。

$$C_{\mathrm{V}} = \frac{\sigma}{\bar{x}} = \frac{1}{\bar{x}}\sqrt{\frac{\sum_{i=1}^{n}(x_i - \bar{x})}{n-1}} \tag{4-35}$$

7) 偏差系数

偏差系数也是代表系列分布情况的参数，表明系列分布对均值是对称的还是不对称的，反映频率分布对均值的偏斜程度，以 C_S 表示。

$$C_{\mathrm{S}} = \frac{\sum_{i=1}^{n}(x_i - \bar{x})^3}{n\sigma^3} \tag{4-36}$$

若 $C_\mathrm{S} = 0$，系列中变量对称于均值，为正态分布；$C_\mathrm{S} > 0$，系列中大于均值的变量出现的概率小，为正偏态；$C_\mathrm{S} < 0$，系列中大于均值的变量出现的概率大，为负偏态。

3. 算例分析

某建设项目浇筑 C30 混凝土，为对其抗压强度进行质量分析，共收集了 50 份强度试验报告单，经整理后的数据见表 4.1。

表 4.1 抗压强度数据

序号	抗压强度数据/(N/mm²)				
1	39.8	37.7	33.8	31.5	36.1
2	37.2	38.0	33.1	36.0	39.0
3	35.8	35.2	31.8	37.1	34.0
4	39.9	34.3	33.2	40.4	41.2
5	39.2	35.4	34.4	38.1	40.3
6	42.3	37.5	35.5	39.3	37.3
7	35.9	42.4	41.8	36.3	36.2
8	46.2	37.6	38.3	39.7	38.0
9	36.4	38.3	43.4	38.2	38.0
10	44.4	42.0	37.9	38.4	39.5

经验频率曲线的绘制步骤如下。

(1) 将数据按从大到小的顺序排列，此时系列中变量的顺序号 m，不仅表示变量大小的先后顺序，还表示等于和大于该变量的累计出现次数。

(2) 按照维泊尔公式 $P = \dfrac{m}{n+1} \times 100\%$ 列表计算各变量对应的累计频率。

(3) 以变量为纵坐标，频率为横坐标，在经验频率曲线上绘制经验频率点。

(4) 根据经验点群的变化趋势，描绘成一条圆滑的曲线，即为所求的经验频率曲线。

4.2.2 运用 MATLAB 计算皮尔逊曲线分布的离均系数

1. 正偏和负偏频率曲线间的关系

皮尔逊Ⅲ型曲线是一条一端有限一端无限的不对称单峰曲线。$C_S > 0$ 时正偏，又称为左偏；$C_S < 0$ 时负偏，也称右偏。频率曲线包含三个统计参数，即均值 $\bar{x}$、离差系数 C_V 和偏差系数 C_S。对于两条皮尔逊Ⅲ型概率密度曲线，若均值 $\bar{x}$ 和离差系数 C_V 相等，而偏差系数 C_S 的绝对值 $|C_S|$ 相等，即互为相反数。则可以证明这两条皮尔逊Ⅲ型概率密度曲线互为对称，且对称轴为通过均值 $\bar{x}$ 的 1 条垂线(图 4.3)。

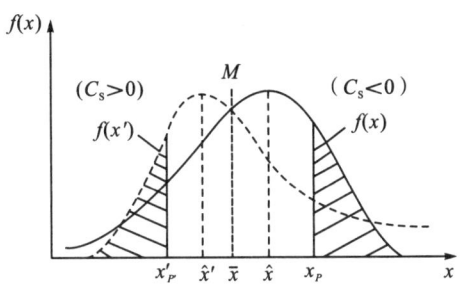

图 4.3 正偏与负偏概率密度曲线

2. 负偏频率曲线的计算

1) 正偏与负偏频率间的关系

由图 4.3 可知，对于这两条对称的频率密度曲线，计算任意两个相应点 x_P 和 $x_{P'}$ 的频率时，有如下关系：

$$P = \int_{x_P}^{\infty} f(x) \mathrm{d}x = 1 - \int_{x_{P'}}^{\infty} f(x') \mathrm{d}x' = 1 - P' \tag{4-37}$$

其中，P 为图 4.3 中右边的一块阴影面积；$1-P'$ 为图 4.3 中左边的一块阴影面积。$P = 1-P'$ 就是负偏频率 P 与正偏频率 P' 间的相互转换公式。

2) Φ 值的关系

若将原随机变量 x 标准化：

$$\Phi = \frac{x - \bar{x}}{\sigma} \tag{4-38}$$

这时，如图 4.4 所示，密度曲线的形状不变，只要把图 4.3 的 x 坐标起点移动到 $\bar{x}$ 处，同时改变坐标比尺即可。由图 4.4 可见，对应于 $P = 1-P'$，两个相应的标准化变量(离均系数)间有如下关系：

$$\Phi_P = -\Phi_{P'} \tag{4-39}$$

因此，首先可以由 $|C_S|$ 得到正偏的频率曲线坐标值，即一组相应的 P' 和 $\Phi_{P'}$ 值；然后应用式(4-37)和式(4-39)的转换关系就可以得到一组负偏的频率曲线坐标值，即 P 和 Φ_P 值。

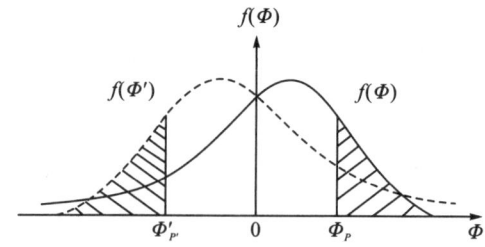

图 4.4 离均系数 Φ 密度曲线示意图

3. 用 MATLAB 计算 P-III 型分布的离均系数 Φ_P

1) 计算 P-III 型分布的离均系数 Φ_P 的一些方法和不足

皮尔逊III型曲线在桥梁工程中的应用和水文学中有相似之处，在计算时，一般需要求出指定频率 P 时的随机变量取值 x_P，求出的 x_P 满足下述等式：

$$P = P(X \geq x_P) = 1 - f(x) = \frac{\beta^\alpha}{\Gamma(\alpha)} \int_{x_P}^{\infty} (x - \alpha_0)^{\alpha - 1} e^{-\beta(x - \alpha_0)} dx \tag{4-40}$$

显然 x_P 取决于 P、α、β 和 α_0 4 个参数，当 P-III 型曲线的参数 α、β 和 α_0 为已知时，则 x_P 仅取决于 P。

通常可根据样本资料先估计系列的均值 $\bar{x}$、离差系数 C_V 和偏差系数 C_S，然后利用 α、β 和 α_0 3 个参数同样本统计参数均值、离差系数和偏差系数之间建立的关系式，可计算 α、β 和 α_0 3 个参数，因此只要 $\bar{x}$、C_V 和 C_S 3 个统计参数一旦确定，x_P 仅与 P 有关，即可以由 P 按式 (4-40) 唯一地来计算 x_P。但是 x_P 是式 (4-40) 中定积分的下标，无法直接求得，需要不断地试算才可得到，整个过程非常繁杂。

为简化计算，对式 (4-40) 进行变量代换，令 $t = \beta(x - \alpha_0)$，得

$$P = \frac{1}{\Gamma(\alpha)} \int_{t_P}^{\infty} t^{\alpha - 1} e^{-t} dt \tag{4-41}$$

式中，当 P 已知时，t_P 仅依赖于 α 或 C_S。利用 α、β 和 α_0 3 个参数同样本统计参数 $\bar{x}$、C_V 和 C_S 之间建立的关系式，有

$$x_P = \frac{t_P}{\beta} + \alpha_0 = \frac{\bar{x} C_V C_S}{2} t_P + \bar{x} - \frac{2 \bar{x} C_V}{C_S} \tag{4-42}$$

令 $\Phi = \dfrac{x - \bar{x}}{\bar{x} C_V}$，代入式 (4-42)，有

$$\Phi_P = \frac{x_P - \bar{x}}{\bar{x} C_V} = \frac{C_S}{2} t_P - \frac{2}{C_S} \tag{4-43}$$

式中，Φ 为离均系数，实际上是标准化变量，也为随机变量，其均值为 0、标准差为 1。

关于 Φ 值的计算有大量的研究，但是因为种种原因，不能满足要求。其中最近的研究是耿鸿江副教授使用 Excel 进行 P-III 型分布离均系数 Φ_P 值的计算，取得了较好的应用效果。但是，通过计算发现，Excel 的内部函数 GAMMANV 计算的 Φ_P 值表，虽然能在工程上达到实用的要求，但是仍然有很多数值的发散区，尤其是当 $C_S \geq 7.40$ 后，

各种频率的 Φ_P 值计算数值出现溢出。所以本书采用 MATLAB 来计算 P-III 型分布的离均系数 Φ_P。

2) 用 MATLAB 计算 P-III 型分布的离均系数 Φ_P

在 MATLAB 统计工具箱里，函数 $\text{GAMINV}(P,A,B)$ 为返回 Γ 分布的累积函数的逆函数，其调用格式为

$$X = \text{GAMINV}(P,A,B) \tag{4-44}$$

式中，P 为变量小于或等于 X 的概率；A、B 为参数。P、A、B 必须是维数相等的数组或矩阵。

当 P、A、B 均为一维数组时，$A=4/C_S$，$B=\bar{x}C_V C_S/2$。若 $B=1$，Γ 分布为标准 Γ 分布。对照式(4-43)和式(4-44)，P-III 型分布的离均系数 Φ_P 值在 MATLAB 中可按下式计算：

$$\Phi_P = \frac{C_S}{2}\text{GAMINV}\left(1-P,\frac{4}{C_S^2},1\right) - \frac{2}{C_S} \tag{4-45}$$

当 $C_S=0$ 时，可用正态分布的累积函数的逆函数 $\text{NORMINV}(P,MU,SIGMA)$ 计算离均系数 Φ_P 值，公式为

$$\Phi_P = \text{NORMINV}(1-P,0,1) \tag{4-46}$$

用 MATLAB，对 $C_S=0$，0.1，10 和 $p(\%)=\{0.01\ 0.02\ 0.05\ 0.1\ 0.2\ 0.5\ 1\ 2\ 3\ 4\ 5\ 10\ 15\ 20\ 25\ 30\ 40\ 50\ 60\ 70\ 75\ 80\ 85\ 90\ 95\ 98\ 99\ 99.9\ 99.99\ 100\}$，构成 P-III 型分布的离均系数 Φ_P 值表，可计算出 Φ_P 数值表。

3) C_S-Φ_P 关系

根据式(4-45)可知，Φ_P 的取值只跟频率 P 和偏差系数 C_S 有关，而在桥梁工程中，为保证工程质量，其合格水平一般不超过 5%，对于比较重大的项目，这个值可能会更小，在本研究中都取 5%。本研究只是提供一个方法，具体的取值可以参考具体的项目来确定。

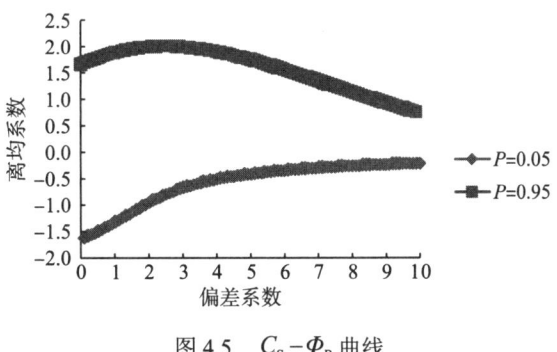

图 4.5 C_S-Φ_P 曲线

本研究给出了 $P=0.05$ 和 $P=0.95$ 时的 C_S-Φ_P 曲线(图 4.5)，以便后面的例子中各种因素的区间确定。

4.3 非概率时变可靠度理论及算例

4.3.1 大气环境下在役桥梁的时变可靠理论

1. 在役桥梁的结构抗力影响因素时变模型

1) 混凝土时变抗压强度

混凝土时变抗压强度 $f_c(t)$，可以由时变立方体抗压强度 $f_{cu}(t)$ 换算：

$$f_c(t) = 0.737 f_{cu}(t) \tag{4-47}$$

则 $f_c(t)$ 的均值函数和标准差函数分别为

$$\mu_{f_c}(t) = 0.737 \mu_{f_{cu}}(t) \tag{4-48}$$

$$\sigma_{f_c}(t) = 0.737 \sigma_{f_{cu}}(t) \tag{4-49}$$

混凝土立方体抗压强度 $f_{cu}(t)$ 的平均值和标准差函数可以表示为

$$\mu_{f_{cu}}(t) = \mu_{f_{cu,0}} 1.4529 e^{-0.0246(\ln t - 1.7154)^2} \tag{4-50}$$

$$\sigma_{f_{cu}}(t) = \sigma_{f_{cu,0}} (0.0305 t + 1.2368) \tag{4-51}$$

式中，$\mu_{f_{cu,0}}$、$\sigma_{f_{cu,0}}$ 分别为混凝土 28d 抗压强度的平均值和标准差。

若当前时刻处有实测混凝土强度值（随机变量），可用类似服役结构抗力随机过程模型的方法，通过实测值对式(4-48)、式(4-49)进行修正。若无当前时刻处的实测值，则按式(4-50)确定混凝土立方体的抗压强度。

2) 钢筋锈蚀速度

钢筋锈蚀速度 λ' 采用文献[5]中的计算公式：

$$\lambda' = 46 k_{cr} k_{ce} e^{0.04T} (RH - 0.45)^{\frac{2}{3}} C^{-1.36} f_{cu}^{-1.83} \tag{4-52}$$

式中，k_{cr} 为钢筋位置修正系数，角部钢筋 $k_{cr}=1.6$，中部钢筋 $k_{cr}=1.0$；k_{ce} 为小环境修正系数，潮湿地区室外环境 $k_{ce}=3.0\sim4.0$，潮湿地区室内环境 $k_{ce}=1.0\sim1.5$，干燥地区室外环境 $k_{ce}=2.5\sim3.5$，干燥地区室内环境 $k_{ce}=1.0$；C 为混凝土保护层厚度，mm；f_{cu} 为混凝土立方体抗压强度，MPa；T 为环境温度，℃；RH 为环境湿度，%。

3) 钢筋开始锈蚀时间的确定

根据一般大气环境钢筋开始锈蚀的条件，可以得到钢筋开始锈蚀时间的计算公式为

$$t = \frac{(C - x_0)^2}{k_c^2} \tag{4-53}$$

式中，k_c 为混凝土碳化系数；x_0 为碳化残量，其值由下式确定：

$$x_0 = 4.86(-RH^2 + 1.5RH - 0.45)(C - 5)(\ln f_{cu,k} - 2.3) \tag{4-54}$$

式中，$f_{cu,k}$ 为混凝土抗压强度标准值，MPa。

k_C 的平均值函数和标准差函数可由下式求得：

$$\mu_{k_C} = k_{el}k_{ei}k_t\left(\frac{24.48}{\sqrt{f_{cu,k}}} - 2.74\right) \tag{4-55}$$

$$\sigma_{k_C} = \frac{(0.0384t^2 + 5.19)}{\sqrt{t}} \tag{4-56}$$

式中，k_{el} 为地区影响系数(北方地区为1.0，南方地区及沿海地区为0.5～0.8)；k_{ei} 为室内外影响系数，室内为1.87，室外为1.0；k_t 为养护时间影响系数，一般施工情况取为1.50。

4) 钢筋与混凝土之间黏结力的下降

有关试验证实，对基本完好，钢筋锈蚀量小于5%的构件，钢筋与混凝土之间的黏结力并未下降，反而略有增加；而锈蚀量较大、锈胀裂缝较宽的构件，黏结力则严重削弱，不能再保证钢筋与混凝土的协调，会导致整个构件的抗力下降，因此，应对抗力乘上一个黏结力衰减系数 $\phi(t)$，但其随时间下降的规律尚待研究。本研究偏于安全地在混凝土碳化达到钢筋表面之前 $(t \leq t_c)$ 取其值为1.0(实际上钢筋锈蚀在 t_c 之前就已发生)，$t > t_c$ 后取值为0.95。

2. 既有 T 梁手腕的时变抗力模型

1) 时变抗力计算公式

(1) 对于 I 类 T 形截面，即中性轴在受压翼板内，由碳化锈蚀引起的 T 形截面混凝土弯矩抗力退化过程为

$$R(t) = \begin{cases} R_0 & t \leq t_1 \\ R_0\left[1 - \frac{2\lambda'}{r_0}(t - t_1)\right] + \frac{f_y^2 A_{s0}^2 \lambda(t - t_1)}{f_c b r_0} & t > t_1 \end{cases} \tag{4-57}$$

式中，f_y 为钢筋抗拉强度设计值；f_c 为混凝土抗压强度设计值；A_{s0} 为钢筋的截面积；b 为梁翼板截面宽度。

由式(4-57)可以看出，式中没有考虑混凝土时变抗压强度的变化，因此将式(4-57)中的 f_c 考虑为混凝土的时变抗压强度 $f_c(t)$。由于式中第二项的系数一般远小于 R_0 且永远为正，忽略后略偏保守。

通过简化后，式(4-57)可写为

$$R(t) = f_y A_{s0} g(t)\left[h_0 - \frac{f_y A_{s0} g(t)}{2f_c(t)b}\right] \tag{4-58}$$

其中，

$$g(t) = \begin{cases} 1 & t \leq t_1 \\ 1 - \frac{2\lambda'(t - t_1)}{r_0} & t > t_1 \end{cases} \tag{4-59}$$

式中，$f_c(t)$ 为混凝土时变抗压强度；h_0 为主筋重心距受压边距离；b 为梁翼板截面宽度。

(2) 对于 II 类 T 形截面，即中性轴在梁肋内，这就要考虑梁肋参与受压的混凝土的强度，则时变抗力计算公式为

$$R(t) = f_y A_{s0} g(t) h_0 + \frac{\left[f_y A_{s0} g(t) - f_c(t) h_1 (b-b_1)\right]^2}{2 f_c(t) b} - \frac{f_c(t) h_1^2 (b-b_1)}{2} \quad (4\text{-}60)$$

其中，

$$g(t) = \begin{cases} 1 & t \leq t_1 \\ 1 - \dfrac{2\lambda'(t-t_1)}{r_0} & t > t_1 \end{cases} \quad (4\text{-}61)$$

式中，$f_c(t)$ 为混凝土时变抗压强度；h_0 为主筋重心距受压边距离；b_1 为梁肋截面宽度；h_1 为梁翼板截面高度。

式(4-57)~式(4-61)为 T 形截面(包括 I 类和 II 类)既有混凝土梁受弯时变抗力计算公式。与其他时变计算抗力公式相比，该计算公式体现了混凝土损伤和钢筋损伤及材料性能随时间劣化对抗力的影响，且相对于其他公式简化了计算。

(3) T 形截面梁抗弯承载力时变判断计算公式。随着时间的推移，混凝土强度不断降低以及钢筋的锈蚀，可能使设计的 I 类 T 形转化为 II 类 T 形，或者 II 类 T 形转化为 I 类 T 形，结合时变可靠度和材料的时变强度特点，T 形截面的时变判断计算公式可按式(4-62)来判别 T 形截面既有受弯梁是 I 类还是 II 类。计算公式如下：

$$f_c(t) b h_1 \geq f_y A_{s0} g(t) \quad (4\text{-}62)$$

其中，

$$g(t) = \begin{cases} 1 & t \leq t_1 \\ 1 - \dfrac{2\lambda'(t-t_1)}{r_0} & t > t_1 \end{cases} \quad (4\text{-}63)$$

若满足式(4-62)则为 I 类 T 形截面，抗力则按照式(4-58)计算；不满足式(4-62)则为 II 类 T 形截面，抗力则按照式(4-60)计算。

2) 结构构件计算模式的不确定性

结构构件计算模式的不确定性，主要是指抗力计算中采用的基本假设和计算公式不精确等引起的变异性。结构构件计算模式不确定性常用随机变量 K_P 表示。通过对 K_P 进行统计分析，就可求得其平均值 μ_{K_P} 和变异系数 V_{K_P}。现将五种桥梁基本构件的 K_P 统计结果列于表 4.2。

表 4.2 桥梁基本构件 K_p 统计表

构件类型	截面形式	μ_{K_P}	V_{K_P}
轴压(短柱)	矩形	1.001	0.070
偏压(短柱)	矩形	1.070	0.095
	圆形	0.948	0.112

构件类型	截面形式	μ_{K_P}	V_{K_P}
受弯	矩形	1.106	0.063
偏心受拉	矩形	1.134	0.012
受弯	矩形	1.697	0.486
	T形	1.932	0.216

3. 在役桥梁的荷载效应模式

1) 荷载与荷载效应的关系

目前一般是用荷载效应对现役桥梁的剩余使用年限进行预测，而非荷载。而荷载效应与荷载之间可以用相似线性关系表示，即：

$$S = CQ \tag{4-64}$$

式中，S为荷载效应；Q为荷载；C为荷载效应系数。

由式(4-64)，荷载效应S的平均值及均方差可以由荷载Q求得，它们的统计规律是一致的。

2) 在役桥梁结构的恒载

(1) 在役桥梁的恒载模型。

桥梁的恒载又被称为永久荷载，是长久作用于结构上的不变荷载，可以认为在目标有效期内是保持不变的。所以可以采取随机变量概率模型来分析。

为了把不同型式(如不同梁的型式、不同跨度、不同截面形状、不同桥面铺装层厚度等)下永久荷载的实际检测值，近似地转化为统一的样本。将实测值与标准值的比值作为基本统计对象[6,7]。

目前业内对桥梁永久荷载的概率模型已经形成共识，即认为桥梁永久荷载呈正态分布，且不随时间发生变化[6]。对铺装层的研究表明，铺装层自身荷载占结构自身荷载的比例对其参数基本无影响。文献[7]对沥青混凝土结构构件和水泥混凝土结构构件的统计参数进行了研究，得出前者要比后者的统计参数大，即后者的质量比较差，保守统计，结构的参数一般取前者，认为桥梁恒载服从$N(1.0148G_K, 0.0437G_K)$的正态分布，即桥梁恒载的统计参数为

$$\begin{cases} \mu_G = 1.0148G_K \\ \sigma_G = 0.0437G_K \end{cases} \tag{4-65}$$

式中，μ_G、σ_G分别为桥梁永久荷载的均值和均方差；G_K为桥梁永久荷载设计值，对现役桥梁而言，是桥梁结构现有实际体积与材料标准重度的乘积。

(2) 在役结构的恒载效应模型。

由于荷载效应与荷载之间可以按相似线性关系处理，可得出桥梁永久荷载效应与桥梁永久荷载的概率分布一致的规律，区别是概率分布中的均值与均方差不一样。由式(4-65)得出在役桥梁永久荷载效应的分布参数为

$$\begin{cases} \mu_{GX} = 1.0148 S_G \\ \sigma_{GX} = 0.0437 S_G \\ S_G = CG_K \end{cases} \quad (4\text{-}66)$$

3) 在役结构的车辆荷载效应模型

(1) 车辆荷载效应函数。

桥梁中对车辆荷载效应的影响因素比较多，如车辆自重、车轴间距、车辆间距、车流量等，这些因素很难将直观的数据应用到桥梁可靠度分析中。此外，现役桥梁剩余寿命预测中采用的仅仅是车辆荷载效应。所以在本节主要讨论车辆荷载效应模型。

为了把不同梁的型式、跨度等因素影响下统计出的结果进行对比，首先必须要将不同因素影响下的结果转换成同一因素影响下的结果。目前，国内标准给出的有车辆荷载效应标准值，通常把与它的比值应用到车辆荷载效应的研究中，即对参数(如下)进行无量纲分析研究：

$$K_{S_Q} = \frac{S_Q}{S_{QX}} \quad (4\text{-}67)$$

式中，S_Q 为实测车辆荷载效应值；S_{QX} 为标准车辆荷载效应值[6,7]。

工程上一般采用极值 I 型分布对车辆荷载效应进行分析计算。文献[7, 8]给出，无论是正态分布还是极值 I 型分布，剪力效应对荷载效应的影响都比较小。所以，把弯矩效应的取值作为荷载效应基准值的基础。通过对设计基准期内弯矩效应的研究，总结出了其最大值的统计参数(表 4.3)。以下车辆荷载效应以设计基准期 T 为标准，国内一般选用 100 年。本研究也采用极值 I 型分布。

极值 I 型分布函数如下：

$$F_T(x) = \exp\left\{-\exp\left[\frac{(x-\beta)}{\alpha}\right]\right\} \quad (4\text{-}68)$$

式中，α、β 为常数，它们与平均值 μ 和标准差 σ 的关系为

$$\begin{cases} \alpha = \dfrac{\sigma}{1.2826} \\ \beta = \mu - 0.5722\alpha \end{cases} \quad (4\text{-}69)$$

表 4.3 设计基准期 T 年内车辆荷载效应最大值的统计参数

	车辆运行状态	效应种类	分布类型	平均值	标准差
设计基准期最大值分布	一般运行状态	弯矩	极值 I 型分布	$0.6961Q_k$	$0.1076Q_k$
		剪力		$0.6083Q_k$	$0.0962Q_k$
	密集运行状态	弯矩		$0.7995Q_k$	$0.0689Q_k$
		剪力		$0.7187Q_k$	$0.0553Q_k$

注：Q_k 为车辆荷载效应规范值。

(2) 在役结构车辆荷载效应模型。

设计基准期指的是一个选定的时间段，可以作为评定各种可变作用取值以及与时间有关的材料性能取值的基础；设计使用寿命指的是结构或结构构件不需要大的维修而能够按

预定目的使用的时间段。当结构的使用寿命超过设计基准期时,表明结构的可靠指标可能低于目标可靠指标[9,10]。公路桥梁的设计基准期 T 统一取为 100 年。

根据前述,在结构的概率极限状态设计中,通常将车辆荷载随机过程概率模型在设计基准期内转化为随机变量概率模型来描述,进一步确定可变荷载的设计值和标准值,所以作用效应 S_Q 的分布类型和特征值是根据设计基准期来确定的。对在役桥梁进行评定时,因为目标评估期 T' 不同于设计基准期 T,因此车辆荷载效应的最大值分布函数将不同于设计基准期 T 内的最大值分布函数,所以需要对车辆荷载效应的最大值分布函数进行二次评估。假定目标评估期 T' 内车辆荷载效应随机过程与设计基准期 T 内车辆荷载效应随机过程完全一致,是目前比较通用的方法。只是目标评估期 T' 已不能等同于设计基准期 T,由此可以得出目标评估期 T' 内车辆荷载效应的最大值分布函数。

由平稳二项随机过程可得,设计基准期 T 年内车辆荷载效应的最大值分布函数 $F_T(x)$ 与其任意时间点的分布函数 $F(x)$ 有如下关系:

$$F_T(x) = [F(x)]^N \tag{4-70}$$

式中,$N = p \times r$,为在设计基准期 T 内车辆荷载效应平均出现的次数,$r = \dfrac{T}{\tau}$,即将设计基准期 T 等分为 r 个相等的时段 τ。

同理,目标评估期 T' 年内车辆荷载效应的最大值分布函数 $F_{T'}(x)$ 可由其任意时间点的分布函数 $F(x)$ 表示:

$$F_{T'}(x) = [F(x)]^{N'} \tag{4-71}$$

式中,$N' = p \times r'$,为目标评估期 T' 内车辆荷载效应平均出现的次数,$r' = \dfrac{T'}{\tau}$,即将目标评估期 T' 等分为 r' 个相等的时段 τ。

联立上述公式,可以求得:

$$\begin{cases} N' = \dfrac{T'}{T} N \\ F_{T'}(x) = [F_T(x)]^{\frac{N'}{N}} = [F_T(x)]^{\frac{T'}{T}} \end{cases} \tag{4-72}$$

式(4-72)就是在不考虑交通流量变化等因素的情况下,目标评估期 T' 内车辆荷载效应的最大值分布函数 $F_{T'}(x)$ 与设计基准期 T 内车辆荷载效应的最大值分布函数 $F_T(x)$ 之间的关系。其中,目标评估期 T' 内车辆荷载效应最大值分布函数的均值 $\mu_{T'}$ 和均方差 $\sigma_{T'}$ 能够用设计基准期 T 内车辆荷载效应最大值分布函数的均值 μ_T 和均方差 σ_T 以函数的形式表达出来:

$$\begin{cases} \mu_{T'} = \mu_T + \dfrac{\sigma_T \ln\left(\dfrac{T'}{T}\right)}{1.2826} \\ \sigma_{T'} = \sigma_T \end{cases} \tag{4-73}$$

4.3.2 简支梁桥的非概率可靠度计算

1. 桥梁结构抗力的计算

1)工程概况

本研究以云南省昆明市某钢筋混凝土简支梁桥为例,桥宽8.8m,计算跨径为25.0m,桥面净空为7.0m,设计荷载为汽-20,主梁翼缘板刚性连结,混凝土标号为30号,钢筋等级为Ⅱ级,桥面铺装有9cm厚沥青铺装层、10cm厚钢筋混凝土铺装层,主梁横断面和单片主梁横截面示意图见图4.6。

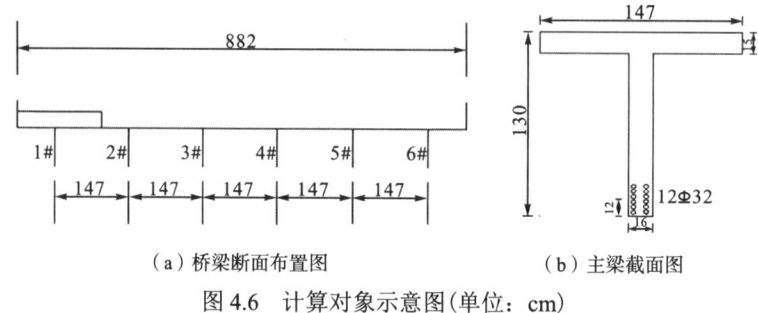

（a）桥梁断面布置图　　　（b）主梁截面图

图4.6　计算对象示意图(单位：cm)

2)结构抗力的计算

采用回弹法检测既有桥梁的混凝土强度,选择1#、2#、3#、5#四片T梁进行实测,每个实测混凝土抗压强度结果见表4.4。

表4.4　1#、2#、3#、5#T梁回弹法混凝土抗压强度检测值　　　(单位：MPa)

测区编号			1#梁							2#梁						
			1	2	3	4	5	6	7	1	2	3	4	5	6	7
回弹值	测点读数	1	34	42	36	38	37	35	38	39	42	36	40	36	40	35
		2	32	38	34	36	35	41	36	42	46	37	38	36	39	35
		3	34	40	35	42	37	42	37	37	40	39	40	35	40	38
		4	42	40	34	36	36	37	37	36	40	36	39	37	39	36
		5	36	42	36	36	42	35	37	44	36	39	38	37	36	39
		6	42	38	41	36	35	36	43	42	40	39	39	39	39	36
		7	38	40	36	39	38	36	38	42	40	37	40	36	39	36
		8	44	34	36	44	36	42	36	38	35	37	40	35	38	36
		9	38	30	41	37	38	38	38	40	42	38	40	36	40	36
		10	35	32	37	37	42	44	42	46	40	38	38	37	39	36
		11	32	41	35	41	37	35	37	39	38	39	39	37	41	36
		12	34	32	34	42	42	35	35	40	36	40	38	37	35	
		13	42	36	35	36	35	41	35	36	33	36	38	39	38	38
		14	41	43	35	38	38	33	38	33	42	37	39	35	38	38
		15	42	32	36	36	36	35	36	40	40	36	38	37	37	36
		16	34	39	35	38	38	34	35	40	40	39	40	36	36	36

续表

测区编号		3#梁							5#梁						
		1	2	3	4	5	6	7	1	2	3	4	5	6	7
回弹值	测点读数 1	38	40	38	39	36	40	39	40	36	36	35	39	39	39
	2	33	36	38	37	36	38	37	38	34	35	38	36	36	36
	3	40	36	38	38	37	38	41	40	40	42	37	35	37	37
	4	36	41	38	38	36	36	40	36	40	39	35	40	36	39
	5	33	40	37	37	36	40	40	42	38	36	37	35	40	39
	6	36	39	38	34	38	40	40	33	40	43	35	36	39	39
	7	34	43	36	36	35	38	41	38	36	36	42	36	40	41
	8	34	39	37	40	35	37	39	38	36	35	38	39	38	37
	9	36	32	39	37	38	37	40	30	42	41	38	36	41	39
	10	38	38	38	35	36	38	37	42	40	38	37	37	37	40
	11	35	40	38	37	41	39	39	34	40	36	38	41	37	36
	12	39	38	38	39	35	37	39	42	42	35	37	36	39	38
	13	46	38	37	38	34	37	41	36	40	42	38	35	42	36
	14	35	38	38	36	40	38	39	36	42	37	41	41	38	36
	15	40	38	35	38	38	38	35	42	38	44	36	34	38	37
	16	37	38	35	37	35	37	39	40	36	36	35	42	36	37

(1) 相关参数的选取和确定。

按昆明地区环境条件和所用材料,取 $k_{el} = 0.7$,$k_{ei} = 1.0$,$k_t = 1.5$,$f_{cu,k} = 20.1\text{MPa}$,代入式(4-55)中可以求得混凝土碳化系数 $k_c = 3.3$。

昆明地区的年平均相对湿度 $RH = 50\%$,平均温度 $T = 20℃$,混凝土保护层厚度为 $C = 19\text{mm}$,则可求出碳化残量 $x_0 = 2.4$;再将 k_c、x_0 代入式(4-53)中,就求出该实例钢筋开始锈蚀的时间为 $t_c = 25.9\text{a}$。再根据式(4-52)可得钢筋的锈蚀速度 $\lambda' = 0.00831\text{mm/年}$。

确定混凝土强度。混凝土材料强度的现场检测主要采用回弹法抽样检测,本桥抽取1#、2#、3#、5#T梁检测其混凝土强度,同时考虑混凝土碳化的影响。T梁混凝土强度回弹检测结果见表4.4。

对已经测得的数据进行处理,可以求得其平均值和标准差分别为:$\mu_{f_{cu}}(t) = 37.95\text{MPa}$;$\sigma_{f_{cu}}(t) = 2.5538\text{MPa}$;再依据式(4-50)和式(4-51)可计算出混凝土时变抗压强度的均值和标准差:$\mu_{f_{cu}}(t) = 28.0\text{MPa}$;$\sigma_{f_{cu}}(t) = 1.9\text{MPa}$。又因为混凝土时变强度服从正态分布,可以求得第25年该实例桥梁的混凝土抗压强度区间表达式为 $[24.9, 31.1]\text{MPa}$。

根据所用材料尺寸,梁翼板截面宽度 b 的实测数据见表 4.5,根据已经测得的数据和第3章的理论知识,则可以对数据进行处理,其具体步骤如下。

首先计算出数据的均值为 $\bar{x} = 1470.26\text{mm}$。

然后计算出系列中各变量 x_i 对均值的差值 $(x_1 - \bar{x}), (x_2 - \bar{x}), \cdots, (x_n - \bar{x})$ 等。再根据式(4-34)求出离均差平方的平均数的平方根,称为均方差,其值为 $\sigma = 2.9917$。

再根据式(4-35)求出表示系列离散程度的变差系数(离差系数) $C_V = 0.0020$。

再根据式(4-36)求出反映频率分布对均值的偏斜程度的偏差系数 $C_S = -0.0301$。

依据上述已经求得的值,再参考 P-III 型分布的离均系数 Φ_P 值在 MATLAB 中的计算公式(4-45),可以在 MATLAB 中求得 C_S(已定)和 $P=0.05$ 和 $P=0.95$ 时对应的 Φ_P 的值分别为 $\Phi_{P=0.05}=1.6362$ 和 $\Phi_{P=0.95}=-1.6534$。

最后根据所求的 $\Phi_{P=0.05}$ 和 $\Phi_{P=0.95}$ 值和式(4-43),可以求得 $P=0.05$ 和 $P=0.95$ 时对应的 x_P,即其区间表达式 $[x_{P=0.95}, x_{P=0.05}]$ 表示为 $[1465.3, 1475.2]$ mm。

根据所用材料尺寸,则其他部位尺寸的实测数据见表 4.6、表 4.7。依据梁翼板截面宽度 b 的具体确定方法和步骤,则可以分别求出梁肋截面宽度 b_1、主筋重心距受压边距离即截面有效高度 h_0 和梁翼板截面高度 h_1 的具体区间表达形式分别为 $[175.5,185.1]$mm、$[1175.1,1185.9]$mm、$[145.0,155.6]$mm。

表 4.5 梁翼板截面宽度 b 的实测数据

序号	梁翼板截面宽度 b 的实测数据/mm				
1	1469.49	1464.46	1468.97	1472.21	1471.29
2	1474.10	1469.91	1471.95	1465.82	1468.13
3	1464.10	1468.89	1471.13	1476.91	1472.38
4	1469.99	1469.80	1467.14	1467.83	1469.27
5	1472.72	1464.34	1470.65	1468.63	1473.47
6	1469.75	1473.12	1465.76	1473.80	1470.66
7	1469.37	1469.21	1471.11	1471.42	1466.09
8	1470.48	1471.22	1471.61	1465.37	1470.73
9	1469.78	1471.05	1472.40	1469.91	1471.60
10	1467.61	1474.22	1477.23	1470.22	1475.47

表 4.6 梁肋截面宽度 b_1 的实测数据

序号	梁肋截面宽度 b_1 的实测数据/mm				
1	183.37	176.67	178.63	179.36	182.32
2	181.70	179.96	185.56	176.67	178.48
3	182.71	179.18	177.47	184.30	182.46
4	180.31	177.43	177.82	178.41	177.47
5	180.99	182.36	184.30	178.03	185.66
6	176.52	178.65	179.35	179.94	178.38
7	176.07	181.44	186.88	177.70	181.75
8	182.91	174.89	183.38	176.48	181.29
9	177.34	181.57	180.17	181.01	180.68
10	180.11	184.20	174.43	180.36	177.21

表 4.7 梁翼板截面高度 h_1 的实测数据

序号	梁翼板截面高度 h_1 的实测数据/mm				
1	152.88	147.63	149.42	149.00	154.61
2	147.29	149.87	151.26	151.36	144.62
3	149.78	150.50	148.19	145.61	150.36
4	155.47	148.90	148.03	146.55	148.98
5	150.81	147.11	151.26	150.94	149.09
6	153.08	148.89	152.76	149.76	158.20
7	148.54	147.66	155.48	153.01	147.84
8	154.68	152.13	151.52	153.18	152.95
9	140.57	153.01	149.99	156.79	145.65
10	151.64	150.72	153.13	149.38	150.54

确定钢筋截面积。通过查表可求得钢筋的截面积 $A_{s0} = 9651\text{mm}^2$。确定钢筋强度。Ⅱ级钢筋的抗拉强度为 $f_y = 280\text{MPa}$。

(2) 抗力计算。

首先进行截面类型的判断。T 形截面的时变判断计算公式可按式(4-62)来判别 T 形既有受弯梁是Ⅰ类还是Ⅱ类,计算公式如下:

$$f_c(t)bh_1 = 6192.0\text{kN} \geq f_y A_{s0} g(t) = 2702.3\text{kN}$$

可以判断 $t = 25\text{a}$ 时,该截面为Ⅰ类 T 形,抗力则按照式(4-58)计算。

式中所有系数都已计算或者表示出来,有的数据应用区间表达式来表达,根据已有的数据和第 2 章区间的运算理论可以对抗力进行求解,具体过程如下:

$$\begin{aligned} R(t) &= f_y A_{s0} g(t) \left[h_0 - \frac{f_y A_{s0} g(t)}{2 f_c(t) b} \right] \\ &= 280\text{MPa} \times 9651\text{mm}^2 \times 1 \\ &\quad \times \left[[1175.1, 1185.9]\text{mm} - \frac{280\text{MPa} \times 9652\text{mm}^2 \times 1}{2 \times [24.9, 31.1]\text{MPa} \times [1465.3, 1475.2]\text{mm}} \right] \\ &= [3175.29, 3204.43]\text{kN} \cdot \text{m} \end{aligned}$$

2. 桥梁构件荷载效应计算

1) 恒载效应计算

铺装层自重 $G_{铺装层}$:

$$25 \times 1.47 \times 6 \times (0.09 \times 12 + 0.1 \times 24) = 238.1 + 529.2 = 767.6\text{kN}$$

构件自重 $G_{构件}$:

$$(1.47 \times 0.15 + 0.18 \times 1.15) \times 25 \times 24 \times 6 = 1539.0\text{kN}$$

$$G_K = \frac{1}{6} \times \frac{(767.6 + 1539.0) \times 25}{8} = 1201.4\text{kN} \cdot \text{m}$$

$$\mu_G = 1.0148 G_K = 1219.1 \text{kN} \cdot \text{m}$$
$$\sigma_G = 0.0473 G_K = 56.8 \text{kN} \cdot \text{m}$$

假设恒载作用效应不随时间变化,即
$$\mu_{G_{25}} = \mu_G = 1219.1 \text{kN} \cdot \text{m}$$
$$\sigma_{G_{25}} = \sigma_G = 56.8 \text{kN} \cdot \text{m}$$

又因为恒载服从正态分布,则有其区间表达式为 $[1125.66, 1312.54] \text{kN} \cdot \text{m}$。

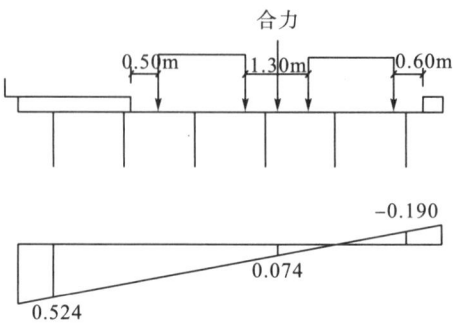

图 4.7 1#梁跨中荷载横向分布影响线

2) 车辆荷载效应计算

(1) 横向分布系数。

主梁跨中弯矩横向分布系数的计算以 1 号梁为例,按刚性横梁法计算得跨中荷载横向分布影响线如图 4.7 所示。

按最不利位置布载,得 1 号梁跨中横向分布系数为
$$m_{cq1} = 0.524 - 463.5 \times (0.524 + 0.19)/(5 \times 147) = 0.074$$

同时可得其他梁的跨中横向分布系数,见表 4.8。

表 4.8 各梁跨中横向分布系数

梁号	1#	2#	3#	4#	5#	6#
横向分布系数	0.074	0.110	0.148	0.187	0.228	0.270

(2) 主梁跨中弯矩。

主梁跨中弯矩的计算以汽-20 进行加载,如图 4.8 所示。此时,主梁跨中弯矩达到最大,最大值为

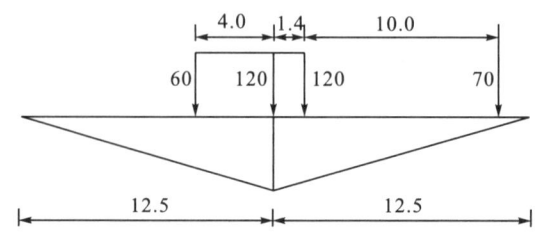

图 4.8 荷载纵向布置(轴重力单位:kN 尺寸单位:m)

$$M_{汽} = (12 \times 6.1875 + 12 \times \frac{10.975}{12.375} \times 6.1875 + 6 \times \frac{8.375}{12.375} \times 6.1875$$
$$+ 7 \times \frac{0.975}{12.375} \times 6.1875) \times 2 \times 1.15 + 78.49 = 3878.66 \text{kN} \cdot \text{m}$$

以 1 号梁为例，其所承担的最不利弯矩为

$$3800.17 \times 0.074 + 78.49 \times 0.029 = 283.5 \text{kN} \cdot \text{m}$$

各梁跨中所承担的最不利弯矩 Q_K 见表 4.9。

表 4.9 各梁跨中承担的最不利弯矩 （单位：kN·m）

梁号	1#	2#	3#	4#	5#	6#
承担弯矩	283.5	438.0	591.9	752.1	836.6	1059.3

(3) 车辆荷载效应最大值分布。

① 设计基准期最大值分布。

对 1 号梁而言，一般运行状态下：

$$\mu'_{Q_{T_0}} = 0.6961 Q_K = 0.6961 \times 1059.3 = 197.3 \text{kN} \cdot \text{m}$$
$$\sigma'_{Q_{T_0}} = 0.1092 Q_K = 0.1092 \times 283.5 = 31.0 \text{kN} \cdot \text{m}$$

密集运行状态下：

$$\mu''_{Q_{T_0}} = 0.7995 Q_K = 226.7 \text{kN} \cdot \text{m}$$
$$\sigma''_{Q_{T_0}} = 0.0689 Q_K = 19.5 \text{kN} \cdot \text{m}$$

各梁的设计基准期最大值分布参数见表 4.10。

表 4.10 各梁的设计基准期最大值分布参数 （单位：kN·m）

	梁号	1#	2#	3#	4#	5#	6#
一般运行状态	$\mu'_{Q_{T_0}}$	197.3	304.9	412.0	523.5	582.4	737.4
	$\sigma'_{Q_{T_0}}$	30.5	47.1	63.7	80.9	90.0	114.0
密集运行状态	$\mu''_{Q_{T_0}}$	226.7	350.2	473.2	601.3	668.9	846.9
	$\sigma''_{Q_{T_0}}$	19.5	30.2	40.8	51.8	57.6	73.0

假设该桥在实际运营过程中，10%的时间处于密集运行状态，90%的时间处于一般运行状态，则

$$\mu_{Q_{T_0}} = 0.1 \mu'_{Q_{T_0}} + 0.9 \mu''_{Q_{T_0}}$$
$$\sigma_{Q_{T_0}} = \sqrt{(0.1 \times \sigma'_{Q_{T_0}})^2 + (0.9 \times \sigma''_{Q_{T_0}})^2}$$

实际运营状态各梁的设计基准期最大值分布参数见表 4.11。

表 4.11　实际运营状态各梁设计基准期最大值分布的参数　　（单位：kN·m）

	梁号	1#	2#	3#	4#	5#	6#
实际运行状态	$\mu_{Q_{T_0}}$	200.2	309.4	418.1	531.3	591.0	748.3
	$\sigma_{Q_{T_0}}$	27.5	42.5	57.5	73.0	81.2	102.8

②已经使用 25a 时车辆荷载效应最大值分布。

一般运行状态下：

$$\sigma'_{Q_{25}} = \sigma_{Q_{T_0}} = 30.5 \text{kN} \cdot \text{m}$$

$$\alpha = \frac{\pi}{\left(\sqrt{6}\sigma_{Q_{T_0}}\right)} = 0.042$$

$$\mu'_{Q_{25}} = \mu_{Q_{T_0}} + \frac{\ln\left(\dfrac{T}{T_0}\right)}{\alpha} = 197.3 + \frac{\ln\left(\dfrac{25}{100}\right)}{0.042} = 164.4 \text{kN} \cdot \text{m}$$

密集运行状态下：

$$\sigma''_{Q_{25}} = \sigma_{Q_{T_0}} = 19.5 \text{kN} \cdot \text{m}$$

$$\alpha = \frac{\pi}{\left(\sqrt{6}\sigma_{Q_{T_0}}\right)} = 0.066$$

$$\mu''_{Q_{25}} = \mu_{Q_{T_0}} + \frac{\ln\left(\dfrac{T}{T_0}\right)}{\alpha} = 205.5 \text{kN} \cdot \text{m}$$

$T = 25\text{a}$ 时各梁最大值分布参数见表 4.12。

表 4.12　$T = 25\text{a}$ 时各梁最大值分布参数　　（单位：kN·m）

	梁号	1#	2#	3#	4#	5#	6#
一般运行状态	$\mu'_{Q_{25}}$	164.4	253.9	343.1	436.0	485.0	614.1
	$\sigma'_{Q_{25}}$	30.5	47.1	63.7	80.9	90.0	114.0
密集运行状态	$\mu''_{Q_{25}}$	205.5	317.5	429.1	545.3	606.5	768.0
	$\sigma''_{Q_{25}}$	19.5	30.2	40.8	51.8	57.6	73.0
实际运行状态	$\mu_{Q_{25}}$	168.5	260.3	351.7	446.9	497.2	629.5
	$\sigma_{Q_{25}}$	27.5	42.5	57.5	73.0	81.2	102.8

又因为车辆荷载效应服从极值 I 型分布函数，则它的均值和均方差已知，可以通过求解该函数的逆函数或者通过 MATLAB 软件来确定该函数的区间表达式。车辆荷载效应的区间表达式根据其体系可靠度的基本理论取最不利梁即 6#梁的实际运行状态区间表达式为 $[410.87, 829.40]\text{kN} \cdot \text{m}$。

3. 桥梁结构非概率可靠度的计算

前述求得抗力的区间表达式为 $R(t)=[3175.29,3204.43]\text{kN}\cdot\text{m}$，恒载效应的区间表达式为 $S_G=[1125.66,1312.54]\text{kN}\cdot\text{m}$，车辆荷载效应的区间表达式根据其体系可靠度的基本理论可以判断取 6#梁破坏则系统破坏，所以取最不利梁即 6#梁的弯矩区间表达式为 $S_Q(t)=[410.87,829.40]\text{kN}\cdot\text{m}$。

建立如下极限方程：
$$M=R(t)-S_G-S_Q(t) \tag{4-74}$$

区间变量标准化为
$$R(t)=3189.86+14.57\delta_R$$
$$S_G=1219.1+93.44\delta_G$$
$$S_Q(t)=829.4+209.265\delta_Q$$

将标准化后的区间变量带入式(4-74)可得：
$$M=3202.25+13.67\delta_R-(1219.1+93.44\delta_G)-(829.4+209.265\delta_Q)=0$$

比较所有变量前的系数，发现 δ_Q 前面的系数最大，所以令其他变量为 0，则有
$$M(0,0,\delta_Q)=0$$

可以求解出 $\delta_R=6.51$，则有 $\eta=|\delta_R|=|\delta_G|=|\delta_\mu|=|\delta_Q|<6.51$，确定了各变量的取值范围为：$[-6.51,6.51]$。

在确定的取值范围内求导并判断：
$$\frac{\partial M}{\partial \delta_R}=13.67>0$$
$$\frac{\partial M}{\partial \delta_G}=-93.44<0$$
$$\frac{\partial M}{\partial \delta_Q}=-209.265<0$$

根据求导，可得
$$\delta_R=-\delta,\quad \delta_G=\delta,\quad \delta_Q=\delta$$

参照步骤可得：$M=1363.015-316.375\delta=0$

解得 $\eta=4.31$，对实数取绝对值，得出 $\eta=4.31>1$，可以判定此时结构可靠。

4.3.3 桥梁的时变非概率可靠度计算及剩余寿命预测

1. 桥梁时变结构抗力的计算

1) 影响时变抗力的因素的确定

(1) 不变的数据。

假定钢筋的锈蚀速度不变，即 $\lambda'=0.00831$。

假定所用材料尺寸包括梁翼板截面宽度 b、梁肋截面宽度 b_1、主筋重心距受压边距离即截面有效高度 h_0 和梁翼板截面高度 h_1 的具体区间表达形式分别为[1465.3,1475.2]、[175.5,185.1]、[1175.1,1185.9]、[145.0,155.6],保持不变。

假定钢筋截面积保持不变,钢筋的截面积 $A_{s0} = 9651 \text{mm}^2$。

假定钢筋强度保持不变,II级钢筋的抗拉强度 f_y=280MPa。

(2) 随着时间变化的数据。

因为前面已经算得该简支桥钢筋开始锈蚀的时间为 $t_c = 25.9\text{a}$,则:

$$g(t) = \begin{cases} 1 & t \leq t_1 \\ 1 - \dfrac{2 \times 0.00831 \times (t - 25.9)}{16} & t > t_1 \end{cases}$$

其计算结果见表4.13。

混凝土时变抗压强度 $f_c(t)$,可以由时变立方体抗压强度 $f_{cu}(t)$ 换算公式(4-47)以及混凝土立方体抗压强度 $f_{cu}(t)$ 的平均值和标准差函数公式(4-48)和式(4-49)求得。且因为第25a根据已经测得的数据可以对数据进行处理,可以计算出混凝土时变抗压强度的均值和标准差分别为:$\mu_{f_{cu}}(t) = 28.0\text{MPa}$;$\sigma_{f_{cu}}(t) = 1.9\text{MPa}$。又因为混凝土时变强度服从正态分布,根据第2章的内容可以求得第25a该实例桥梁的混凝土抗压强度区间表达式为[24.9,31.1]MPa,则可以计算出接下来每一年混凝土抗压强度的区间表达式,其计算结果见表4.14。

表4.13 $T = n\text{a}$ 时 $g(t)$ 计算结果

T/a	30	35	40	45	50	55	60	65
$g(t)$	0.996	0.991	0.985	0.980	0.975	0.970	0.965	0.959
T/a	70	75	80	85	90	95	100	
$g(t)$	0.954	0.949	0.944	0.939	0.933	0.928	0.923	

表4.14 $T = n\text{a}$ 时混凝土时变抗压强度的计算结果

T/a	$\dfrac{\mu_{f_c}(t)}{\mu_{f_{cu,0}}}$ /MPa	$\dfrac{\sigma_{f_c}(t)}{\sigma_{f_{cu,0}}}$ /MPa	$\mu_{f_c}(t)$ /MPa	$\sigma_{f_c}(t)$ /MPa	区间/MPa
30	0.9985	1.5859	27.60	2.04	[24.2,31.0]
35	0.9852	1.6983	27.24	2.19	[23.6,30.8]
40	0.9730	1.8107	26.90	2.33	[23.1,30.7]
45	0.9616	1.9231	26.58	2.48	[22.5,30.7]
50	0.9509	2.0354	26.29	2.62	[22.0,30.6]
55	0.9410	2.1478	26.01	2.77	[21.5,30.5]
60	0.9316	2.2602	25.75	2.91	[21.0,30.5]
65	0.9228	2.3726	25.51	3.06	[20.5,30.5]

续表

T/a	$\dfrac{\mu_{f_c}(t)}{\mu_{f_{cu,0}}}$ /MPa	$\dfrac{\sigma_{f_c}(t)}{\sigma_{f_{cu,0}}}$ /MPa	$\mu_{f_c}(t)$ /MPa	$\sigma_{f_c}(t)$ /MPa	区间/MPa
70	0.9144	2.4850	25.28	3.20	[20.0,30.5]
75	0.9065	2.5974	25.06	3.35	[19.5,30.6]
80	0.8989	2.7098	24.85	3.49	[19.1,30.6]
85	0.8917	2.8222	24.65	3.64	[18.7,30.6]
90	0.8849	2.9346	24.46	3.78	[18.2,30.7]
95	0.8783	3.0470	24.28	3.93	[17.8,30.7]
100	0.8719	3.1594	24.10	4.07	[17.4,30.8]

2) 时变抗力的计算和确定

(1) 截面类型的判断。可按式(4-62)来判别 T 形截面既有受弯梁是 I 类还是 II 类。其计算结果见表 4.15。

(2) 抗力的计算。通过上面的判断，可以确定 $T=n\text{a}$ 时该截面为 I 类还是 II 类 T 形截面，抗力则按照式(4-58)或者式(4-60)进行计算，可以求出时变抗力的具体区间表达形式，计算结果见表 4.15。

表 4.15 $T=n\text{a}$ 时混凝土时变抗力的计算结果

T/a	截面类型	时变抗力区间/(kN·m)
30	I 类 T 形截面	[3167.77,3190.78]
35	I 类 T 形截面	[3145.28,3174.13]
40	I 类 T 形截面	[3128.78,3157.49]
45	I 类 T 形截面	[3112.29,3140.84]
50	I 类 T 形截面	[3095.80,3124.19]
55	I 类 T 形截面	[3079.31,3107.55]
60	I 类 T 形截面	[3062.82,3090.90]
65	I 类 T 形截面	[3046.33,3074.25]
70	I 类 T 形截面	[3029.84,3057.61]
75	I 类 T 形截面	[3013.35,3040.96]
80	I 类 T 形截面	[2996.86,3024.31]
85	I 类 T 形截面	[2980.37,3007.67]
90	I 类 T 形截面	[2963.87,2991.02]
95	I 类 T 形截面	[2947.38,2974.37]
100	I 类 T 形截面	[2930.89,2957.72]

2. 桥梁结构时变荷载效应的计算

(1) 恒载效应的计算。因为恒载作用效应不随时间变化,即

$$\mu_{G_{25}} = \mu_G = 1219.1 \text{kN} \cdot \text{m}$$

$$\sigma_{G_{25}} = \sigma_G = 56.8 \text{kN} \cdot \text{m}$$

又因为恒载服从正态分布,则其区间表达式为 $[1125.66, 1312.54] \text{kN} \cdot \text{m}$。

(2) 在役结构车辆荷载效应模式。根据表 4.10 和表 4.12 数据,通过计算可以得出 $T = 30\text{a}, T = 35\text{a}, \cdots, T = 100\text{a}$ 时,最不利梁 6#梁的最大值分布参数。又因为车辆荷载效应服从极值Ⅰ型分布函数,则它的均值和均方差已知,则可以通过求解该函数的逆函数或者通 MATLAB 软件来确定该函数的区间表达式。具体结果见表 4.16。

表 4.16 $T = n\text{a}$ 时最不利梁最大值分布的参数和区间

T/a	一般运行状态/(kN·m)		密集运行状态/(kN·m)		实际运行状态/(kN·m)		区间表达式/(kN·m)
	平均值	标准差	平均值	标准差	平均值	标准差	
30	630.3	114.0	778.4	73.0	645.1	102.8	[339.76, 757.89]
35	644.0	114.0	787.1	73.0	658.3	102.8	[352.96, 771.09]
40	655.9	114.0	794.7	73.0	669.8	102.8	[364.46, 782.59]
45	666.4	114.0	801.4	73.0	679.9	102.8	[374.56, 792.69]
50	675.7	114.0	807.4	73.0	688.9	102.8	[383.56, 801.69]
55	684.2	114.0	812.9	73.0	697.1	102.8	[391.76, 809.89]
60	692.0	114.0	817.8	73.0	704.5	102.8	[399.16, 817.29]
65	699.1	114.0	822.4	73.0	711.4	102.8	[406.06, 824.19]
70	705.7	114.0	826.6	73.0	717.8	102.8	[412.46, 830.59]
75	711.8	114.0	830.5	73.0	723.7	102.8	[418.36, 836.49]
80	717.5	114.0	834.2	73.0	729.2	102.8	[423.86, 841.99]
85	722.9	114.0	837.7	73.0	734.4	102.8	[429.06, 847.19]
90	728.0	114.0	840.9	73.0	739.3	102.8	[433.96, 852.09]
95	732.8	114.0	844.0	73.0	743.9	102.8	[438.56, 856.69]
100	737.4	114.0	846.9	73.0	748.3	102.8	[442.86, 860.99]

3. 实桥结构时变非概率可靠度的计算及剩余寿命预测

根据已经求得的 $T = n\text{a}$ 的结构时变抗力的区间表达式、恒载的区间表达式以及最不

利梁的区间表达式，结合非概率可靠度的求解方法和步骤，则可以求得$T=n\,\mathrm{a}$时的非概率可靠度的值，其计算结果见表4.17。

表4.17 $T=n\,\mathrm{a}$时桥梁的非概率可靠度指标

T/a	30	35	40	45	50	55	60	65
$\eta(t)$	4.44	4.35	4.26	4.18	4.10	4.02	3.95	3.87
T/a	70	75	80	85	90	95	100	
$\eta(t)$	3.80	3.73	3.66	3.60	3.53	3.46	3.40	

分析上面的数据可以明显看出，在设计基准期$T=100\,\mathrm{a}$内，桥梁的非概率可靠度值均大于1，所以可以判定该简支桥在设计基准期内不会破坏，可以满足日常的使用要求。

本节在同时考虑混凝土损失和钢筋损伤及材料劣化的情况下，分析了T形截面既有受弯钢筋混凝土梁承载力时变的计算模型，给出了时变抗力计算的简化公式，针对既有T形截面受弯梁承载力的计算特点，给出了判别是Ⅰ类还是Ⅱ类既有T形截面受弯梁承载力时变的判断条件。而在求解时变抗力时，在对实测数据的处理过程中，采用4.2节所提出的正、负偏曲线理论来进行具体的分析和计算，可以求出各个抗力统计参数的区间表达形式，再依据4.1节区间的运算规律，可以直接求出抗力的区间表达形式。又通过桥梁的荷载效应计算，可以得出恒载效应和车辆荷载效应的区间表达形式。

通过简支梁桥工程实例分析，可以用4.3节非概率可靠度的求解方法来对T形截面进行非概率时变可靠度的具体计算和评估。最终判定该实例简支桥在设计基准期内不会破坏，可以满足日常的使用要求。

本章参考文献

[1] 秦权, 贺瑞, 杨小刚. 在时变结构可靠度领域中有必要澄清一个错误概念[J]. 工程力学, 2009, 29(8): 201-204.

[2] 黄洪钟. 对常规可靠性理论的批判性评述——兼论模糊可靠性理论的产生、发展及应用背景[J]. 机械设计, 1994(3): 1-5.

[3] 王光远. 论不确定性结构力学的发展[J]. 力学进展, 2002, 32(2): 205-211.

[4] 郭书祥, 吕震宙. 基于区间分析的结构非概率可靠性模型[J]. 计算力学学报, 2001, 18(1): 56-60.

[5] 牛荻涛, 王庆霖. 一般大气环境下混凝土结构经时变化模型[J]. 工业建筑, 1995, 21(6): 36-38.

[6] 李扬海, 鲍卫刚, 郭修武, 等. 公路桥梁结构可靠度与概率极限状态设计[M]. 北京: 人民交通出版社, 1997.

[7] 杨伟军, 梁兴文, 张建仁. 服役桥梁结构评估荷载分析[J]. 中南公路工程, 2002, 27(3): 31-33.

[8] 王有志, 王广洋, 任峰, 等. 桥梁的可靠性评价与加固[M]. 中国水利水电出版社, 2002.

[9] 李扬海, 鲍卫刚, 郭修武, 等. 公路桥梁结构可靠度与概率极限状态设计[M]. 北京: 人民交通出版社, 1997.

[10] 赵羽习. 钢筋混凝土结构黏结性能和耐久性的研究[D]. 杭州: 浙江大学, 2001.

[11] 苏小培. 基于凸集模型的桥梁非概率可靠度研究[D]. 昆明: 云南大学, 2015.

第 5 章 桥梁基准有限元模型

基准模型是监测系统的基础,如果有限元模型不能真实反映结构性能,就不能够为监测系统提供有效的基准值。目前模型修正主要有矩阵法和物理参数法两种,矩阵法缺乏明确的物理意义,直接修改有限元的刚度矩阵和质量矩阵;物理参数法是直接修正结构参数,物理意义明确便于理解和计算。

物理参数法包含两个方面的意义:一个是修正参数,另一个是目标参数。目标参数一般是桥梁的模态、阵型和相关系数。这个修正过程实际就是对包含模态参数残差向量的灵敏度矩阵求最优解,当然求得的最优解要符合参数的物理意义。具体来说,就是基于成桥荷载试验和施工监控,使修正后模型的计算值与由监测数据得到的响应值尽量一致,使得修正后的模型尽量精确。这种方法使大量参数的修正成为可能。本章以施工监控和荷载试验为基准说明建立基准模型的方法。

5.1 基于施工监控的模型修正

线形和结构内力是评判施工监控结果的两个主要指标,施工监控的过程控制是一个基于"预测—测量—误差分析"的循环过程,也是一个模型修正的过程,得到成桥后的模型可以作为监测系统的基准模型。

在连续刚构桥建设中,能适应较宽桥面要求的单箱单室箱形截面梁被广泛采用,箱梁截面形式具有横向翼缘板宽、腹板间距大和箱壁薄等特点,但剪力滞效应很明显,造成截面应力分布不均匀,严重时有可能威胁到桥梁结构的安全。连续刚构桥施工监控的计算模型一般采用平截面假定,利用杆系程序进行整体纵向计算,无法考虑剪力滞效应,只是根据经验加大剪力滞系数来计算,既不安全也不经济。本节以云南某高速公路上的三岔沟特大桥为例,建立有限元计算模型,主要从施工阶段的剪力滞效应和预应力导致的应力集中出发,评估截面应力的不均匀性。

1. 剪力滞效应概念

根据初等梁理论中的平截面假定,不考虑剪切变形效应对纵向位移的影响,箱梁的两腹板处在对称竖向荷载作用下,沿梁宽度方向上、下翼板的正应力是均匀分布的。但由于在宽翼箱梁中沿翼缘板宽度方向剪切变形的非均匀分布,引起弯曲时腹板的翼板纵向位移滞后于近肋板处的翼板纵向位移,而弯曲正应力的横向分布呈曲线形。剪力滞效应非均匀弯曲应力分布如图 5.1 所示。这种由翼缘板的剪切变形造成沿宽度方向弯曲正应力的非均匀分布,在美国称为"剪力滞效应",英国则称为"弯曲应力离散"。靠近腹板处的纵向应力若大于靠近翼缘板中点或悬臂板边缘处的纵向应力,称为"正剪力滞";反之,则称为"负剪力滞"。

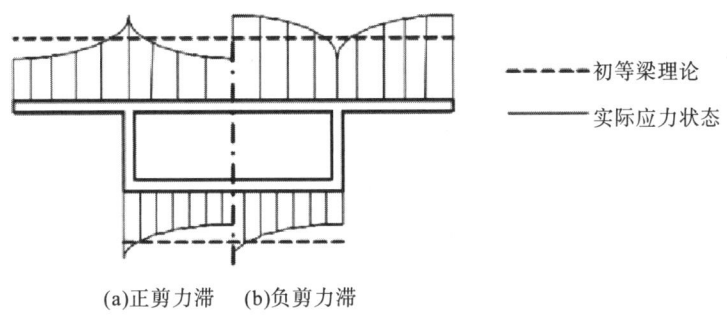

(a)正剪力滞 (b)负剪力滞

图 5.1 剪力滞效应非均匀弯曲应力分布图

2. 施工阶段剪力滞效应

大跨径连续刚构桥在施工全过程中，主梁截面应力是一个不断变化的过程，在某个施工阶段的内力有可能大于全桥合龙后成桥状态的内力，也正是由于这种情况的出现，将会导致施工阶段的内力取代全桥合龙后成桥的内力，被当做全桥设计的截面内力控制值。因此在进行大跨度连续刚构桥设计时要充分考虑施工过程的剪力滞效应。而施工过程中剪力滞系数的变化幅度较大。因此，应重视施工过程中的剪力滞效应，尤其是负剪力滞效应的影响，可能会造成桥面板的破损与失稳[1]。

3. 预应力作用下箱梁剪力滞效应

预应力混凝土箱梁具有刚度大，建成后养护、维修量少及噪声小等优点，是高速公路、高速铁路和市政交通桥梁的首选主梁结构体系。为了提高预应力筋抵抗梁体外荷载的作用，现代混凝土箱梁中的预应力束常采用直线、曲线或折线形式，其作用一方面是给梁体提供较大的轴向压力，另一方面是提供强大的抵抗弯矩力。箱梁因其薄壁结构特点，在预应力荷载弯矩作用下，必然产生剪力滞效应。

蔺鹏臻明确提出[2]：对连续梁桥而言，预应力作用考虑次内力及其剪力滞效应后，梁体的偏心距将与预应力钢束的重心线相偏离。预应力剪力滞效应产生的附加弯矩进一步增大了截面的预应力偏心距。在等效荷载为集中力和集中弯矩的部位以及中支点部位，截面偏心距均随剪力滞效应的增大而增大，而剪力滞效应较弱的曲线布束段截面偏心距改变较小。

5.1.1　施工阶段主要截面剪力滞效应分析

三岔沟大桥（右线）为麻昭高速公路上跨越三岔沟的一座特大桥，主跨为(95+180+95)m 连续刚构(图 5.2)，根部及跨中截面如图 5.3、图 5.4 所示。

1. 有限元计算模型

空间实体模型选用 MIDAS FEA 软件进行有限元建模。为计算方便取半结构进行分析，主梁及桥墩采用 3D 实体单元，预应力钢束采用 1D 单元，网格划分为 1M 自动网格线，总共划分为 373406 个实体单元。实体网格模型考虑了剪切变形对结构受力的影响，FEA 计算分析得到的正应力为空间实体网格的结果。通过计算和提取可以得到全桥各位置的正应力数据。计算模型如图 5.5 所示。

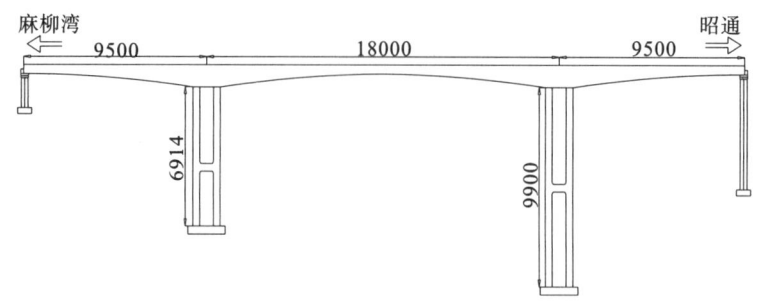

图 5.2 主桥桥型布置图（单位：cm）

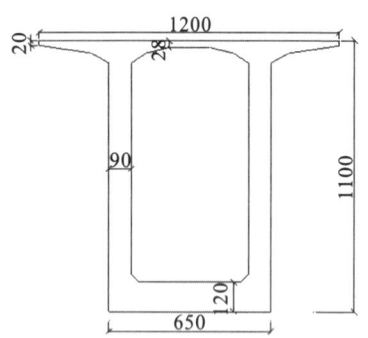

图 5.3 箱梁根部标准截面（单位：cm）

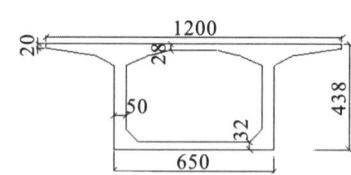

图 5.4 箱梁跨中标准截面（单位：cm）

图 5.5 三岔沟大桥计算模型

2. 测点布置

根据连续刚构桥悬臂浇筑施工期间及成桥合拢后的受力特点和 MIDAS/Civil 计算的控制截面和结合应力测试内容及理论计算分析资料，在主桥桥墩墩底、墩顶截面及主梁悬臂根部、边跨跨中、中跨 L/4、中跨跨中、中跨 3L/4 等关键截面共布设 232 个测点，测点布置如图 5.6 所示。

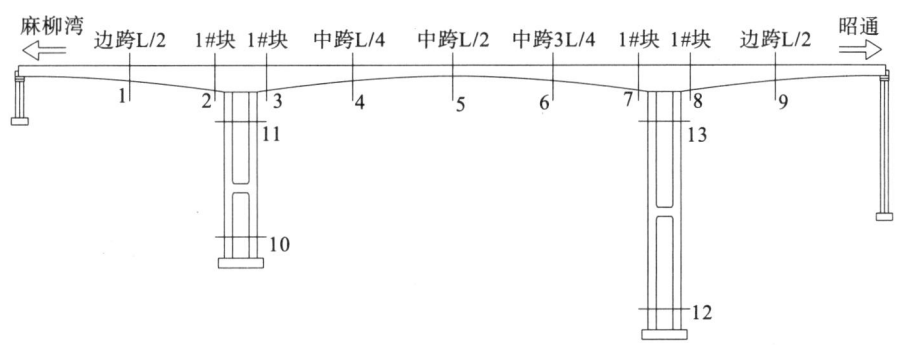

图 5.6 三岔沟大桥主梁施工监控应力应变测试截面图

3. 主要截面剪力滞效应分析

全桥主梁分为 21 个悬浇块、边跨合拢段和中跨合拢段，主要对每个块件浇筑后和预应力张拉后悬臂根部距 1 号块根部 0.5m 的 2 号和 3 号截面的正应力及剪力滞变化进行分析。这两个截面是施工监控的正应力主要控制截面。

1) 顶板正应力与剪力滞分析

由于施工节段较多，取 1 号、5 号、9 号、13 号、17 号、21 号节段预应力张拉及中跨张拉工况的应力数据作为一组；取 2 号、6 号、10 号、14 号、20 号节段浇筑混凝土、边跨合拢及中跨合拢的应力数据作为一组，对施工阶段的正应力数据进行定性分析。剪力滞系数计算采用顶板截面各观测点的正应力除以顶板正应力平均值，顶板与腹板交界处，顶板边缘正应力分别取两个截面对称位置 4 个测点的平均值，顶板中部取对称截面 2 个测点的平均值。

结果发现：每个截面横向在板肋交界处正应力较大，在顶板边缘及顶板中心处正应力较小，正应力在横向呈 W 形分布，且顶板边缘处略大于顶板中心处的正应力。截面的正应力在每个节段张拉后增大，在浇筑后减小，在张拉 18 号节段预应力钢筋时出现最大正应力，然后整体逐渐减小，截面在各个施工阶段横向的剪力滞效应明显，横断面随施工节段的增加、正应力绝对值的平均值增大，变化梯度逐渐减小，剪力滞系数逐渐向 1 收敛。

顶板板肋交界处剪力滞系数在 2 号块浇筑混凝土取得最大值，顶板边缘取得最小值，每个节段张拉完后，浇筑下一节段混凝土时剪力滞系数增大，张拉该节段预应力时剪力滞系数明显减小。

2) 底板正应力与剪力滞分析

分析数据处理方法同顶板，相同位置正应力采用平均值法取。正应力变化呈波动增加的趋势，增加到边跨合拢后趋于平缓，每个施工阶段浇筑混凝土工况下正应力减小，张拉预应力工况正应力增大，与顶板变化趋势相反，这是因为每次预应力钢束主要集中在顶板和腹板，浇筑混凝土时是顶板受拉、底板受压所致。

在浇筑 7 号块及后续工况下，底板在板肋处剪力滞系数较小，在 7 号块张拉时取得最大值，然后逐渐向 1 收敛，底板边缘处剪力滞系数在 7 号块张拉时取得最小值，然后逐渐向 1 收敛，整个底板的剪力滞效应与顶板相比较弱，基本符合平截面假定。板肋交界处剪力滞系数在张拉预应力工况下增大，在浇筑混凝土工况下减小。底板边缘处变化规律与板肋交界处相反。底板剪力滞系数在边跨和中跨合拢张拉工况下没有明显变化。

通过对三岔沟大桥主要截面(小里程距 1 号块根部 0.5m 的 2、3 截面)整个施工阶段的施工监控应力数据的定性分析处理，可以得到以下结论。

(1) 悬臂根部顶板在整个施工阶段处于受压的状态，在张拉 18 号块预应力时压应力取得最大值，在张拉预应力时正应力增大，在浇筑混凝土时正应力减小，且变化梯度越来越小。底板在张拉 7 号块预应力之前正应力较小，监控人员未采集，在浇筑 21 号块混凝土时取得最大值。在张拉预应力时正应力减小，在浇筑混凝土时正应力增大，与顶板相反，且变化梯度越来越小。

(2) 顶板的剪力滞效应较明显，板肋交界处在浇筑 2 号块混凝土时取得最大值，在施工前序工况下剪力滞效应较大，随施工节段的增加剪力滞系数减小，在 10 号块预应力张拉后减小至 1.116，后续工况下剪力滞系数变化较小，维持在 1.1 左右。底板剪力滞效应较弱，随施工节段的增加剪力滞系数减小，顶板、底板均在浇筑混凝土工况下剪力滞系数增大，在张拉预应力工况下剪力滞系数减小。说明悬臂梁根部剪力滞系数随悬臂长度的增加而减小。

(3) 顶板和底板均在悬臂施工开始前几个节段，剪力滞系数较大，但正应力平均值较小，不会出现危险值，而在后面节段剪力滞系数较小，正应力平均值较大，可能会出现控制工况，但顶板正应力大小随施工节段的增加先增大后减小，而顶板的剪力滞系数随施工节段的增加波动减小，所以要确定根部截面在全施工阶段的控制应力，应综合考虑正应力变化与剪力滞系数变化。

5.1.2 不同节段预应力张拉后应力不均匀分析

大跨径连续刚构桥在施工全过程中，主梁截面应力是一个不断波动的过程，在某个施工阶段的内力有可能大于全桥合龙后成桥状态的内力，也正是由于这种情况的出现，将会导致施工阶段的内力取代全桥合龙后成桥的内力，被当做全桥设计的截面内力控制值。在很多研究或者实际施工中均得到了这样的结论：在施工阶段中由于一些荷载，如阶段预应力张拉、挂篮移动、湿重，或施工过程中产生一些其他外荷载等，所出现的剪力滞效应将比成桥之后控制截面的更大。因此，本节主要对悬臂施工阶段全过程主梁截面的剪力滞效应进行详细分析，以求寻找到全桥在施工过程中各截面的剪力滞效应变化趋势。

1. 张拉5号块后

通过实体有限元模型计算结果,得到混凝土自重荷载、预应力张拉荷载以及挂篮荷载对1~6号块混凝土顶板正应力在横向的分布规律。定义工况:张拉5号块,安装6号块挂篮,浇筑6号块混凝土,张拉T6、W6预应力钢筋,挂篮前移下、剪力滞系数分别为λ_1、λ_2、λ_3、λ_4、λ_5。在板肋交界处附近剪力滞系数呈现的规律为:$\lambda_3 > \lambda_2 > \lambda_1 > \lambda_5 > \lambda_4$,顶板边缘处剪力滞系数呈现的规律为$\lambda_4 > \lambda_5 > \lambda_1 > \lambda_2 > \lambda_3$,从自由端向悬臂根部截面逐渐收敛(表5-1)。5号块顶板正应力分布如图5.7所示。

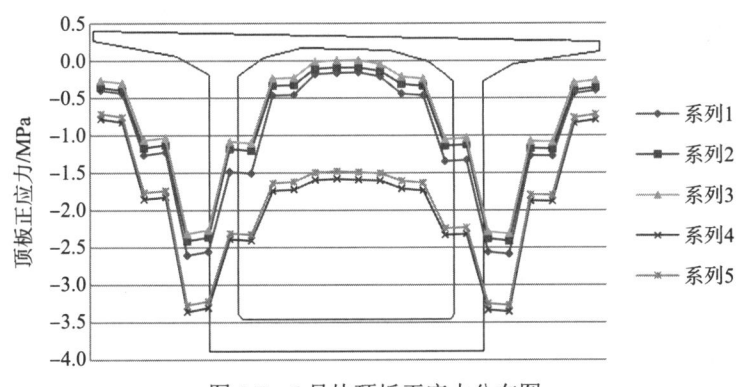

图 5.7　5 号块顶板正应力分布图

2. 张拉10号块后

张拉10号预应力筋及浇筑其混凝土工况顶板正应力云图如图5.8、图5.9所示,从右到左依次为1~10号块。可以看出顶板截面的正应力曲线分布很明显,在预应力钢筋锚点及腹板附近位置绝对值较大。在翼缘及中部正应力取得极小值。预应力钢筋锚点附近应力集中明显。不同施工阶段的正应力云图的变化趋势较明显。

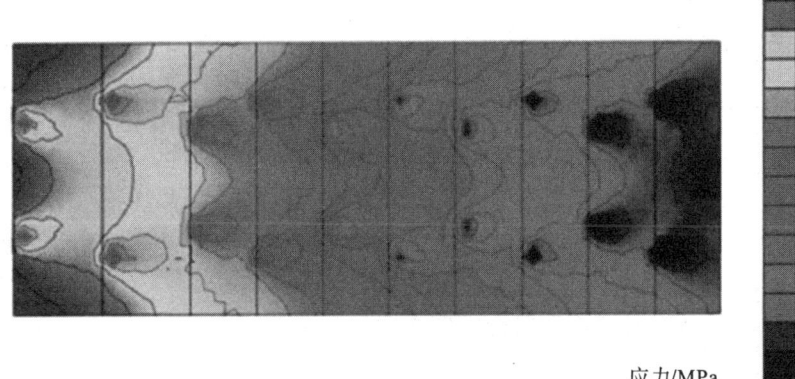

图 5.8　10 号块张拉预应力钢筋顶板应力云图

说明:图例中右侧一列表示应力,左侧一列表示该颜色的应力区域占总应力云图的比例

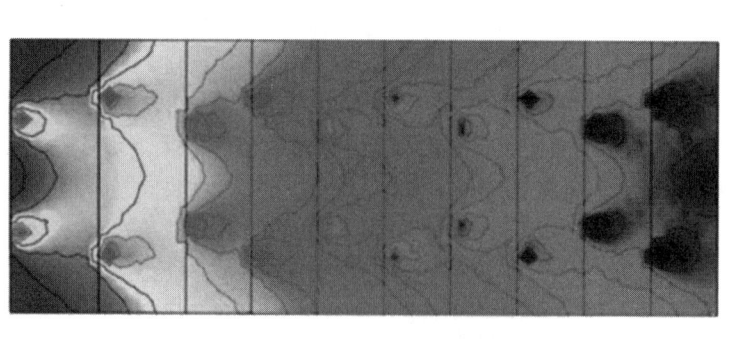

图5.9 11号块浇注混凝土顶板应力云图

通过分析可以得出：奇数号块顶板正应力绝对值极大值出现在靠腹板外侧，偶数号块顶板正应力绝对值极大值出现在靠腹板内侧，这与云图中钢筋的锚固位置及肋板位置引起的剪力滞效应对应，而在顶板中部和边缘的正应力绝对值取得极小值，在距离预应力作用和腹板约束较小的中部和边缘位置正应力绝对值取得极大值，可见预应力对剪力滞效应影响很明显。

通过对张拉10号块后续工况下顶板的剪力滞效应分析发现：各工况下肋交界剪力滞系数随块件号变化，该处网格单元截面应力较大，剪力滞系数从1～10号块逐渐增大，在前8号块递增较均匀，靠近自由端的9号、10号块剪力滞系数增大较明显，10号块在浇筑11号块混凝土工况下出现最大剪力滞系数，虽然该处剪力滞系数最大，但是平均应力值较小，即使剪力滞系数较大，但最大应力值也只有-3.5MPa，比根部附近1号块和2号块的平均应力值小得多，所以对结构安全不会构成威胁。靠近根部的1号截面的剪力滞系数较小，在浇筑11号块混凝土工况下出现最大剪力滞效应，剪力滞系数为1.140，虽然剪力滞系数较小但是该截面的平均应力较大，所以应力值也较大，很可能成为整个梁段的控制应力。

定义工况：张拉10号块，安装10号块挂篮，浇筑11号块混凝土，张拉T11、W11预应力钢筋，挂篮前移下剪力滞系数分别为λ_1、λ_2、λ_3、λ_4、λ_5。在板肋交界处附近：$\lambda_3 > \lambda_2 > \lambda_1 > \lambda_5 > \lambda_4$，在安装10号块挂篮、浇筑11号块混凝工况下剪力滞系数递增，后者递增幅度较大；在张拉11号块预应力筋工况下剪力滞系数明显减小，而且是5个连续工况的最小值，在挂篮前移后剪力滞系数增大，增量与安装11号块挂篮时的增量接近。顶板边缘处的剪力滞系数：$\lambda_4 > \lambda_5 > \lambda_1 > \lambda_2 > \lambda_3$，浇筑混凝土与张拉预应力筋对剪力滞系数影响较大，剪力滞系数大于1，从自由端向悬臂根部截面逐渐收敛。

3. 张拉15号块后

图5.10～图5.13为张拉15号块预应力筋及后续3个工况顶板正应力云图，图中从右到左依次为1～15号块。

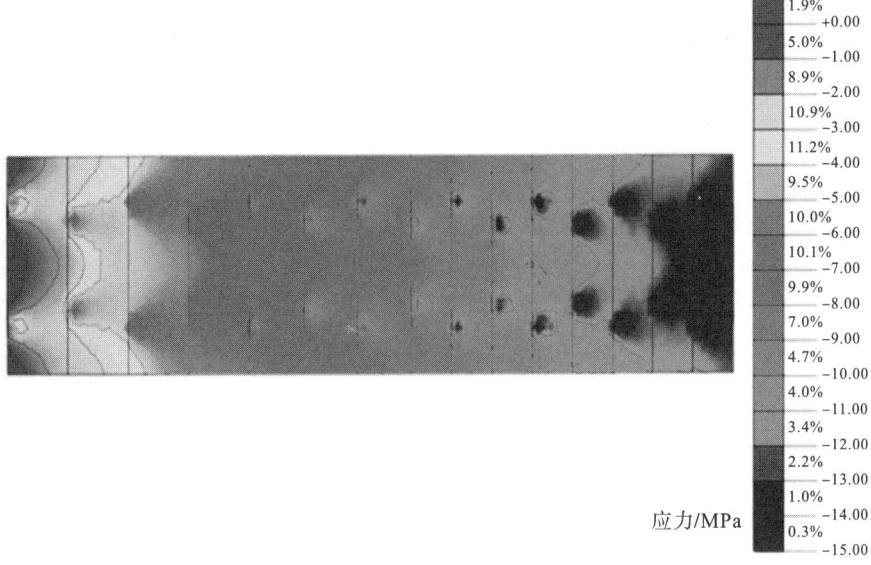

图 5.10 15 号块张拉预应力顶板应力云图

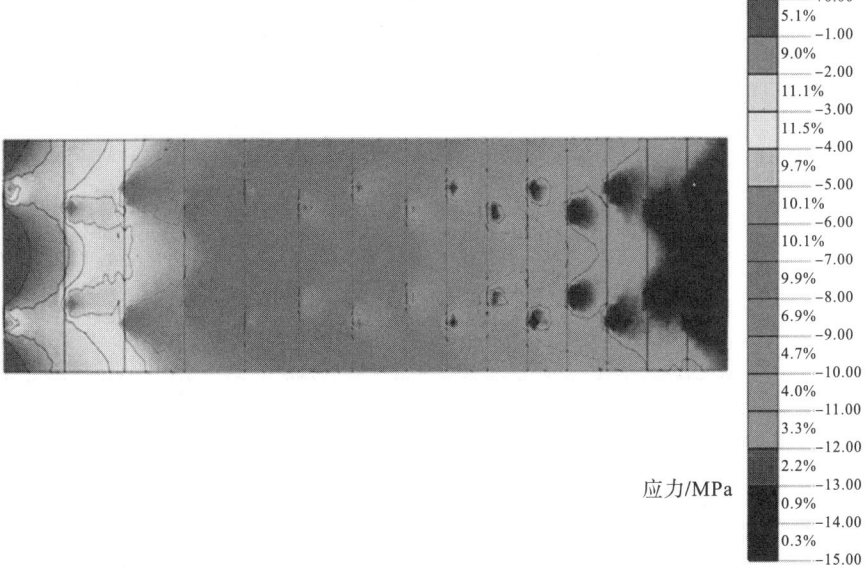

图 5.11 15 号块安装挂篮顶板应力云图

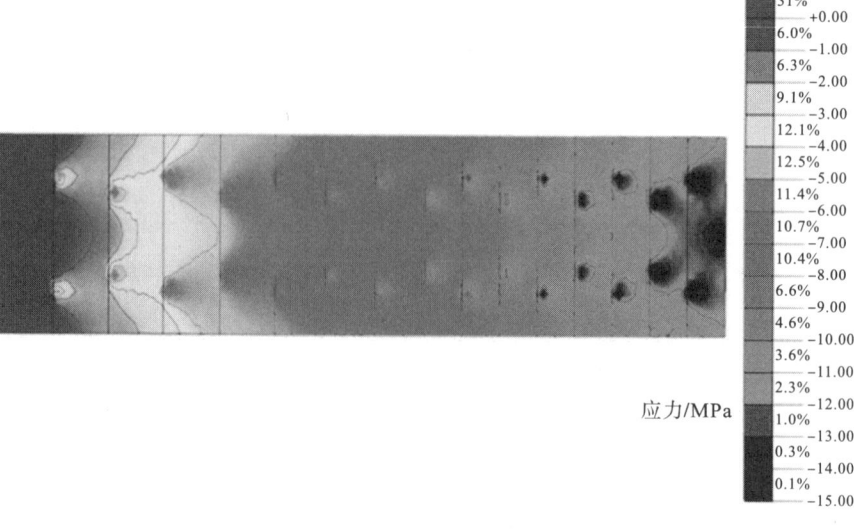

图 5.12 16 号块浇注混凝土顶板应力云图

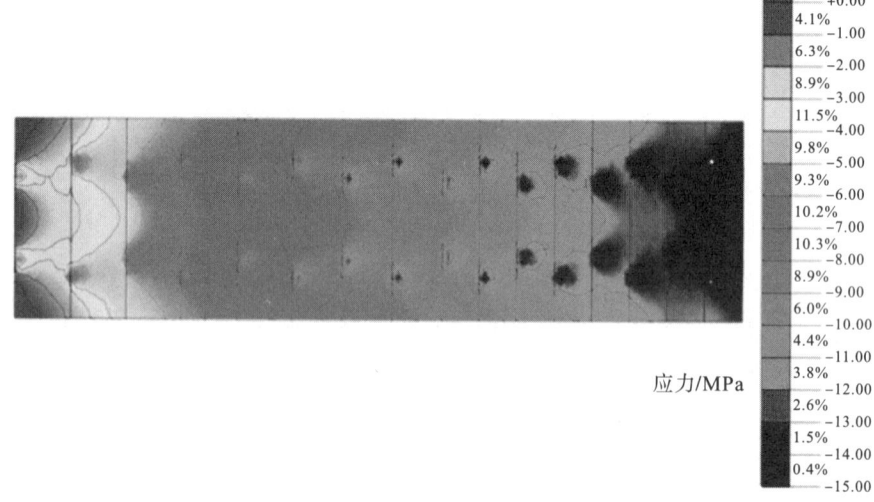

图 5.13 16 号块张拉预应力顶板应力云图

通过以上实体有限元模型计算结果，得到混凝土自重荷载、预应力张拉荷载以及挂篮荷载对 1～15 号混凝土块顶板正应力的分布云图以及正应力在横向的分布规律。可以看出整体呈现的规律与张拉 10 号块后续工况一致。顶板截面的正应力曲线分布很明显，在预应力钢筋锚点及腹板附近位置正应力绝对值取得极大值，在翼缘及中部正应力绝对值取得极小值，预应力钢筋锚点附近应力集中明显。不同施工阶段正应力云图的变化趋势较明显。

剪力滞系数从 1～15 号块逐渐增大，在前 10 号块递增较均匀，靠近自由端的 15 号块剪力滞系数增大较明显。定义工况：张拉 15 号块，安装 15 号块挂篮，浇筑 16 号块混凝土，张拉 T16、W16 预应力钢筋，挂篮前移下剪力滞系数分别为 λ_1、λ_2、λ_3、λ_4、λ_5，在板肋交界处的剪力滞系数：$\lambda_3 > \lambda_2 > \lambda_1 > \lambda_5 > \lambda_4$，顶板边缘处的剪力滞系数：$\lambda_4 > \lambda_5 > \lambda_1 > \lambda_2 > \lambda_3$。顶板边缘处与板肋交界处在 5 个连续工况下对剪力滞系数的影响相反，剪力滞系数从自由端向悬臂根部截面逐渐收敛。

4. 张拉 20 号块后

图 5.14～图 5.17 为张拉 20 号块预应力筋及后续三个工况顶板正应力云图，图中从右到左依次为 1～20 号块。

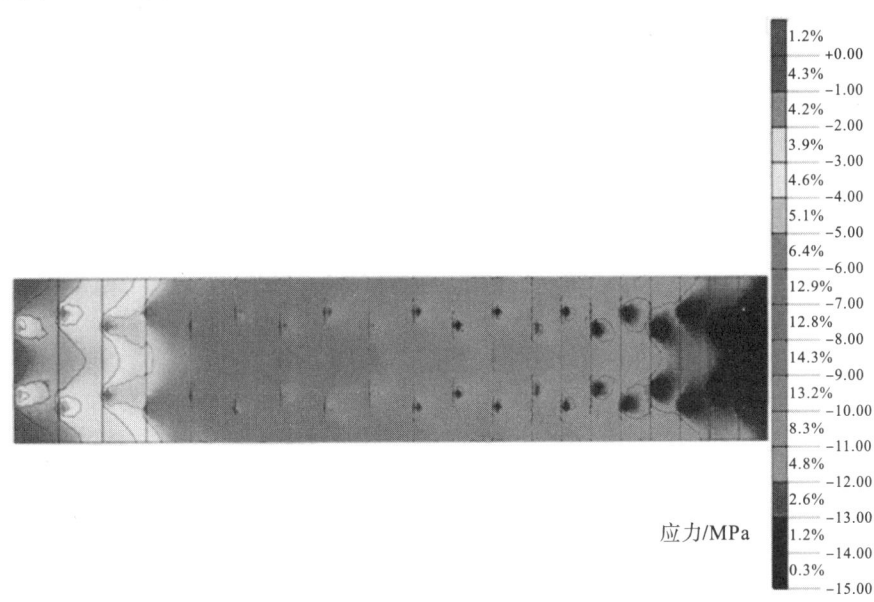

图 5.14 张拉 20 号块预应力顶板应力云图

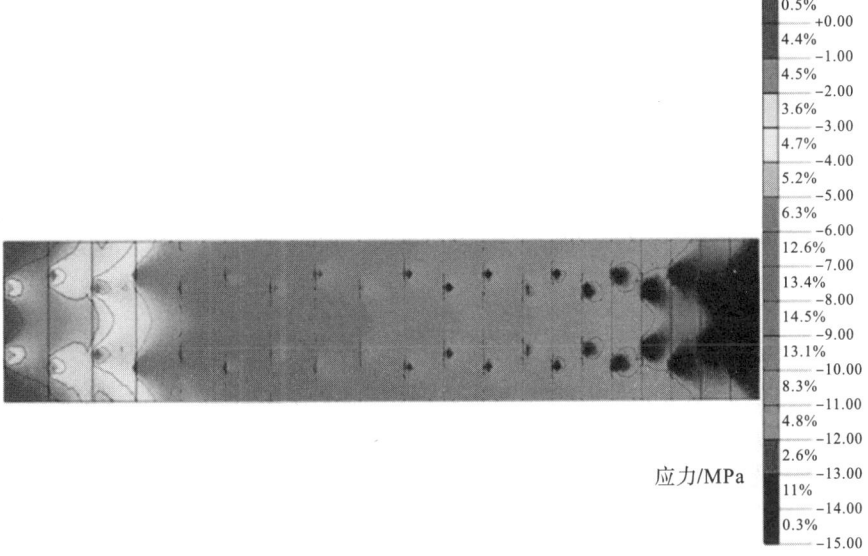

图 5.15 安装 20 号块挂篮顶板应力云图

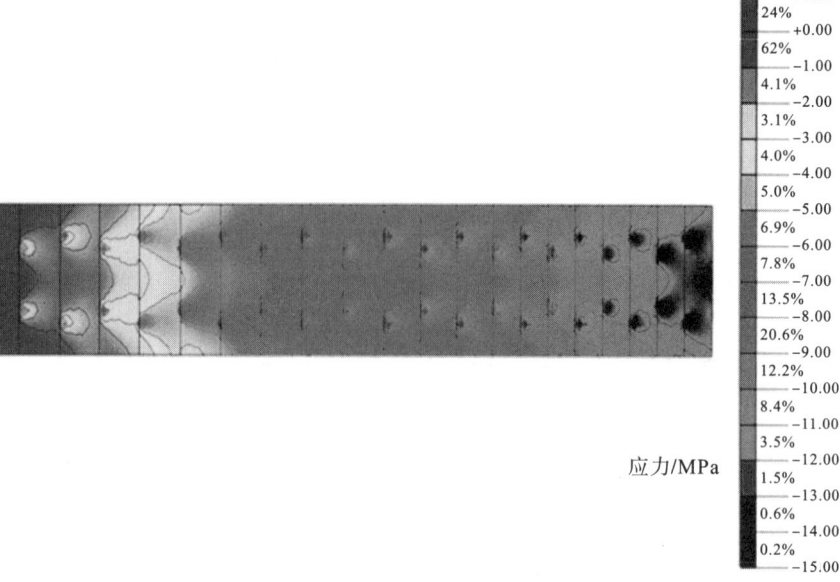

图 5.16 浇注 21 号块混凝土顶板应力云图

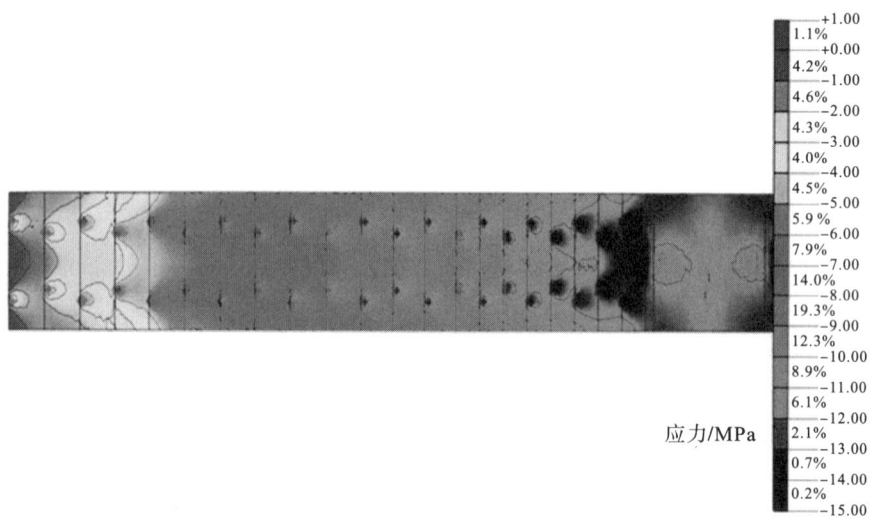

图 5.17 张拉 21 号块预应力顶板应力云图

为直观分析不同块的不同位置在不同工况下的剪力滞系数分布规律,通过比较分析,顶板板肋交界及顶板边缘处的剪力滞系数大小,发现:剪力滞系数从 1~20 号块逐渐增大,在前 15 号块递增较均匀,靠近自由端的 16~20 号块剪力滞系数增大较明显。

定义工况:张拉 20 号块,安装 20 号块挂篮,浇筑 21 号块混凝土,张拉 21 号块预应力钢筋下剪力滞系数分别为 λ_1、λ_2、λ_3、λ_4,在板肋交界附近的剪力滞系数: $\lambda_3 > \lambda_2 > \lambda_1 > \lambda_4$,在顶板边缘处的剪力滞系数: $\lambda_4 > \lambda_1 > \lambda_2 > \lambda_3$,从自由端向悬臂根部截面逐渐收敛。

通过分析以上四个施工阶段可知,施工阶段剪力滞系数的主要影响因素是浇筑混凝土和张拉预应力两种荷载工况,在板肋交界处,浇筑混凝土时各截面剪力滞系数增大,张拉预应力时各截面剪力滞系数减小,所以在桥梁设计中优化预应力钢筋与混凝土块的布置,对控制截面的剪力滞系数有好的效果,在施工过程中应严格按图施工,对预应力钢筋各平弯、竖弯的空间定位要准确无误。施工过程中的临时荷载大部分与挂篮荷载形式一致,均为局部集中荷载,加剧了剪力滞效应。

5.1.3 不同荷载作用下正应力分布规律

本节以 1 号块为例分析自重荷载、预应力荷载、预应力钢筋布置位置对应力不均匀的影响。建立三个 MIDAS/FEA 模型:仅在自重荷载作用下的悬臂施工模型、仅在预应力作用下的悬臂施工模型、三种荷载共同作用下的悬臂施工模型,分别用 M1、M2、M3 表示。主要做如下分析:①仅在自重应力作用下的正应力分布规律;②仅在预应力作用下最大悬臂施工阶段各截面的正应力分布规律;③自重+挂篮+预应力时正应力分布规律对比分析。

1. 自重作用下应力分布规律

1 号块在不同荷载作用下的正应力分布规律如图 5.18 所示,由图可知 1 号块中部截面在 7#块浇筑前自重荷载对横向的正应力分布影响较小,正应力横向近似初等梁理论分布规律;7#块浇筑后顶板中心附近的正应力增幅较大,两边增幅较小,正应力在中心截面取得最大值,在顶板边缘取得极小值,正应力在横向的不均匀性明显。

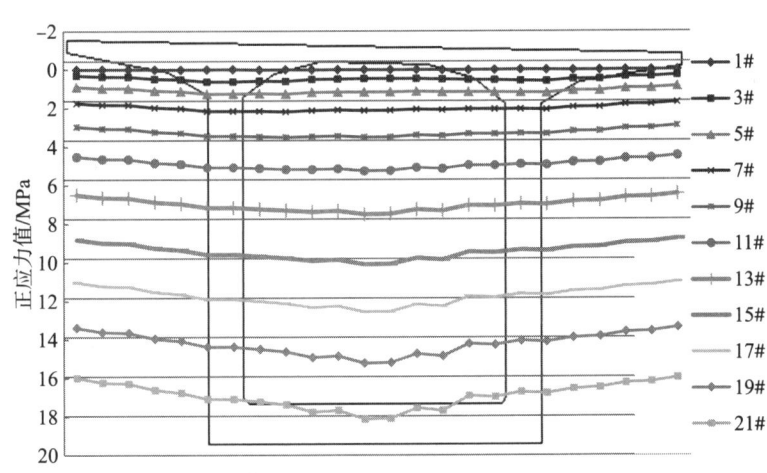

图 5.18 自重荷载作用下浇筑各号块混凝土正应力分布图

2. 预应力荷载作用下应力分布规律

由图 5.19 可知 1 号块在 1~7#块张拉阶段,正应力横向分布呈 W 形,在边缘和中心处取得极小值,在板肋交界附近取得极大值。9~21#块张拉阶段,中心截面正应力增幅较大,两边增幅较小,呈河床断面分布,此时正应力在中心截面取得最大值,在边缘处取得极小值。

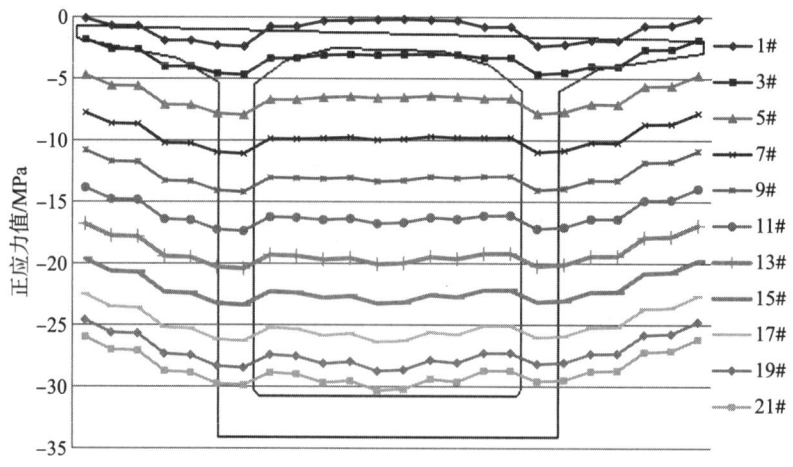

图 5.19 预应力荷载作用下张拉各号块混凝土正应力分布图

经前期研究及文献资料的查阅发现，顶板预应力钢筋的布设位置，对截面的应力不均匀有一定影响。在最大悬臂状态，对比 3~10 号块中部截面的最大正应力位置，判断最大剪力滞系数出现位置与预应力钢筋布设位置的关系。三岔沟特大桥 3~10 号块顶板预应力钢筋平面布置如图 5.20 所示；在张拉 20 号块预应力及后续三个工况，3~10 号块的正应力分布与顶板钢筋位置如图 5.21 所示。

由图 5.21 可知，连续节段应力不均匀最大值在板肋交界处左右交替出现，奇数号块的顶板钢筋均布置在板肋交界处外侧，与不同工况正应力最大值出现的位置相同；偶数号块的顶板钢筋均布置在板肋交界处外侧，与不同工况正应力最大值出现的位置相同，所以每个块件对应的预应力钢筋位置就是正应力横向分布最大值出现的位置。

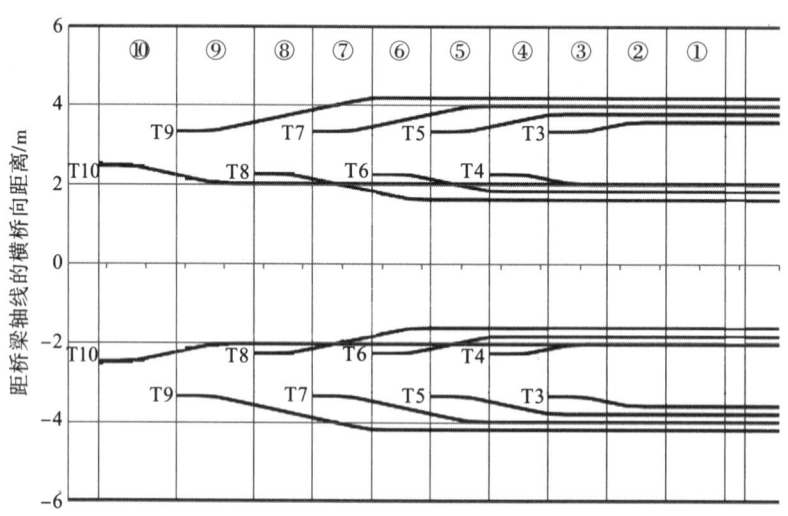

图 5.20 3~10 号块顶板预应力钢筋平面布置图

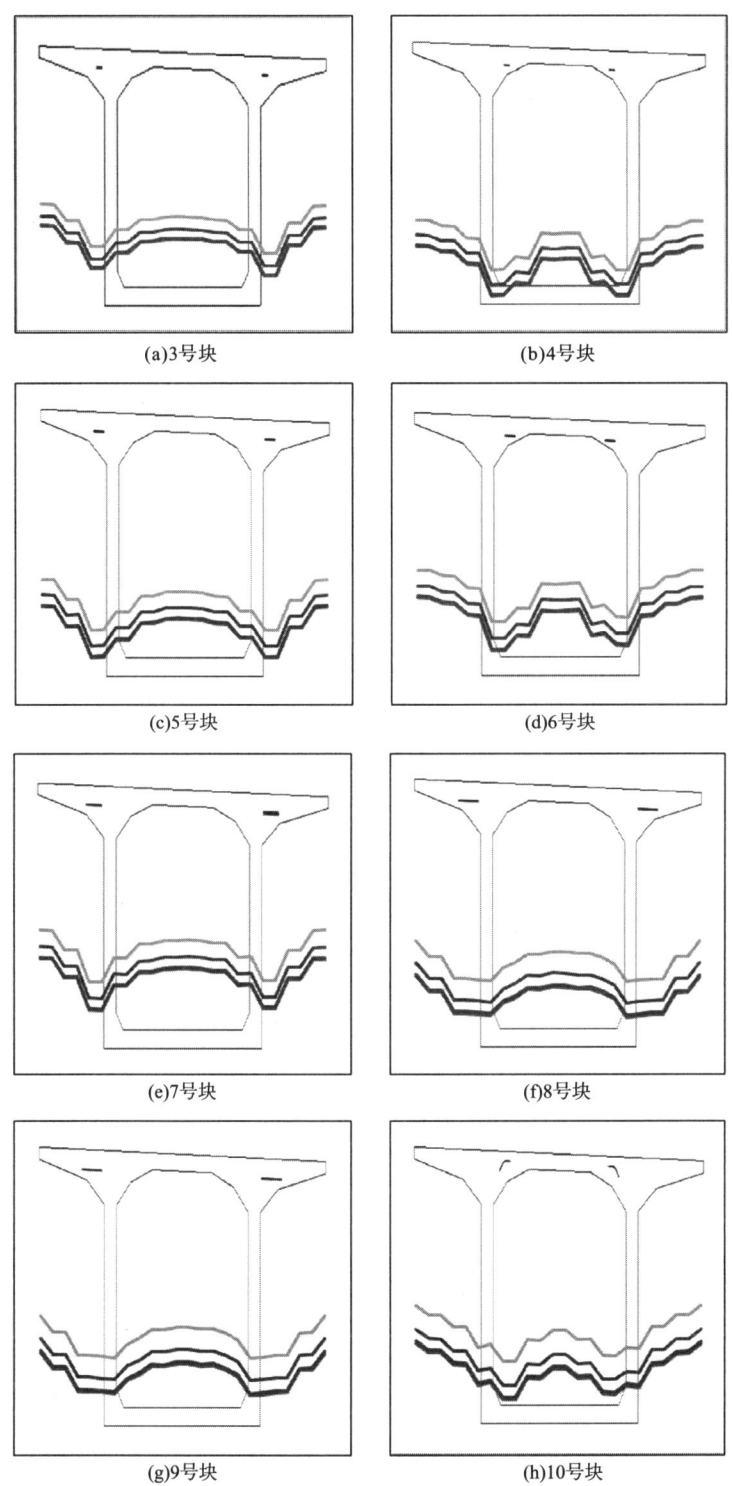

图 5.21 3～10 号块正应力分布与顶板钢筋位置图

说明：图中各线代表不同工况，其中：最上方的线条表示浇 21 号块混凝土工况；中间一条线表示张拉 21 号块预应力钢筋工况；最下方的两条线重合为一条表示张拉 20 号块预应力钢筋工况和安装 20 号挂篮工况。

3. 自重+挂篮+预应力时正应力分布规律

由图 5.22 可知 1 号块在 1~7#张拉阶段，正应力横向分布呈 W 形，在边缘和中心处取得极小值，在板肋交界处取得极大值；在 10~21#张拉阶段，中心截面正应力增幅较大，两边增幅较小，此时正应力在中心截面及板肋交界附近及中心截面取得最大值，在边缘处取得极大值。

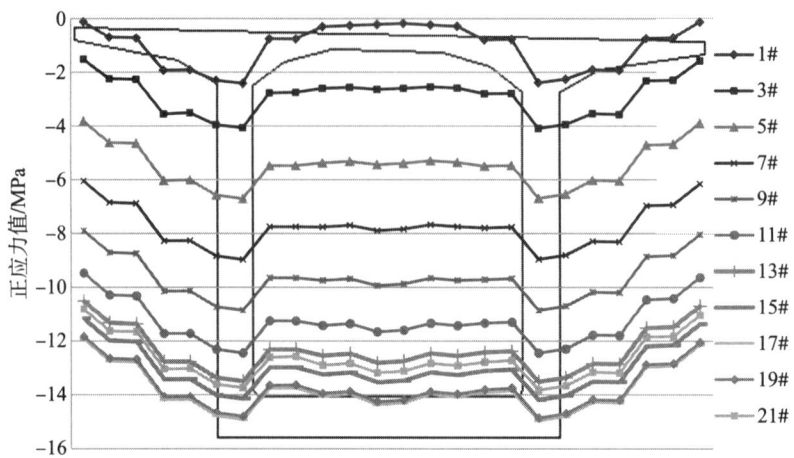

图 5.22 自重+挂篮+预应力荷载作用下各张拉施工阶段正应力分布

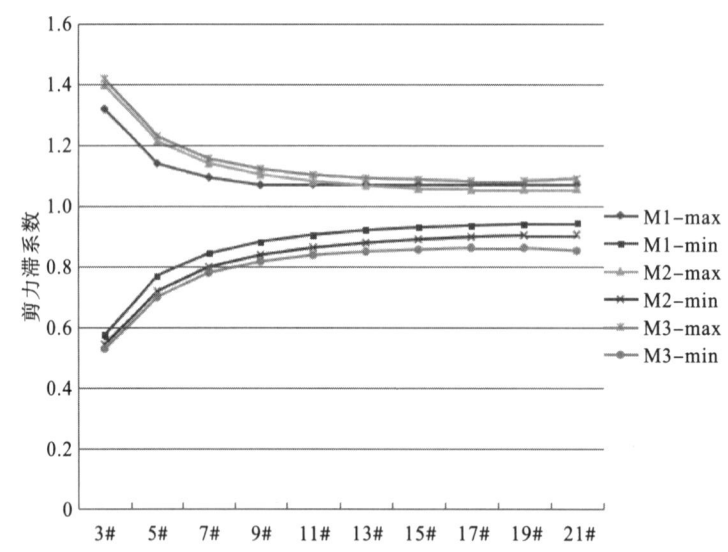

注：图中 M1 表示仅自重作用下的计算模型，M2 表示仅预应力荷载作用下的计算模型，M3 表示三种荷载共同作用下的计算模型。

图 5.23 三种模型各施工阶段剪力滞系数变化图

通过计算可知自重、挂篮荷载、预应力荷载独立作用下，剪力滞系数大小变化趋势一致，随着悬臂长度的增加剪力滞系数逐渐向 1 收敛，除 1 号块外，自重+挂篮+预应力荷载模型的剪力滞系数，在施工各块件的最大值均大于仅自重+挂篮荷载模型和仅预应力荷载模型,说明在三种应力共同作用下剪力滞效应具有一定的累加效应(图 5.23)。M3 模型应力差最大,说明预应力是引起正应力在横向分布不均匀的最主要因素,自重荷载对剪力滞系数的影响越来越大,但不是最主要因素;M2 与 M3 模型具有近似的线性,也证明了预应力荷载是影响剪力滞效应的最主要因素。

剪力滞系数研究分析。通过结构实体有限元分析,同时考虑施工过程预应力张拉导致的截面预应力分布不均匀及集中荷载作用的剪力滞效应,并与监控及监测应力数据对比得出:在悬臂根部截面的正应力随施工节段的增加先增大后减小,剪力滞系数逐渐减小;顶板在张拉 18 号块预应力时取得最大压应力,底板在浇筑 21 号混凝土时取得最大压应力;顶板的剪力滞系数,整体较底板的剪力滞系数大。施工的动态过程中截面的剪力滞系数在不断变化,随着悬臂长度的增加剪力滞系数逐渐向 1 收敛。

5.2 基于荷载试验的修正模型

5.2.1 实验的数据分析

桥梁结构的动载试验是利用某种激振方法激起桥梁结构的振动,测试桥梁结构的固有频率、阻尼比、振型、动力冲击系数、动力响应等参量的试验项目,以从宏观上判断桥梁结构的刚度、运营性能。

桥梁结构的动力特性,是结构的基本特性,是进行结构分析所必须的参数。结构的固有频率、阻尼系数和振型等都是结构的固有性质,与结构的组成形式、刚度、质量分布、支撑情况和材料性质等有关,与荷载和其他性质无关。桥梁结构在实际的动荷载作用下各部位的动力响应:振幅、应力、位移、加速度及反映结构整体动力作用的冲击系数等,不仅反映了桥梁结构在动荷载作用下的受力状态,也反映了动力作用对驾驶员、乘客舒适性的影响。

在目前的桥梁检测中常用实测固有频率与计算固有频率之比来评价桥梁结构的整体性能和技术状况,如果实测值大于理论计算值,说明桥梁结构实际刚度较大,反之则说明桥梁结构实际刚度偏小,具体评定标准见表 5.2。

表 5.2 根据实测自振频率评定桥梁结构技术状态标准

评定标度	桥梁上部结构		桥梁下部结构	
	f_{di}/f_{ni}	技术状况	f_{di}/f_{ni}	技术状况
1	≥1.10	良好	≥1.20	良好
2	1.00~1.10	较好	1.00~1.20	较好
3	0.90~1.0	较差	0.95~1.0	较差
4	0.75~0.90	差	0.80~0.95	差
5	0.75 以下	危险	0.80 以下	危险

在桥梁动力特性的计算分析中,由于桥梁结构阻尼较小往往忽略不计,得到的是无阻

尼振型和固有频率。而在桥梁结构的动载试验中，桥梁结构是存在阻尼的，其固有频率，理论上有

$$f_{di} = f_{ni}\sqrt{1-\zeta^2} \tag{5-1}$$

式中，f_{di} 为实测频率值；f_{ni} 为理论计算频率值；ζ 为结构阻尼比。

以云南某条高速路上的混凝土梁桥 A 桥为例对其模态数据进行分析。A 桥左、右幅的模态数据见表 5.3、表 5.4。

表 5.3　A 桥左幅模态数据

振型	模态阶次	f_{ni}/Hz	f_{di}/Hz	相对误差/%	f_{di}/f_{ni}	$\sqrt{1-\zeta^2}$
横向振动	一阶	0.568	0.641	3.57	1.128521	0.998726
	二阶	1.168	1.099	1.98	0.940925	0.999608
	三阶	2.213	1.740	1.24	0.786263	0.999846
竖向振动	一阶	1.299	1.648	1.56	1.268668	0.999757
	二阶	1.715	2.289	1.44	1.334694	0.999793
	三阶	2.729	3.662	0.71	1.341883	0.99995

表 5.4　A 桥右幅模态数据

振型	模态阶次	f_{ni}/Hz	f_{di}/Hz	相对误差/%	f_{di}/f_{ni}	$\sqrt{1-\zeta^2}$
横向振动	一阶	0.568	0.671	4.73	1.181338	0.997763
	二阶	1.168	1.099	2.77	0.940925	0.999233
	三阶	2.213	1.740	2.40	0.786263	0.999424
竖向振动	一阶	1.300	1.648	1.48	1.267692	0.999781
	二阶	1.715	2.319	1.41	1.352187	0.999801
	三阶	2.730	3.662	1.02	1.341392	0.999896

由表 5.3 和表 5.4 可知，f_{di}/f_{ni} 基本大于 1，对照表 5.2 中的评判标准，得到当前结构符合设计要求。基于动力的模型修正是把频率作为修正目标，对弹性模量和质量进行修正的过程。频率作为修正目标，那么就需要知道结构的真实频率和计算值。真实值和计算值的误差来自模型边界的简化、材料物理性参数的取值等。其中一个主要因素是混凝土实际弹性模量常比设计值大，当有限元分析模型中选取设计弹性模量值进行计算时，实测值必然大于理论计算值，所以需要进行修正。

5.2.2　冲击效应的简化分析

在行驶过程中，车辆荷载因为冲击作用不能用静力荷载直接替代，设计中常用放大系数进行模拟计算。但由于车桥耦合振动及桥面不平顺等，使得分析车辆对桥梁的冲击效应变得十分复杂，在一定简化假设的基础上可对车桥耦合进行简化分析。

假设：①车辆简化成质量、弹簧以及阻尼，振动激励仅考虑桥面不平顺和车辆对桥梁

的作用;②车辆对桥梁的荷载以三角函数的形式施加于桥面节点上,按车辆在桥面上的行驶速度向前递推进行。

在《机械振动道路面谱测量数据报告》(GB/T 7031—2005)中对路面不平进行了简化,拟合公式为

$$G(d_n) = G(d_o)\left(\frac{n}{G(d_n)}\right)^{-\omega} \tag{5-2}$$

式中,n 为空间频率;ω 为频率指数;$G(d_n)$ 为路面平度系数。

按上述计算方法,可在 MIDAS/Civil 软件中进行车辆冲击效应的简化计算。

对 A 桥进行动载试验,行车状态下的冲击系数实测结果及简化计算结果见表5.5。

表5.5 A 桥行车冲击系数

	左幅			右幅		
车速/(km/h)	20	30	40	20	30	40
实测冲击系数	0.10	0.13	0.16	0.10	0.13	0.12
计算冲击系数	0.17	0.11	0.08	0.02	0.20	0.05

从表5.5可以看出,通过简化计算所得的冲击系数与实测的冲击系数相差较大,并且冲击系数的变化规律与实测的也不同。主要原因在于《公路钢筋混凝土及预应力混凝土桥涵设计规划》(JTG D62—2004)中,规定的材料物理参数,与实际桥梁环境中的参数有差异,导致理论计算的有限元模型并不能完全模拟真实的桥梁。

5.2.3 有限元模型的修正

用于桥梁荷载试验分析的桥梁有限元模型是在设计施工图纸的基础上,对结构截面形式、支撑条件、材料特性以及边界条件进行简化,建立有限元模型,从而得到相应的计算结果。但是按照设计和规范要求建立的有限元模型不能完全反映桥梁的真实状态,因此本节基于成桥的静力荷载试验、动力荷载试验及动力特性测试得到的结构校验系数、冲击系数及模态参数,采用参数敏感矩阵的摄动法[3,4]对结构的刚度及质量分布进行修正。基本流程如下。

第一步模型的建立和实测参数的获取。参数的现场测试值作为模型修正的基准和范围参考,本节对模型的修正主要从混凝土的质量密度和混凝土的弹性模量两个方面进行。混凝土质量密度受环境因素影响较小,考虑施工等其他因素,混凝土的密度值通常取 $(0.95 \times 2550) \sim (1.1 \times 2550)$ kg/m³。对于混凝土的弹性模量,根据有关资料以及相关文献的实验数据,桥墩混凝土弹性模量的取值范围为 $(3.25 \times 10^4) \sim (4.2 \times 10^4)$ MPa,箱梁混凝土弹性模量的取值范围为 $(3.5 \times 10^4) \sim (1.9 \times 10^4)$ MPa。

第二步对主要参数进行敏感性分析,进而进行参数识别。

第三步将测试值和理论值带入目标函数得到目标的修正值,并判断结果是否合理,不合理就继续迭代。

把自振频率作为目标参数对有限元模型进行修正,修正结果见表5.6。

表 5.6 A 桥左、右幅模态

位置	振型	模态阶次	计算频率/Hz	实测频率/Hz	修正后频率/Hz
左幅	横向振动	一阶	1.299	1.648	1.508
		二阶	1.715	2.289	2.004
		三阶	2.729	3.662	3.536
右幅	竖向振动	一阶	1.300	1.648	1.508
		二阶	1.715	2.319	2.004
		三阶	2.730	3.662	3.536

模型修正后，采用冲击效应简化算法对行车冲击系数进行计算，结果见表 5.7。

表 5.7 模型修正后 A 桥左、右幅行车冲击系数

位置	冲击系数	车速(km/h)		
		20	30	40
左幅	实测冲击系数	0.10	0.13	0.16
	修正后冲击系数	0.11	0.13	0.15
右幅	实测冲击系数	0.10	0.13	0.12
	修正后冲击系数	0.11	0.16	0.10

可见，由修正后的模型计算出的冲击系数更接近实测值，且其随速度的变化也符合实测数据所呈现的变化规律。

A 桥静载试验正载情况下的测试挠度、修正前的计算挠度以及修正后的计算挠度见表 5.8、表 5.9。

表 5.8 A 桥左幅荷载试验挠度

截面	测试挠度/mm	模型修正前挠度计算值/mm	模型修正后挠度计算值/mm	校验系数	
				修正前	修正后
1#	-7.0	-7.4	-5.6	0.946	1.250
4#	-10.0	-20.4	-15.4	0.490	0.650
7#	-10.2	-14.4	-11.0	0.708	0.927
10#	-1.7	-5.2	-3.4	0.327	0.500

表 5.9 A 桥右幅荷载试验挠度

截面	测试挠度/mm	模型修正前挠度计算值/mm	模型修正后挠度计算值/mm	校验系数	
				修正前	修正后
1#	-3.9	-7.4	-5.6	0.527	0.696
4#	-12.7	-20.4	-15.4	0.623	0.825
7#	-7.0	-14.4	-11.0	0.486	0.636
10#	-2.0	-5.2	-3.4	0.385	0.588

由表 5.8 和表 5.9 可以看出，在修正模型后除个别截面外，校验系数都有不同程度的增大。说明经过模型修正后，所建立的有限元模型更加接近真实状态。但是要使模型能更大比例地模拟现实桥梁仍需要进一步研究。

5.3 混凝土梁桥基准有限元模型建立示例

设计和实际桥梁状态必然存在一定的偏差，引起这种偏差的因素有很多，模型修正就是对结构的主要影响参数的误差进行识别，对参数正确值进行估计，根据参数估计的结果，对假定设计参数进行修正，最常用的方法是最小二乘法和灰色理论。本节使用的方法是最小二乘法，它的基本流程如下。

第一步是模型的建立和实测参数的获取，参数的现场测试值作为模型修正的基准和范围参考。第二步是对主要参数进行敏感性分析，确定主要的影响参数作为修正的目标参数。第三步将测试值和理论值带入目标函数得到目标的修正值，并判断结果是否合理，不合理就继续迭代。

本节以三岔沟特大桥为例[5]，修改以下内容建立其基准有限元模型。

5.3.1 应力不均匀系数修正

在建立连续刚构桥施工监控的计算模型时，一般都是采用平截面假定，不考虑横向应力的不均匀分布，用平面假定的均匀横向计算结果乘以经验的剪力滞系数来考虑安全性。但是在模型修正过程中有必要在考虑剪力滞意义下进行模型修正，方法是计算出具体桥梁的剪力滞系数。表 5.10 是三岔沟特大桥基于 MIDAS-Civil/FEA 模型的施工阶段剪力滞系数的计算结果。

表 5.10 自重+挂篮+预应力荷载作用下的应力不均匀系数

工况	正应力/MPa				剪力滞系数	
	平均值	最大值	最小值	差值	最大值	最小值
1 号块张拉预应力	-1.031	-0.121	-2.415	2.294	2.342	0.117
3 号块张拉预应力	-2.881	-1.521	-4.083	2.563	1.418	0.528
5 号块张拉预应力	-5.456	-3.815	-6.707	2.891	1.229	0.699
7 号块张拉预应力	-7.760	-6.050	-8.971	2.921	1.156	0.780
9 号块张拉预应力	-9.675	-7.897	10.856	2.959	1.122	0.816
11 号块张拉预应力	-11.296	-9.465	12.451	2.986	1.102	0.838
13 号块张拉预应力	-12.372	-10.508	13.514	3.006	1.092	0.849
15 号块张拉预应力	-13.049	-11.167	14.185	3.019	1.087	0.856
17 号块张拉预应力	-13.831	-11.922	14.955	3.033	1.081	0.862
19 号块张拉预应力	-13.728	-11.827	14.858	3.031	1.082	0.862
21 号块张拉预应力	-12.690	-10.811	13.829	3.018	1.090	0.852

在模型修正中计算剪力滞系数具有很重要的实际意义。有了这个系数通过杆系单元模型计算得到的均匀横向应力就可以转化成实际的应力分布,把修正后的应力值当做计算理论值,再进行误差分析会更加准确。其他桥梁剪力滞系数的计算方法相似,但是由于跨度、墩高等差异需要根据特定桥梁单独计算。

5.3.2 现场测试修正

三岔沟特大桥主桥箱梁设计采用 C55 混凝土,主桥 0 号块取样完成混凝土 3d、7d 和 180d 龄期弹性模量的测定,1 号块取样完成混凝土 14d 和 90d 龄期弹性模量的测定,2 号块取样完成混凝土 5d、28d 和 60d 龄期弹性模量的测定。E 值采用试验室常规方法(即采用现场取样然后通过万能试验机试压的方法)进行测定,测试结果见表 5.11,E-t 曲线见图 5.24。

表 5.11 三岔沟特大桥混凝土性能实验结果

龄期/d	3	5	7	14	28	60	90	180
弹性模量/10^4MPa	3.03	3.96	4.01	4.41	4.92	5.01	4.99	5.03
轴心抗压强/MPa	19.2	26.4	28.7	53.3	61.1	64.3	64.3	65.2

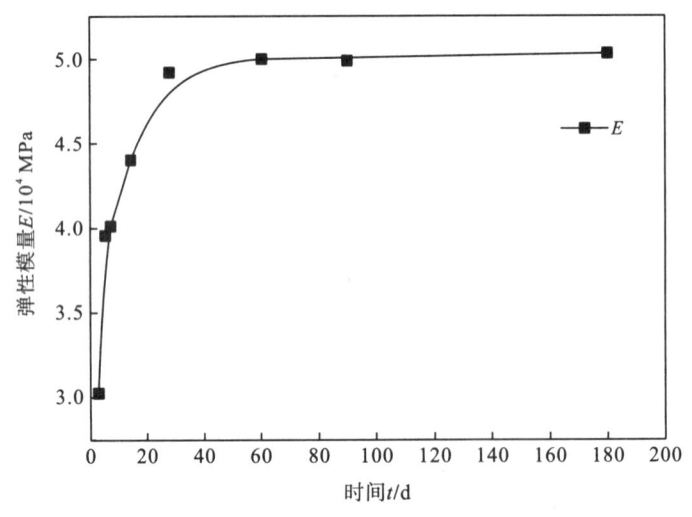

图 5.24 三岔沟特大桥主梁混凝土 E-t 曲线

由图 5.24 可知,主桥箱梁混凝土 E-t 曲线符合一般的实验规律和规范要求。从浇筑开始先快速增长 28d 左右基本达到最大值,之后发展缓慢。7d 龄期时混凝土弹性模量及轴心抗压强度分别为 4.01×10^4MPa、28.7MPa,大于设计值 3.55×10^4MPa、24.4MPa 的 0.9 倍,因此可采用设计值,进行建模。

5.3.3 容重参数修正

造成结构响应与真实值不相符合的参数有很多,但是有些参数影响较大,有些影响可以忽略。为了便于计算,需要进行敏感性分析。敏感性分析的主要目标参数有:容重、弹模、温度、徐变等。敏感性分析就是把每个参数按照可能出现的幅度范围进行调整,观察其对结果响应的影响程度。

实际工程中混凝土的容重一般存在误差,误差来自浇筑的不精确,研究表明0容重的变化范围一般为5%~15%,因此,计算容重在这个范围内变化,对挠度和位移的影响。以三岔沟特大桥为例,取容重变化刻度为5%、10%,观察结构变形和应力。

挠度:主梁结构容重增加5%时,挠度变化的最大值为6.5mm,约占该处挠度的4%;容重增加10%时,挠度变化的最大值为12.9mm,约占该处挠度的8%[图5.25(a)]。

主梁下缘压应力:主梁结构容重增加5%时,下缘压应力变化最大值为0.91MPa,占该处应力的4.2%;容重增加10%时,下缘压应力变化最大值为1.81MPa,占该处应力的8.8%[图5.25(b)]。可知容重变化对主梁的应力和变形都有较大影响。

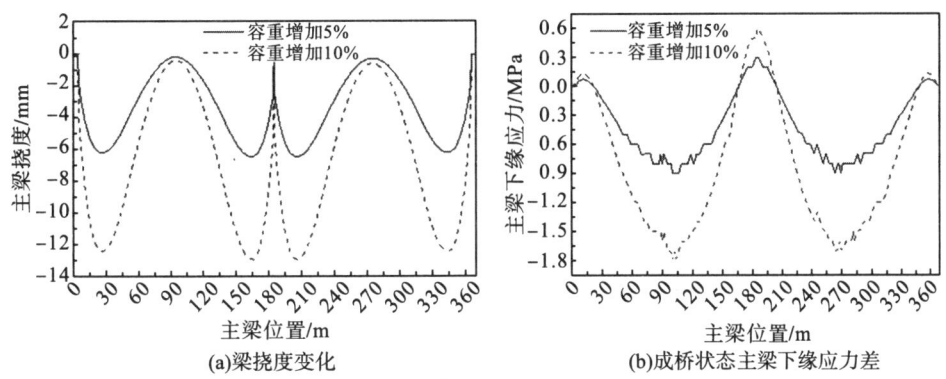

图 5.25 容重参数敏感性分析

其他连续刚构桥敏感参数对响应影响也很大,但是容重的影响普遍存在,而且影响很大,故这里选取容重作为主要控制目标。数学家高斯提出的最小二乘法是目前应用最广的参数估计方法,以位移为例,施工阶段为 m,实际挠度值为 T,理论挠度值为 V:

$$\boldsymbol{T} = [T(1), T(2), T(3), T(4), \cdots, T(m)]^{\mathrm{T}} \tag{5-3}$$

$$\boldsymbol{V} = [V(1), V(2), V(3), V(4), \cdots, V(m)]^{\mathrm{T}} \tag{5-4}$$

误差 $Q = \boldsymbol{T} - \boldsymbol{V}$,假设影响参数为 n:

$$\boldsymbol{\theta} = [\theta(1), \theta(2), \theta(3), \theta(4), \cdots, \theta(n)]^{\mathrm{T}} \tag{5-5}$$

误差和影响参数的关系与桥梁结构有关,这个关系定义为矩阵 $\boldsymbol{\omega}$,则 $Q = \boldsymbol{\omega}\boldsymbol{\theta}$,其中某个参数引起的挠度误差可以表示为 $q = \boldsymbol{\omega}_i \boldsymbol{\theta}$,那么残差 $\varepsilon = Q - q$。

残差的平方对参数误差偏导为零:$\dfrac{\partial (\phi = \boldsymbol{\varepsilon}^{\mathrm{T}} \boldsymbol{\varepsilon})}{\boldsymbol{\theta}} = 0$,解得 $\boldsymbol{\theta} = \left[\boldsymbol{\omega}_i^{\mathrm{T}} \boldsymbol{\omega}_i\right] \boldsymbol{\omega}_i^{\mathrm{T}} Q$。

对1号墩前5号施工阶段进行误差分析,对6号容重进行估计,结果见表5.12。

表 5.12　三岔沟主桥(左幅)3#墩 T 构主梁线形监测数据

施工块段	悬臂端测点截面	张拉完/m		
		标高理论值	实测值	差值
0	1	1192.783	1192.794	0.011
1/1	2	1192.870	1192.875	0.004
2/2	3	1192.959	1192.968	0.010
3/3	4	1193.049	1193.042	-0.007
4/4	5	1193.139	1193.130	-0.009
5/5	6	1193.231	1193.239	0.008

那么位移的误差向量是：$Q=[0.004,0.010,-0.007,-0.009,0.008]$。

根据有限元模型计算只考虑容重的关系矩阵,计算方法是把容重考虑为 $1\text{kN}/\text{m}^3$，1～5 号段的挠度计算值见表 5.13。

表 5.13　单位混凝土容重作用下的挠度

施工块段	悬臂端测点截面	挠度值/m	施工块段	悬臂端测点截面	挠度值/m
1/1	2	0.011	4/4	5	0.023
2/2	3	0.014	5/5	6	0.030
3/3	4	0.018			

关系矩阵向量应该是 $10^{-4}\times[0.11,0.14,0.18,0.23,0.30]$，可以得到估计值为 1.92，从而得到修正后的容重值为 $26.92\text{kN}/\text{m}^3$。将修正后的混凝土容重值输入该阶段的计算模型中，从而对仿真模型进行修正，得到的 6 号工况的挠度理论值和实测值对比见表 5.14。

表 5.14　单位混凝土容重作用下 6 号工况的挠度

施工块段	悬臂端测点截面	张拉完/m		
		标高理论值	实测值	差值
6/6	7	1191.833	1191.844	0.011

5.3.4　修正效果分析

基于上述施工监控、现场试验和荷载试验等，选用 MIDAS/Civil 软件建立了三岔沟特大桥的基准有限元模型(图 5.26)。把各结构部分划分成空间上的杆系结构，该有限元模型由 170 个单元组成，其中含有节点 171 个。根据实际施工过程的施工顺序划分 65 个施工阶段对整个施工过程进行模拟，计算得到了各施工阶段的应力、内力、反力和位移结果。其中 1～110 号单元是主梁单元，103～170 号单元是桥墩单元。

应力和变形监测对于施工监控的意义在于，对每一施工阶段的挠度和应力变化进行测量，与设计值进行比较、分析，通过对参数的调整，进行模型修正和预测。因此，要判定合龙后模型的精确程度，即模型修正的效果，应力和变形是很重要的判断指标[6,7]。

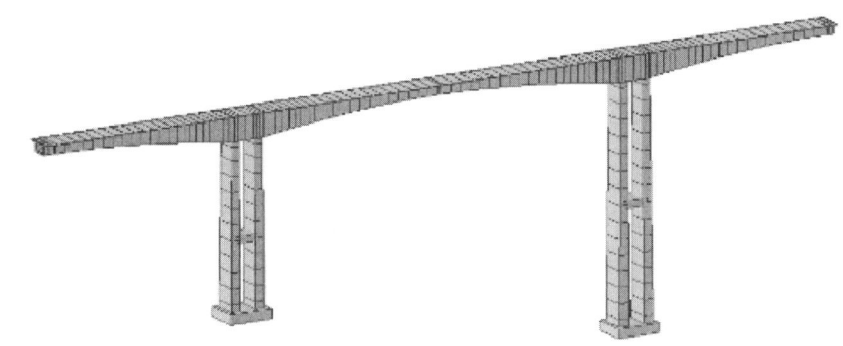

图 5.26　三岔沟特大桥的基准有限元模型

1. 线形监测结果分析

三岔沟特大桥主桥以较小的合龙误差顺利合龙，最大合龙误差为 1.1cm，远小于设计允许偏差值 2.5cm 的要求（表 5.15）。施工过程悬臂端实际变形与理论预测值的误差反映了模型的精确水平，是结构状态正常与否的重要判别依据，3 号梁段张拉后变形监测结果见图 5.27。

表 5.15　三岔沟主桥合龙误差

3 号墩边跨合龙锁定前/cm		中跨合龙锁定前/cm		4 号墩边跨合龙锁定前/cm	
理论高差	3.4	理论高差	4.8	理论高差	4.2
实测高差	2.5	实测高差	4.0	实测高差	5.3
合龙误差	−0.9	合龙误差	−0.8	合龙误差	1.1

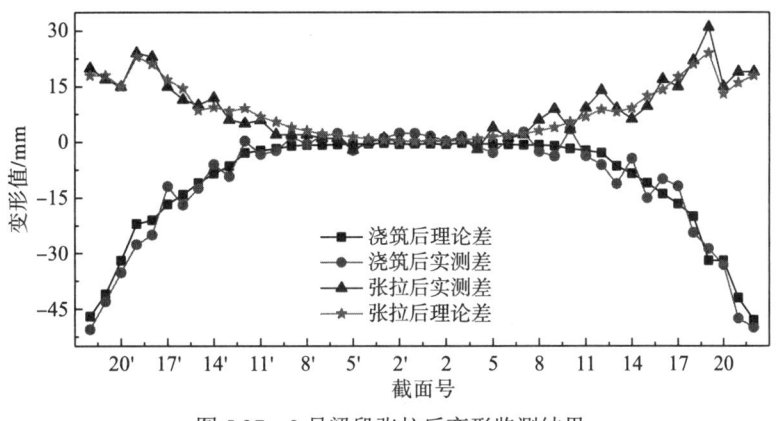

图 5.27　3 号梁段张拉后变形监测结果

2. 结构应力监测控制

结构的应力也是判断模型和实际结构吻合度的一个重要项目，从图 5.28 可知三岔沟特大桥主桥成桥时结构受力正常，处于安全稳定状态。成桥状态符合施工监控的预先期望、满足设计及规范要求，模型和实际响应吻合较好。3 号墩 10 号截面应力对比图如图 5.28 所示。

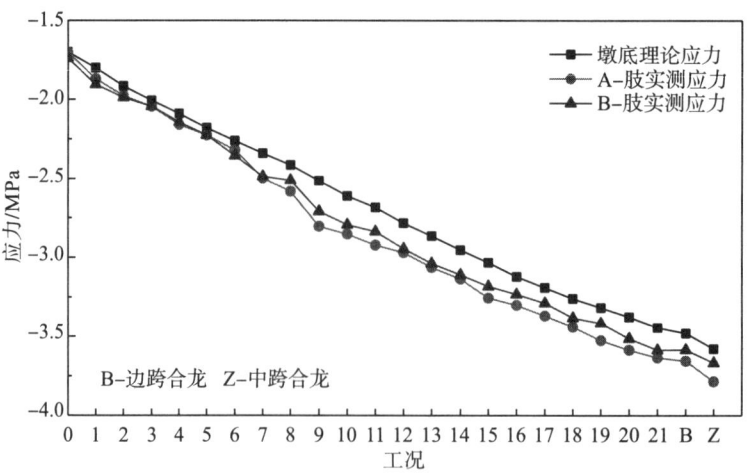

图 5.28 3 号墩 10 号截面应力对比图

本章参考文献

[1] 赵路畅. 单室单箱连续刚构桥施工阶段剪力滞效应分析[D]. 昆明: 云南大学, 2016.

[2] 蔺鹏臻. 混凝土箱梁剪力滞效应的分析理论与应用研究[D]. 兰州: 兰州交通大学, 2011.

[3] 冉志红, 李乔. 斜拉索非线性振动的奇异摄动解法[J]. 西南交通大学报, 2006(3): 355-359.

[4] 冉志红, 林帆, 陶蜀昆, 等. 车辆对钢筋混凝土拱桥的冲击效应简化分析方法研究[J]. 公路工程, 2015, 40(6): 40-43, 70.

[5] 云南省公路科学研究院. 麻柳湾至昭通段高速公路桥梁施工监控报告[R]. 昆明, 2016.

[6] 姚昌荣, 李亚东. 基于静动力测试数据的斜拉桥模型修正[J]. 铁道学报, 2008, 30(3): 65-70.

[7] 周瑞亮. 大跨度连续刚构桥施工监控及误差分析[D]. 济南: 山东大学, 2011.

第6章 监测数据预处理

随着科学技术的发展，结构健康监测系统全面的传感器布设和采集已成为可能，相应地带来了海量的原始数据，如何从大量数据中获取能够反映结构状态的有用信息，是系统能否发挥作用的关键。采集和传输系统得到的原始数据，要进行预处理和二次处理。原始数据中的异常值分为两大类，一类是因结构损伤、结构异常或者偶然荷载等导致的数据异常，是需要识别的数据；另一类是由于传感器噪声、环境噪声以及系统运行造成的数据缺失、漂移等。

数据预处理过程需将结构损伤、结构异常、偶然事件引起的数据异常与由于系统设备原因造成的数据异常区分开，并根据异常的数据进行初步诊断，实现第一层次的预警。数据的二次处理是指对预处理过的数据进行统计计算，提取设定时段内的最大(最小)值、均值、方差、标准差、变化幅值等做出数据周报、月报，从而对结构状态做出趋势分析，并根据提取的特征量，结合多因素、多尺度交叉进行分析[1,2]。

本章采用小波函数进行数据处理，得到了较好的效果。经笔者前期对比研究发现，db小波较合适混凝土桥梁数据处理，本章以麻昭高速上一座混凝土梁桥的监测数据为例，采用小波基函数进行数据预处理。

6.1 温度数据预处理

小波变换具有以下特性[3]：低熵性，小波系数的稀疏分布，使信号变换后的熵降低；多分辨率特性，可以非常好地刻画非平稳特性，如边缘、尖峰、断点等；去相关性，可去除信号的相关性，且噪声在小波变换后有白化趋势，所以此时域更利于去噪；选基函数灵活性，由于小波变化可以灵活选择基函数，因此可以根据信号特点和去噪要求选择适合的小波。

信号去噪过程一般分为3个步骤：①信号的小波分解。选择一种小波类型并确定分解层次，然后进行分解计算。②小波分解高频系数的阈值量化。对各个分解尺度下的高频系数选择一个阈值进行软阈值量化处理。③小波重构。根据小波分解的最底层低频系数和各层高频系数进行一维小波重构。其中最关键的是如何选择阈值以及进行阈值量化，某种程度上它关乎信号去噪的质量。对于一维离散信号，其高频部分所影响的是小波分解的第一层细节，低频部分影响的是小波分解的高频层和低频层。对温度数据消冗去噪时，先要考虑使用db小波确定分解层次。A传感器温度和应变原始数据如图6.1所示。

首先确定传感器采集到的温度数据和大气温度数据具有一致性，说明传感器有效可用。初步分析得该桥边跨跨中测点温度和应变的变化趋势一致：随着温度升高顶板压应变增加、温度降低顶板拉应变减小，具有较好的同步性。在做温度和应变的相关性分析时，为方便得到规律，规定拉应变为负，压应变为正。

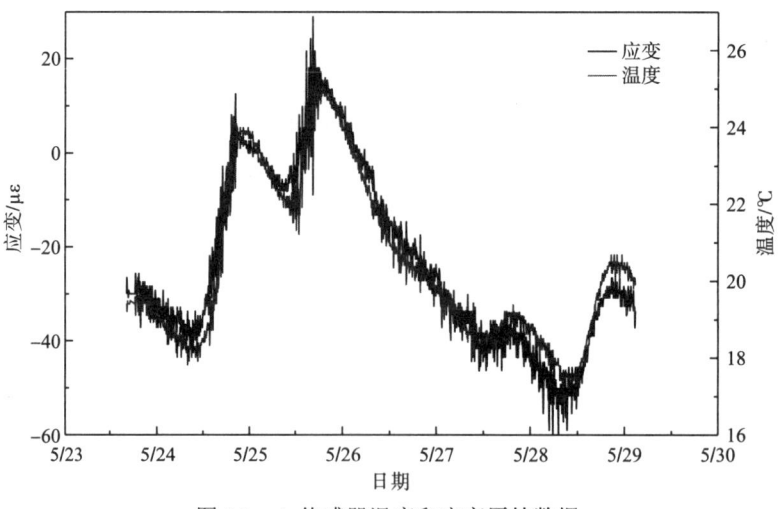

图 6.1 A 传感器温度和应变原始数据

对温度数据进行初步分析,可以认为温度数据中包含两类噪声:第一类是系统噪声;第二类是系统空值、零值和数据跳点。第二类噪声以实测大气温度范围作为阈值范围筛选,然后进行平滑处理。简单来说:空值舍弃该处时间点,保留文本序列,跳点用临近值的平均值代替。五点滑动平均法就是一种平均值替代方法,也是一种循环平均法。

对于初步平滑处理后的温度数据还需要去除第一类噪声,得到测点处的平滑估计值,去除第一类噪声用到的就是小波分析理论。

6.1.1 小波分解

小波变换的基本原理是信号的频率表达,如前所述小波分解把信号中的高频和低频分离开来,基于小波分析的低通道滤波性,再对低频分解得到下一阶的低频和高频信号,这样就可以基于频率把信号分离开来。小波分解树状图如图 6.2 所示。

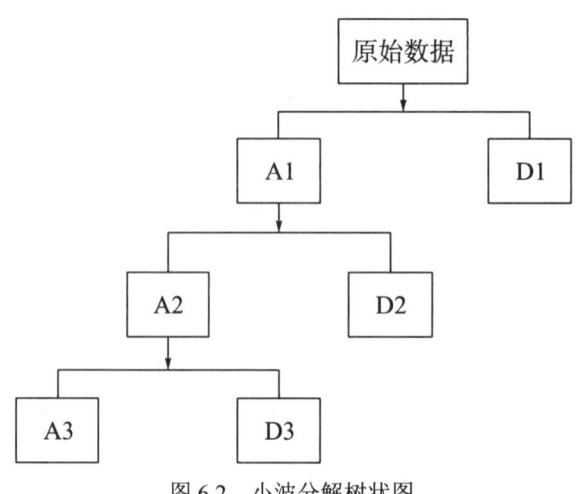

图 6.2 小波分解树状图

如果有函数 $\psi(t) \in L^2(\mathbf{R})$，

$$\int_{-\infty}^{\infty} \psi(t) \mathrm{d}t = 0 \tag{6-1}$$

那么函数 $\psi(t)$ 就是一个基小波函数，类似于周期函数的平移和伸缩基小波也可以进行位移和尺寸的变换：

$$\psi_{a,b}(t) = |a|^{-1/2} \psi\left(\frac{t-b}{a}\right) \tag{6-2}$$

其中，$a,b \in \mathbf{R}$，且 $a \neq 0$。a 为伸缩因子；b 为平移因子。

小波变换的实质是将 $L^2(\mathbf{R})$ 空间中的任意函数表示成具有不同伸缩因子和平移因子的投影的叠加。通过调整伸缩因子和平移因子可以得到具有不同时频宽度的小波以适应不同的信号。

小波分析的关键是确定分解函数、分解层次以及小波系数的估计函数，也就是去噪函数的选择，首先就是小波函数的选择。用不同的小波基函数处理同一个信号，分析效果不同。如果小波的对称性和平滑性较好，那么对于重构信号来说容易取得好的结果，同时去噪小波函数和保留频道的相似性越高去噪效果越好，另外小波函数的正交性也是评价的指标之一，不同频率的信号分离的效果越好。

已经有大量的研究和实验证明 $\text{db}N$ 小波的规则性、正交性以及紧支性很好，适宜离散数据的分析，$\text{Coiflet}N(N=1,2,3,4,5)$ 比 $\text{db}N$ 小波的对称性好，但是长度有限。综合考虑消失矩和支撑长度，本研究采用多贝西小波作为分解小波，在考虑数据物理意义的前提下确定对于数据来说合理的分解层次。$\text{db}N$ 小波的有效支撑长度为 $2N-1$，正则性随着 N 的增加而增加，N 就是小波的消失矩，消失矩越大，其频域支撑长度越短且光滑性变差，所以也不是 N 越大越好。

假设 $P(y) = \sum_{k}^{n-1} C_k^{n-1+k} y^k$，其中 C_k^{n-1+k} 为二次项系数，那么有

$$|m_0(\omega)|^2 = \left(\cos^2 \frac{\omega}{2}\right)^N P\left[\left(\sin^2 \frac{\omega}{2}\right)\right] \tag{6-3}$$

其中，$m_0(\omega) = \frac{1}{\sqrt{2}} \sum_{k}^{2n-1} h_k \mathrm{e}^{-jk\omega}$，$N$ 越大小波函数正交性越好。正交性与频带分离关系密切，$N<7$ 时正交性较差；$N>20$ 时小波函数能较好地改善"频带重叠"现象。在时域特性方面，当小波阶次 $N>7$ 时，细节分辨度高；当小波阶次 $N<7$ 时，小波函数的时域局域性较差。

对温度数据，分别采用 db35、db40、db45 小波进行分解，分解到的第 4 层低频部分结果和细节结果如图 6.3、图 6.4 所示。

从温度数据分解结果可以看出 $N=45$ 时，小波基函数已经不能很好地对原始信号进行表达，信号严重失真，母小波痕迹明显，应该取小于 40 的 db 函数再做分析。基于温度数据的物理意义，自然状态下，温度曲线的变化一定是平滑连续的，不会有突变值，在数据物理意义的基础上进行 db 函数的选择，对 $N=2$、10、20、35、40 进行分析，结果见图 6.5。

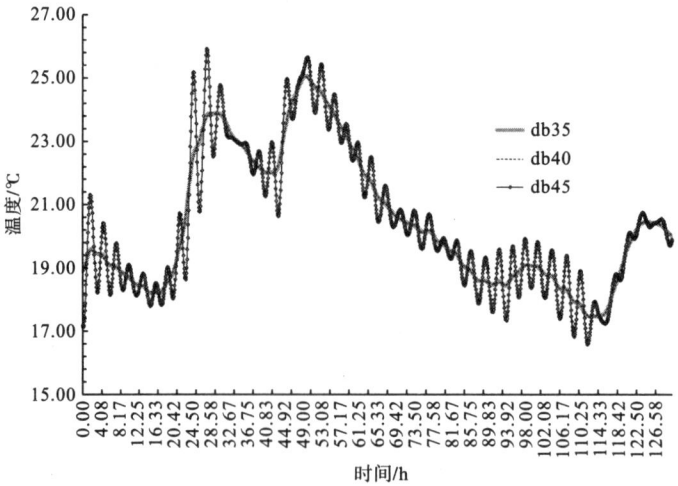

图 6.3　不同 db 函数第 4 层分解示意图

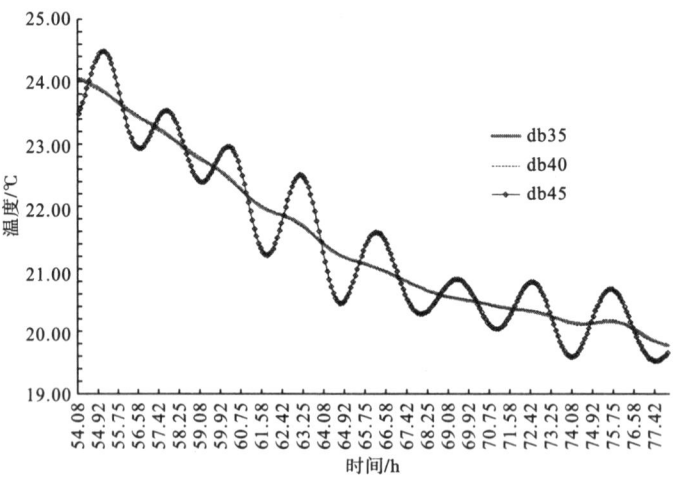

图 6.4　不同 db 函数第 4 层分解详细图示

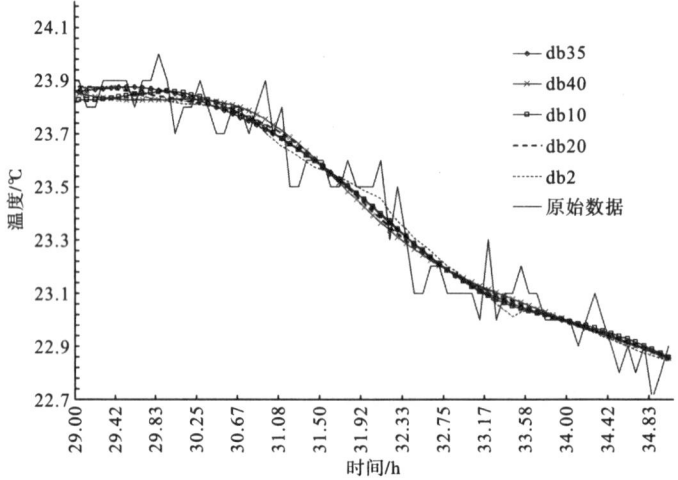

图 6.5　db2、db10、db20、db35、db40 函数第 4 层分解详细图示

从图 6.5 可以看出：当 $N>20$ 时，分解信号已经比较稳定，选择这一范围的小波都是合适的。结合前述分析结果，对于本桥的温度信号，选取 $20<N<40$ 均可进行分析，因此本课题组建议采用 db30 进行分解。

6.1.2 分解层次

对 A 传感器的原始数据进行快速傅里叶分析，将数据分解为不同频率的波形的叠加。利用 MATLAB 软件实现，主函数是 FFT 函数。得到的跨中顶板温度数据的频谱图如图 6.6 所示。

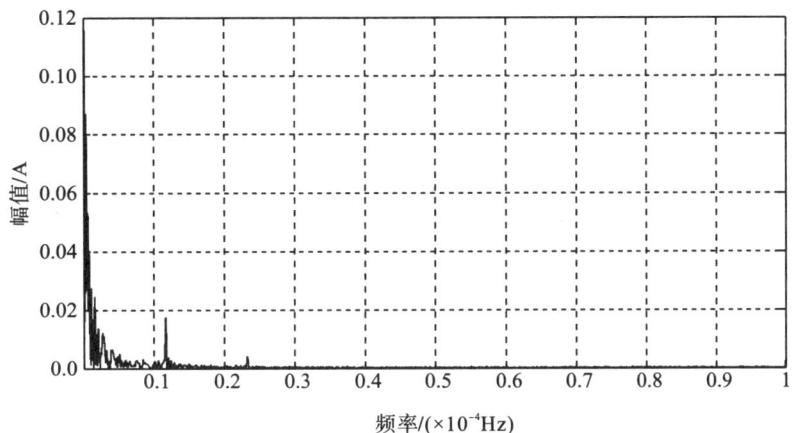

图 6.6 测点温度快速傅里叶分析频谱图

从多尺度分解的意义上理解，每进行一次小波分解就把信号按照频率分解为两个部分，每一次分解后的数据量都大约减半，得到小波分解后的频带范围如图 6.7 所示。

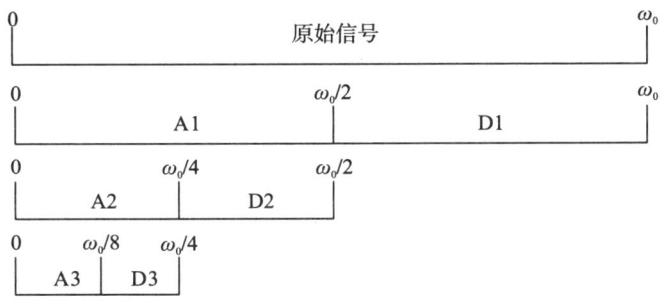

图 6.7 不同层次分解对应的频率范围

从图 6.8 中可以看出，信号在 db30 函数下的能量主要集中在信号的低频部分，第一层和第二层主要是系统噪声等高频信息（J 是对应的小波分解层数），第二个尖峰点周期约为 23h，第三个尖峰点周期约为 12h，第三层和第四层对应的是日照产生的温度效应下的应变。

本研究进行数据分析的目的是去除系统噪声引起的数据变化，需结合频段和数据的物理意义确定具体的分解层次。对边跨 1/2 截面 21 号测点的温度数据进行分解，使用 db30 分解层次为 6 的观察分解结果如图 6.9 所示。

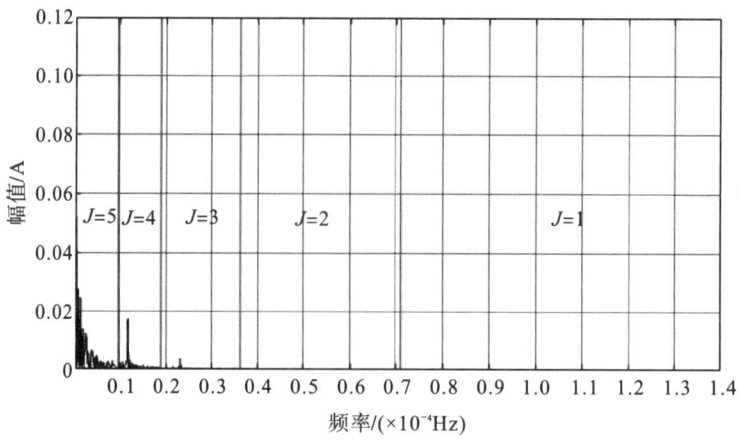

图 6.8 小波分解频带范围

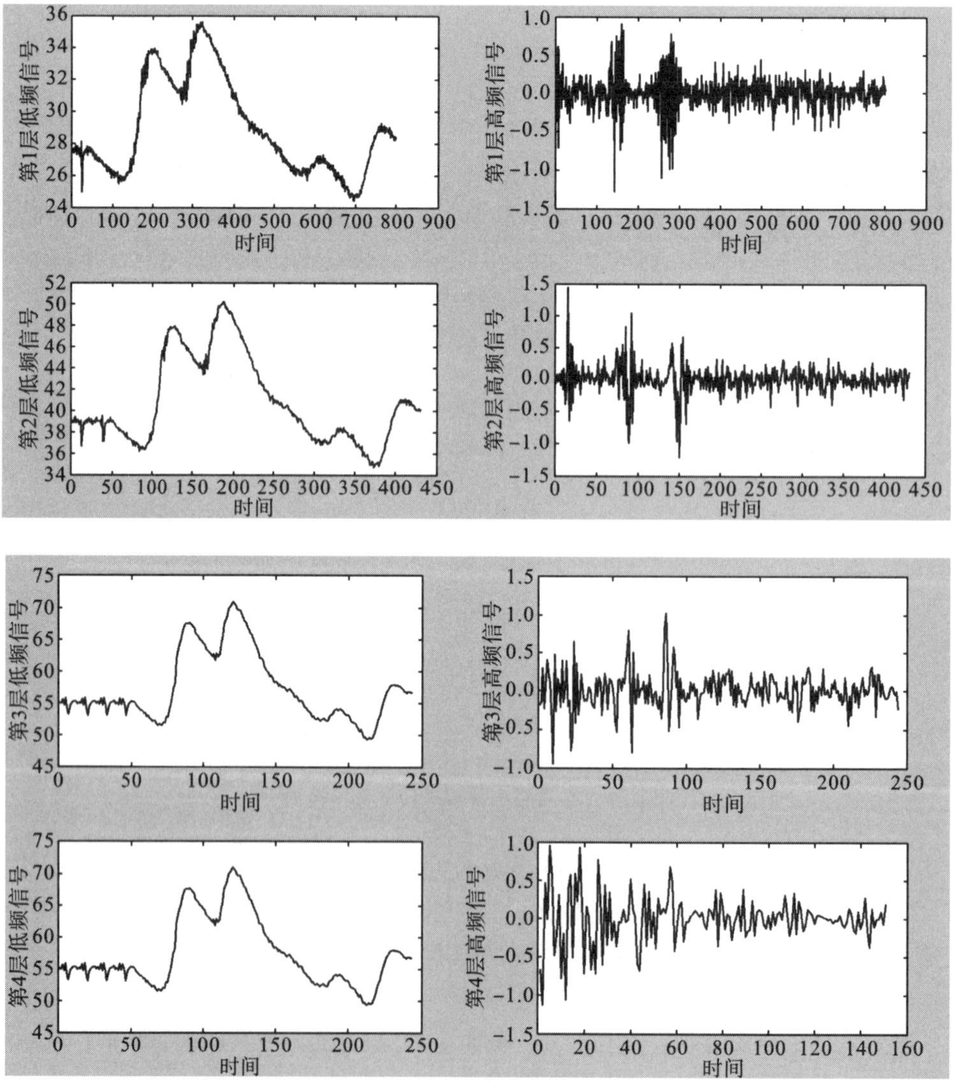

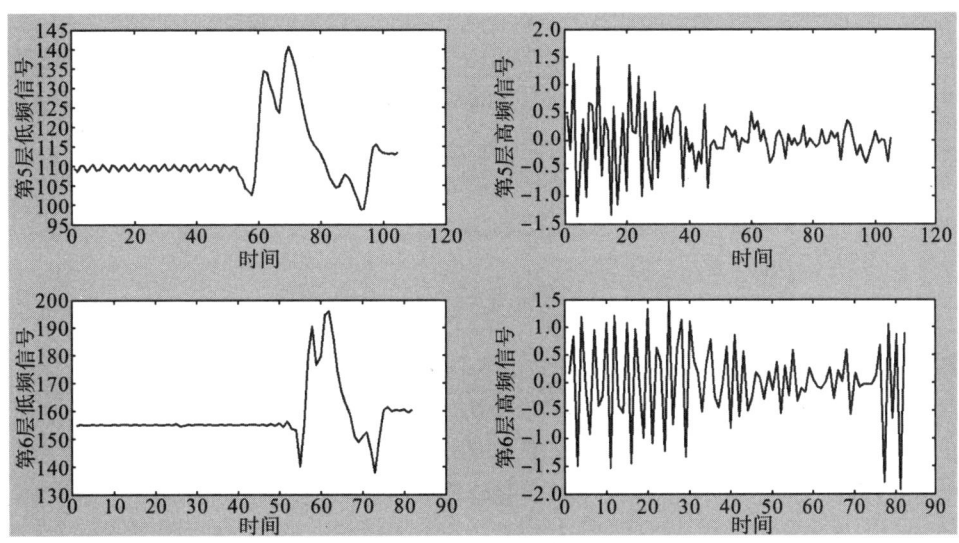

图 6.9 温度数据 db30 的小波 6 层分解详细图示

从图 6.9 中可以看到由于电信号干扰等系统造成的噪声主要集中在第 1、2 层的高频信号中，第 5 层分解的低频信号已经开始失去数据趋势的表达能力，第 4 层数据和原始信号最接近，因此对于温度数据采用 db 小波分解到 4 层，取 $N=30$。

6.2 应变数据预处理

应变数据按照频率范围大致分为两类，一类是与噪声相关的信息，为周期短、频率高的信号；另一类是与承载力变化相关的信息，为周期长、频率低的信号。以高低频的形式，利用小波分析可以将两类数据分离开。得到的高频噪声中除了环境噪声、系统噪声之外，还有可能包含车辆荷载信号，因此需要把车辆荷载识别出来。

荷载和噪声所在的幅值范围是有区别的（系统设计时已经考虑），根据荷载试验设置阈值范围从而对正确突变进行保留，保留的荷载信息和小波分析去除噪声信号后的高低频信号重构，得到的就是真实信号的估计值，处理过程如图 6.10 所示。

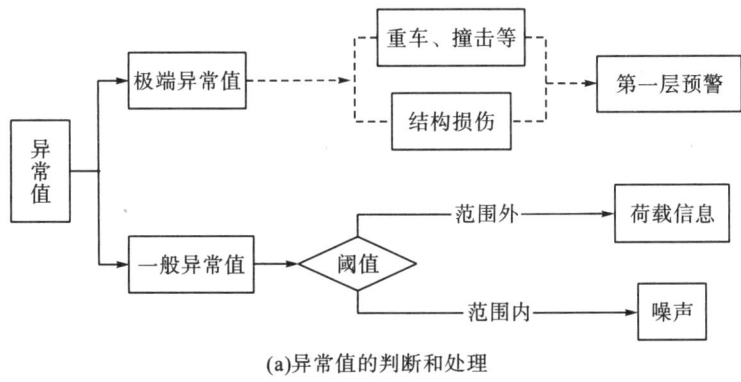

(a) 异常值的判断和处理

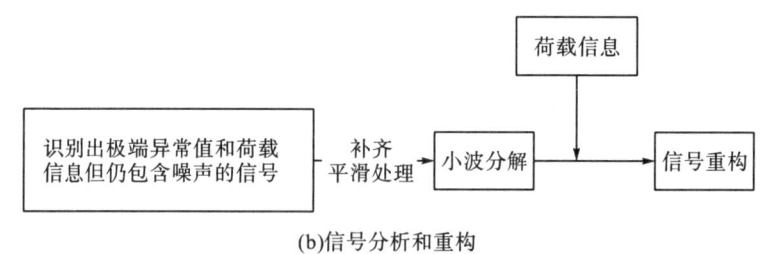

(b) 信号分析和重构

图 6.10 应变数据分析：预处理流程框图

图 6.10(a) 中虚线表示的是由于重车和结构损伤造成的超大异常值的判断,是系统实现第一层次实时预警的基础。但损伤识别和荷载反演的领域与本研究主线偏离,这里不做研究,进一步研究可以基于上述两种理论建立异常事件数据库。

除去极端异常值后的测试数据要对一般异常值进行判断,判断的阈值范围是根据荷载试验得到的,在范围外的数值就认为是系统原因造成的随机误差。对于这样的系统随机误差常用的处理方法是对数据进行补齐、替代和平滑处理。这是针对类似跳点的少量数据异常的处理,主要采取附近均值取代的方法[图 6.10(b)]。大片空值、范围性异常值直接舍去,把测试的时间序列转换成文本数列。

图 6.10(b) 所示是将图 6.10(a) 中保留的荷载信息和小波分析去除噪声信号后的高低频信号进行重构,得到真实信号的估计值。

6.2.1 异常值的初步诊断和处理

预处理过程中关于一般异常值和极端异常值的筛选、判断和识别要依据一个区间范围,这个范围要根据结构计算、设计说明以及荷载试验得到的结构在车辆荷载作用下的应变范围确定,从而对异常值保留与否做出判断[4,5]。2016 年 4 月对本项目沿线大桥进行了荷载试验,以悦乐大桥为例测点分别是跨中和根部截面。得到的每个截面在各个工况加载下的应力最大值作为应变数据的阈值。

上述实测应变值作为健康监测系统实时应变值阈值车辆荷载部分的基准值,这个范围的确定有助于对数据预处理可能出现的数据情况进行解释和剔除,在异常值判断时要注意对比项是否一致。其他桥梁的阈值确定方法相似,由于跨度、墩高等有差异,因此需要单独计算。

6.2.2 小波分解

在 6.1 节中已经分析,对于本研究分解小波选择 db30 小波比较合理,分解图如图 6.11 所示。

观察应变数据在 db30 小波 6 层分解作用下的数据特征,发现分解层次和分解频带表征的物理意义是相对应的:与温度数据类似,细节信号 D1、D2 的频率较高,是由传感器和状态噪声的高频分量引起的局部干扰,特征信号 A5 已经开始失真失去一些代表值,同样是第四层对信号的作用最大,A4 层代表信号的温度应变和徐变收缩等一些长周期的应变信号，四层分解可以将噪声以及日温差分离出来，剩下长周期的温度应变和收缩徐变产生的应变耦合起来，在数据的二次处理中对除去长周期温度应变有进一步研究。

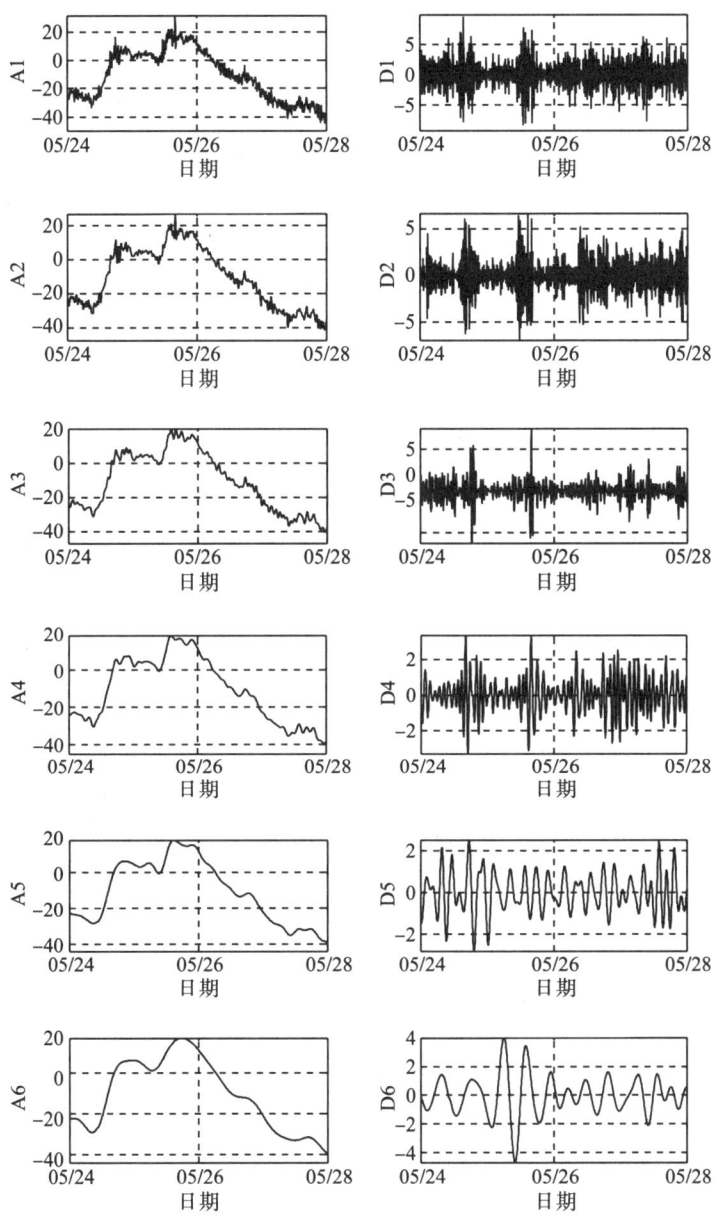

图 6.11 23 号应变数据 db30 小波 6 层分解图示

6.3 预处理数据的统计分析

预处理过的数据虽然可以实现基于异常值第一层次的实时在线预警，但是还不能直接对桥梁结构进行承载能力的评判，需要将温度产生的应变去除[6,7]。通过对预处理过的数据进行累积量和趋势值的提取可以得到本研究评估方法的数据基础：除了统计趋势值还要剔除温度产生的应变、分析跨中截面应变和位移的相关性。

6.3.1 应变数据的相关性

大量随机信号的统计表达是描述数字信号的有用工具，特别适用于基于一般统计量的信号特征表达。在去噪后的信号分析中，常常要对两个不同信号进行相关分析。用互相关函数、互协方差函数和互相关系数来描述这些信号之间的相关关系，以便为后期的桥梁状态评估做数据准备。

定义两个函数表征两个独立的信号数列 x_1、x_2，则互相关函数为

$$R_{x_1 x_2} = E[x_1 x_2^*] \tag{6-4}$$

互协方差函数定义为

$$\text{cov}_{x_1 x_2} = E[x_1 - \mu(x_1)][x_2 - \mu(x_2)]^* \tag{6-5}$$

那么互相关系数：

$$n_{x_1 x_2} = \frac{\text{cov}_{x_1 x_2}}{\sqrt{S_{x_1} S_{x_2}}} \tag{6-6}$$

其中，μ 是数列的数学期望；S 是数列的方差。在本研究中 $n_{x_1 x_2}$ 的物理意义是指：信号之间存在共同作用因素引起的确定量和随机不同量，减去各自数学期望以后，共性和差异性就表现得更加明显。经过相乘和再求期望之后，共性部分符号相同，所以加强，随机不同量在平均意义下趋势是接近抵消，再经归一化处理得到互相关系数。数学意义是 n 的绝对值与 1 的靠近程度，表征了相关程度。

应变数据的一致趋势性表现为以下三个方面，计算出的对应测点的相关系数见表 6.1。

(1) 应变和大气温度的一致趋势性如图 6.12 所示，同一测点位置的温度和应变的一致性如图 6.13 所示。表 6.1 中的相关系数都比较接近 1，说明相关性较好。

(2) 不同截面同一测点位置的一致性如图 6.14 所示，图中 21 号和 25 号是两个边跨跨中截面同是顶板测点位置处的应变曲线。

(3) 同一截面不同测点位置的一致性，主要表现为顶、底板数值的同走向性，同时这种一致性还具有一定的差异性（图 6.15）。这些趋势说明环境温度是造成结构应变的主要低频部分。

表 6.1 应变的相关系数

项目	对应测点	相关系数
温度和应变	yb17-wd17	0.862
不同截面同一测点位置	yb21-yb25	0.993
	yb17-yb20	0.901
同一截面不同测点	yb25-yb28	0.978
	yb28-yb26	0.988

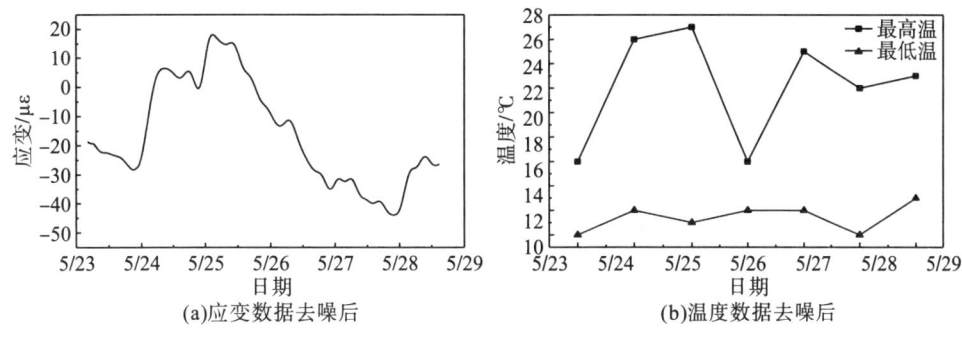

图 6.12　5月大气温度和应变数据对比图

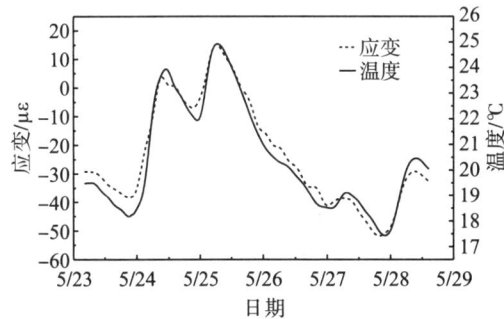

图 6.13　同截面同一测点位置温度和应变的一致性

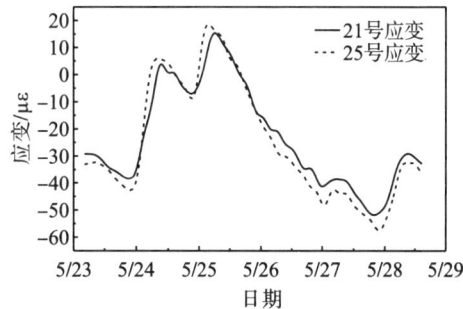

图 6.14　跨中截面顶板应变曲线

该系统沿纵桥向敏感截面布置传感器，敏感截面为边跨 1/2、中跨 1/2，以及 0 号块根部截面。对位置不同的应变进行分析：图 6.15 是某大桥昭通方向边跨跨中应变曲线，其中 25 号是顶板、27 号是底板。从图 6.16、图 6.17 中可以看出，根部截面顶底板的应变差值和变化范围都很大，这主要是由大气温度引起的顶底板温度差异造成的。两条根部曲线相似度很高，因为它们的受力特点最相似。

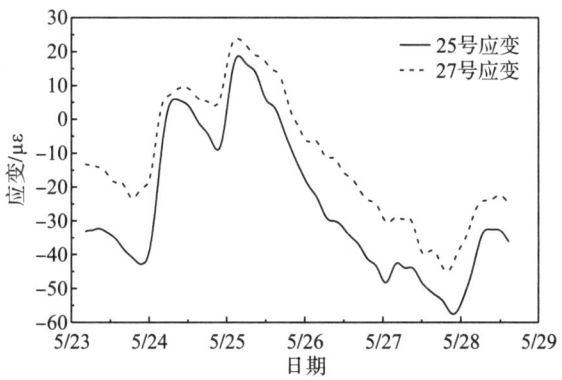

图 6.15　某大桥昭通方向边跨跨中顶底板应变

不论是从一致性分析，还是从截面位置分析，温度和应变都存在相关性。我们可以利用两种规律得到一些有利于健康监测系统运行的简化方法，总体来说，所有的数据规律与温度趋势关系最大。温度的周期规律在第 5 章数据的二次处理中已做分析,可以通过这些规律来确定趋势的变化以及提取为评估和判断的特征值。

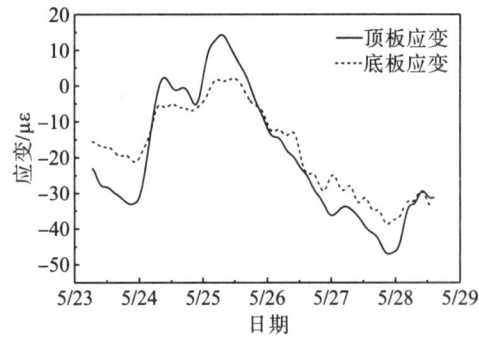

图 6.16 麻柳湾方向 0 号块根部截面应变

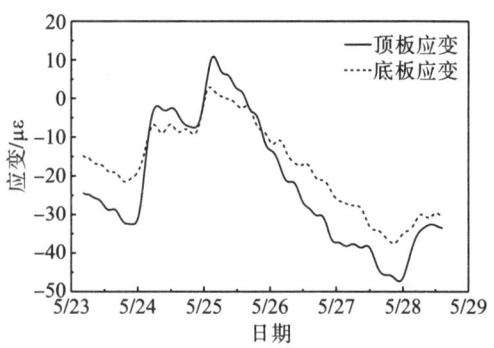

图 6.17 昭通方向 0 号块根部截面应变

6.3.2 温度对应变的影响

经过数据预处理后的应变数据中应该包含四部分内容:一是恒载合计(包括预应力、自重以及混凝土徐变和收缩)引起的应变;二是温度荷载引起的应变;三是汽车荷载引起的应变;四是风载等其他可变作用引起的应变。其中温度荷载对桥梁结构的影响不可忽略,有时甚至比汽车荷载作用下产生的响应还要大。

因此本节对温度产生的应变进行分析,一方面是为了校核实测温度场的作用下,温度荷载产生的应变值的实际范围;另一方面是为了消除结构应变中温度产生的可恢复变形,得到结构变形中的不可恢复部分,从而与在收缩和徐变影响下桥梁结构承载力的实际变化趋势对比。

取实测顶底板的离散数值代入模型,考虑温度梯度的影响(表 6.2),发现温度梯度和整体升降温产生的应力在一个数量级内,不能忽略。

表 6.2 温度梯度产生的应力

顶板/℃	底板/℃	温度梯度应力/MPa		整体温度应力/MPa	
		顶板	底板	顶板	底板
25.6	23.1	−0.806	0.229	−0.446	−0.405

对温度场输入的准备如下。

关于实际桥梁温度场的模拟方法,有很多规范给出了指数函数、折线函数、线性函数、矩形函数等。但由于本研究仅测试了顶底板的温度数据,没有中间数据进行参数求解,能够求解 2 个参数的函数形式,所以只有线性函数可以直接求解。对于具体项目,有两种解决措施:一是按线性计算,但要进行适当修正;二是按指数或其他非线性函数计算,但其中有部分参数要按照经验进行取值。本研究采用第 1 种处理方式作为示例。

对消噪后的温度数据做简化,简化方法有两种设想:一是对所有传感器同一时刻求取平均值，即简化为一个传感器的平均温度值；二是对顶板和底板分别求平均值，中间位置进行线性内插。

根据温度数据的统计值分析，可以发现温度和测点位置的关联性很强，主要表现在两个方面：一是所有温度数据表现出一致变化趋势，不同截面同一测点的相关性很强(图 6.18)。二是同一截面顶底板的差异性不能忽略(图 6.19)。

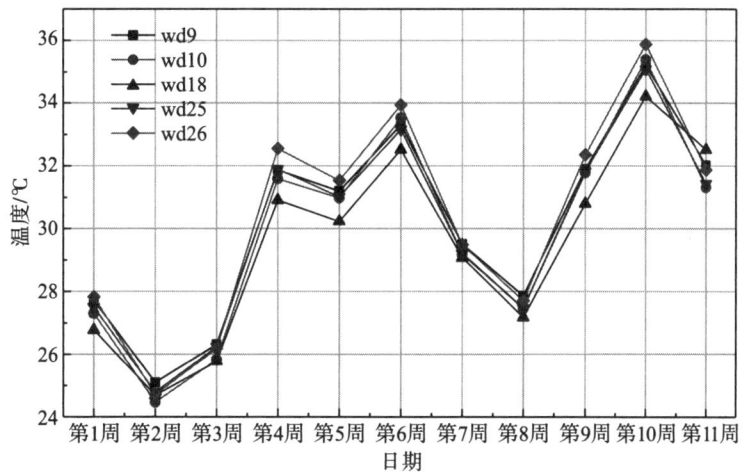

图 6.18　不同温度测点同走向性

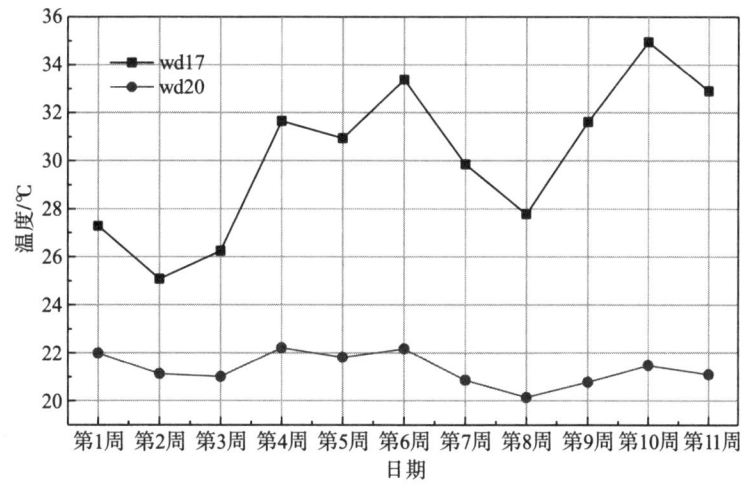

图 6.19　相同截面顶底板温度差异性

对温度数据进行测点之间的相关性分析，计算出的相关系数见表 6.3。可以看到沿桥梁纵向不同截面同一测点位置的相关系数范围为 0.96~0.99，相关性很强，具有相似的变化趋势，可以认为沿桥纵向温度为均匀分布。顶底板温度相关系数较小，如跨中顶底板 17 号和 20 号温度传感器的相关系数只有 0.378，需要考虑顶底板差异性。

所以考虑分离测试数据中温度产生的应变时，基于实测温度值输入的温度场是采用相同测点温度数值求取的平均值，沿着纵桥向不考虑温度变化，对顶底板均值进行线性差值，插值方法参照《公路桥涵设计通用规范》(JTG D60—2015)。

表 6.3 不同温度传感器的相关系数

测点编号	不同截面相同测点位置						顶底板
	wd26-10	wd10-09	wd25-10	wd25-09	wd26-09	wd25-26	wd17-20
相关系数	0.991	0.989	0.964	0.972	0.995	0.971	0.378

综上所述,在求取由温度引起的应变时,以周为单位进行统计,对沿纵桥向的温度测点分别求取顶底板的平均值,作为模型的实测温度场模拟数值(图6.20)。

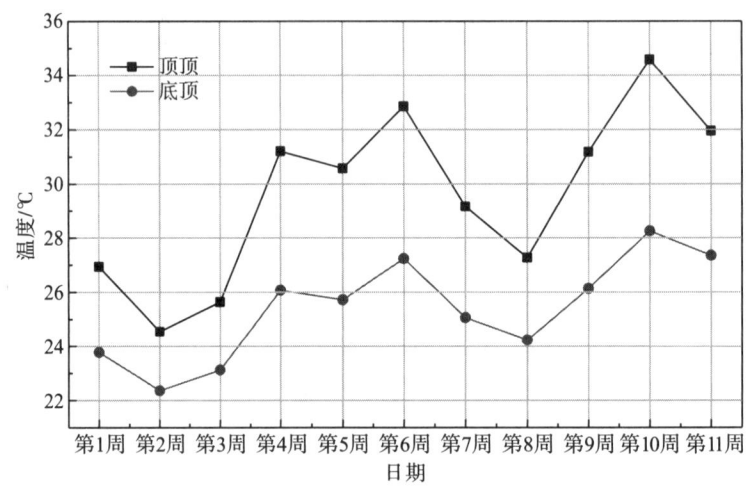

图 6.20 顶板、底板温度均值曲线

6.3.3 位移与应力之间的关系

连续刚构桥跨中竖向变形与结构应力具有一定的一致性。但是这种一致性比较复杂,需要以实际的应变和水准数据进行对比分析,建立应变和位移之间的数学关系。表6.4是基准模型不同荷载作用下跨中的位移和应力值,这两个变量的变化趋势是一致的,但并非是严格的线性关系。类比纯弯状态下的弯矩和挠度,在基于曲率为中间量的转换下表现出的二次倒数关系,以及考虑平面假定下正应力与弯矩表现出的一次关系,假设跨中挠度和水准之间的二次求导关系,两边同时积分,使用二次多项式拟合,发现结果也不尽人意。

表 6.4 跨中应变和挠度

不同荷载组合	应力/MPa	位移/mm
整体升温	−1.124	26.741
恒载	−8.493	113.26
标准荷载组合	−12.147	146.88

实测结构响应中,主要包含活载、收缩徐变与预应力松弛、支座沉降、温度应变以及

其他可变作用。这些荷载引起的响应都可以从实测数据中分离出来,最后得到活载作用下的结构响应。实际桥梁结构的承载能力大多也以活载承载能力作为度量,所以这里只考虑活载作用下应力和挠度的关系。

结构影响线是用来表征某一个截面内内力、变形随着荷载位置变化而变化的规律,目前基于影响线的研究,运用到了模型修正、损伤识别等方面的知识。随着桥梁结构运营时间的增长,桥梁承载能力有一个变化过程,这个变化过程可以通过影响线进行判定。按这个思路,结合静力荷载试验通过逐点加载,分析不同截面、不同活载系数、不同加载位置位移和应力的关系。即把桥梁结构当成一个"秤",加载单位也不是1,而是以《公路桥涵设计通用规范》(JTG D60—2015)版规定的公路Ⅰ级荷载为基准进行缩放,比较不同结果,找出活载作用规律。

采用载重汽车等效设计荷载(公路Ⅰ级)效应来实现和满足加载要求,加载车辆见图6.21,加载测试断面见图6.22。

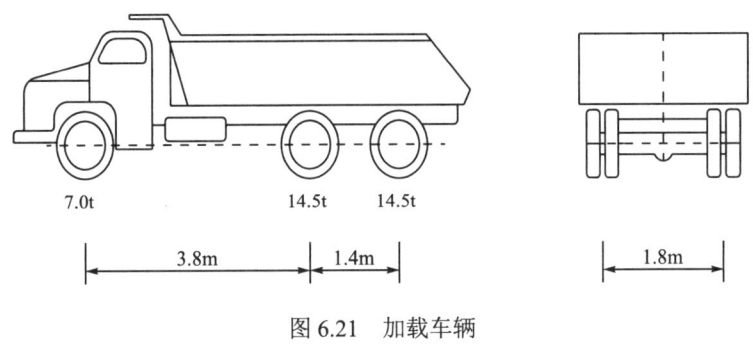

图6.21 加载车辆

对于1号截面位置,活载系数为1.0时,顶板的应力和位移随加载位置改变的变化曲线如图6.23所示,可看出结构应力和位移在活载作用下的变化规律具有很好的一致性。

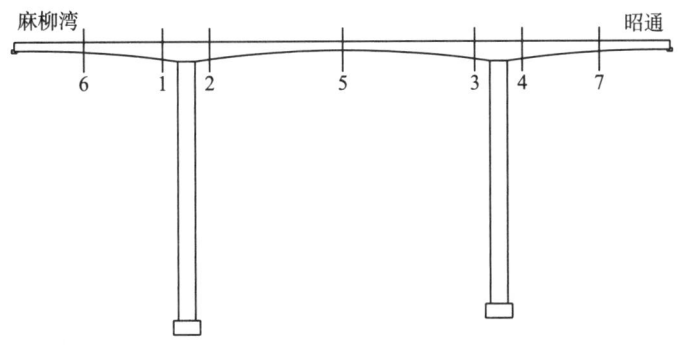

图6.22 测试断面

对于1号截面,考虑同一加载截面处不同加载系数,查看结构响应。发现从《公路桥涵设计通用规范》(JTG D60—2015)规定的正常使用极限状态长期组合活载系数0.4开始,到承载能力极限状态的1.4,结构在荷载作用下,应变和位移都与活载系数线性相关,而且两者之间的线相关性完全一致。

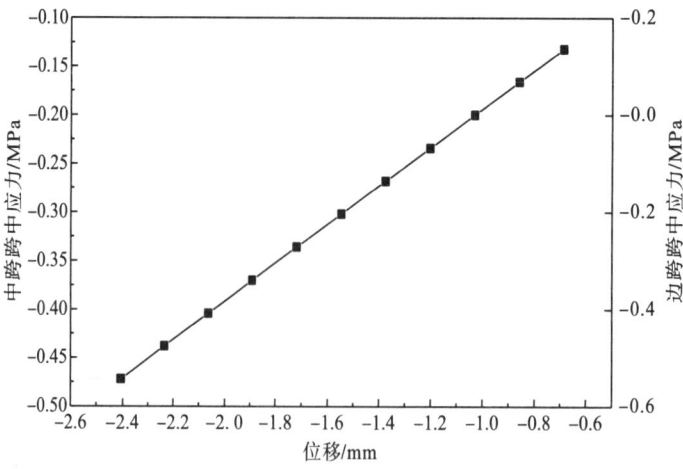

图 6.23 不同活载系数下应力与位移的响应关系

表 6.5 1 号截面 1 号加载位置不同活载系数的应力和位移

活载系数	位移/mm	应力/MPa	活载系数	位移/mm	应力/MPa
0.4	-0.687	-0.132	1.0	-1.719	-0.336
0.5	-0.859	-0.166	1.1	-1.891	-0.370
0.6	-1.031	-0.200	1.2	-2.063	-0.404
0.7	-1.203	-0.234	1.3	-2.235	-0.438
0.8	-1.375	-0.268	1.4	-2.407	-0.472
0.9	-1.547	-0.302			

根据表 6.5 得知,某一个测点位置处,同一加载位置车辆荷载引起的响应,与荷载的倍数呈正相关。位移和应变呈线性关系,也就是荷载作用时,可以忽略荷载大小的影响。基于这种性质,可以不考虑荷载倍数的影响,也就是以桥为"秤",以加载车辆为"单位车辆"的假设是合理的。

利用静荷载模拟来研究不同加载位置作用同一测点的位移和应变不是完全线性相关的,从表 6.6 可以看出,这种非线性主要表现在根部截面,从表 6.7 可以看出中跨跨中的应力和位移相关性较好。考虑加载位置是从其中一个边跨跨中到中跨跨中。

表 6.6 根部截面不同加载位置应力与位移关系

加载位置/m	加载系数 1.0		加载系数 1.1		加载系数 1.2	
	位移/mm	应力/MPa	位移/mm	应力/MPa	位移/mm	应力/MPa
29	-0.238	0.156	-0.262	0.171	-0.285	0.187
32	-0.227	0.125	-0.25	0.137	-0.272	0.15
35	-0.213	0.980	-0.234	0.107	-0.255	0.117
38	-0.194	0.068	-0.214	0.075	-0.233	0.082
41	-0.172	0.035	-0.189	0.039	-0.206	-0.042
44	-0.147	-0.015	-0.162	-0.017	-0.177	-0.018

加载位置/m	加载系数 1.0		加载系数 1.1		加载系数 1.2	
	位移/mm	应力/MPa	位移/mm	应力/MPa	位移/mm	应力/MPa
45.5	-0.111	0.0091	-0.122	-0.010	-0.133	-0.0109
46.5	-0.094	-0.0038	-0.104	-0.0042	-0.113	-0.0046
48.5	-0.08	0.0094	-0.087	0.0103	-0.095	0.0112
50.5	-0.059	0.025	-0.065	0.027	-0.071	0.03
54	-0.028	0.05	-0.031	0.055	-0.034	0.0603
57	0.0079	0.0796	0.0087	0.0875	0.0095	0.0955
60	0.049	0.111	0.054	0.123	0.058	0.134

表 6.7 边跨跨中不同加载位置应力位移关系

加载位置/m	加载系数 1.0		加载系数 1.1		加载系数 1.2	
	位移/mm	应力/MPa	位移/mm	应力/MPa	位移/mm	应力/MPa
29	-1.719	-0.336	-1.891	-0.37	-2.063	-0.404
32	-1.391	-0.248	-1.53	-0.273	-1.669	-0.297
35	-1.128	-0.19	-1.24	-0.209	-1.353	-0.228
38	-0.866	-0.14	-0.952	-0.154	-1.039	-0.168
41	-0.614	-0.095	-0.676	-0.104	-0.737	-0.114
44	-0.389	-0.057	-0.428	-0.062	-0.466	-0.068
45.5	-0.168	-0.0197	-0.184	-0.0217	-0.201	-0.0237
46.5	-0.071	-0.0035	-0.078	-0.0039	-0.085	-0.0042
48.5	0.02	0.012	0.022	0.013	0.025	0.0144
50.5	0.138	0.032	0.151	0.035	0.165	0.038
54	0.328	0.064	0.361	0.071	0.394	0.0773
57	0.549	0.102	0.6035	0.1122	0.6583	0.1224
60	0.789	0.143	0.868	0.157	0.947	0.171

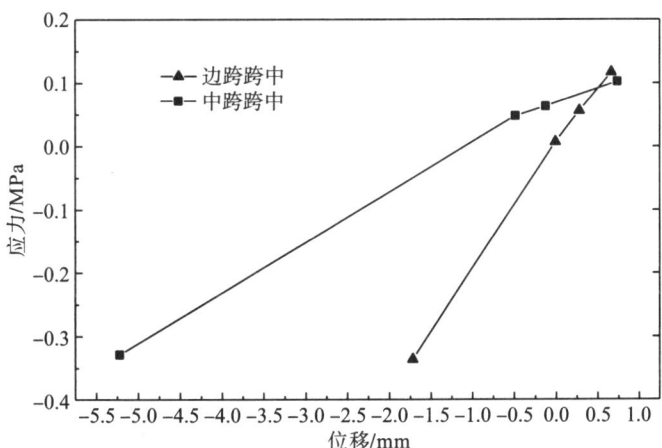

图 6.24 1 号截面不同加载位置作用下应力和位移的关系

由表 6.6、表 6.7 和图 6.24 可以看出，除根部截面外，其他截面的位移-应力表现出一定的线性相关。虽然根部的非线性很明显，但是因为根部位移和应变的一致性主要考虑跨中，所以可以采用这种线性关系模型。根据此线性关系模型，可以得到对应于一个测点的应力关于位移的预测值，与实测值进行比较，以便在第 7 章的桥梁分级评估方法(变形数据-应力数据校核评估)中应用。

还可以继续通过分析挖掘桥梁结构参数与环境参数等的关联性，发现桥梁结构参数及环境参数的变化趋势，以及进一步发现桥梁结构参数及环境参数的异常等。

本章参考文献

[1] 王济, 胡晓. MATLAB 在振动信号处理中的应用[M]. 北京: 中国水利水电出版社, 知识产权出版社, 2006.

[2] 孙继赫. 基于时间序列分析的桥梁健康监测信息处理方法研究[D]. 重庆: 重庆交通大学, 2015.

[3] 罗明明. 桥梁健康监测系统数据处理与分析技术研究[D]. 重庆: 重庆大学, 2015.

[4] 胡怡然. 基于数据驱动的桥梁健康监测数据预处理[D]. 重庆: 重庆交通大学, 2013.

[5] 韩雪. 大型桥梁建设－运营期基于可靠度理论的安全评估模式研究[D]. 重庆: 重庆交通大学, 2011.

[6] 吕冀. 桥梁监测数据处理与可视化方法研究[D]. 西安: 长安大学, 2010.

[7] 张鹏. 基于神经网络的桥梁监测数据挖掘[D]. 重庆: 重庆大学, 2007.

第 7 章 安全预警与承载能力评估方法

结构预警和评估是健康监测系统的两个重要功能，其分析结果可为桥梁的运营及维护决策提供科学依据。其中，结构预警是系统功能实现的第一层次，其目标是通过对系统实时采集的监测信息进行自动处理和统计分析，快速了解和掌握结构的状态变化，结构状态发生异常或具有异常征兆时及时报警。结构评估则是系统功能实现的第二个层次，在结构预警后，综合利用监测系统自动采集的数据和人工巡检获取的信息，结合各种分析工具对桥梁结构状态进行全面评估。结构预警是结构评估的触发开关，一旦结构状态出现预警，就需要对桥梁结构状态进行全面评估。

因此，研究具有自动预警功能的在线结构预警体系具有重要意义。作为桥梁健康监测系统的基本功能之一：在异常事件下实时报警，对桥梁运营管理与养护工作具有极其重要的意义。但目前实现报警功能存在诸多难点，如取何数据源进行报警、分几级进行报警、报警阈值如何设定、对应的管养手段与后续动作等。本研究确定了预警指标、预警阈值和预警流程。

健康监测系统预警系统分为有模型和无模型两种。基于系统造价和设备要求，以及为了实现实时预警，本研究用的是无模型预警方法。该方法不依赖结构的有限元模型分析，而是基于桥梁结构实时监测数据形成预警指标，根据数据分析、规范规定和荷载试验等方式确定不同层次的预警阈值，之后实现不同层次的预警流程。本研究针对连续刚构桥健康监测系统提出"分级预警"的在线预警体系，以期能丰富研究，为今后类似桥梁的在线预警提供借鉴。

7.1 规范对桥梁技术状况的评定分类

针对连续刚构桥的特点，在参照国家有关技术规范要求和相关研究成果的基础上，本研究总结叙述了运营桥梁状态评估的分类和养护标准及承载能力的判定，在基于相关规范中不同分类等级评定标准的基础上，给出了分级预警模型。所提出的分类方法类比于规范对桥梁技术状况的划分便于行业间相互理解，对运营中的桥梁监测与养护管理具有重要的指导意义和实用价值。

本节参考的规范[1-5]如下。
(1)《公路桥梁荷载试验规程》(JTG/T J21-01—2015)。
(2)《建筑与桥梁结构监测技术规范》(GB 50982—2014)。
(3)《结构健康监测系统设计标准》(CECS 333—2012)。
(4)《公路桥涵养护规范》(JTG H11—2004)。
(5)《公路桥涵技术状况评定标准》(JTG/T H21—2011)。

7.1.1 桥梁技术状况评定

现行桥梁评估的方法主要基于：《公路桥涵养护规范》(JTG H11—2004)和《公路桥涵技术状况评定标准》(JTG/T H21—2011)。《公路桥涵养护规范》(JTG H11—2004)重点推荐采用综合评定法进行桥梁综合技术状况评定，该方法将桥梁分为 17 个部件进行评定，根据各个部件在桥梁整体中的重要程度给予不同的权重，然后给出各个部件评分的方法，即标度法。《公路桥涵技术状况评定标准》(JTG/T H21—2011)依据桥梁检查资料，通过对桥梁各部件中技术状况分层综合评定，同时考虑桥梁单项控制指标(关键病害的控制)，进而确定桥梁技术等级。《公路桥涵养护规范》(JTG H11—2004)对桥梁技术状况评定标准做了五类规定，详见表 7.1。

表 7.1 桥梁技术状况评定标准

类别	状态	描述
一类	完好、良好状态	①结构的重要部件的功能与材料都良好 ②结构的次要部件使用功能良好，部件材料有轻度缺损或污染(3%以内) ③承载力和桥面行车条件符合设计指标
二类	较好状态	①结构的重要部件功能良好。材料有局部或者轻度缺损或污染(3%以内)。裂缝宽度小于限制 ②结构的次要部件有中等(10%以内)缺损或污染 ③承载能力和桥面行车条件达到设计指标
三类	较差状态	①结构的重要部件或者材料有中等(10%以内)缺损。裂缝宽超过限值，或出现轻度功能性病害，但发展缓慢，尚能维持正常使用功能 ②次要部件有较大(10%~20%)损伤，功能降低，进一步恶化将不利于重要部件和影响正常交通 ③承载能力比设计降低 10%以内，桥面行车不舒适
四类	差的状态	①重要部件材料有大量(10%~20%)严重缺损、裂缝宽度超过限值。风化、剥落、露筋、锈蚀严重，或出现轻度功能性病害且发展较快。结构变形小于或等于规范值，功能明显降低 ②次要部件有 20%以上的严重缺损，失去应有功能，严重影响正常交通 ③承载能力比设计降低 10%~25%
五类	危险状态	①重要部件材料出现严重功能性病害，且有继续扩张现象。关键部位的部分材料强度达到极限。出现部分钢筋断裂、混凝土压碎或杆件失稳变形的破坏现象、变形大于规范值，结构的强度、刚度、稳定性和动力响应不能达到平时交通安全通行的要求 ②承载能力比设计低 25%以上

这 5 类桥梁有相应的养护标准：一、二类桥梁进行正常保养；三、四类桥梁需要大修或者改造，及时进行交通管制，如限载、限速通过，当缺损较严重时应关闭交通；五类桥梁需要进行重建或改建，及时关闭交通。对于适应性不能满足的桥，应采取提高承载力、加宽、加长、加强基础防护等改造措施，若整个路段有多座桥梁适应性不能满足，应该结合路线改造进行方案比较和决策。

表 7.2 桥梁总体技术状况评定等级

评定等级	桥梁技术状况描述
一类	全新状态功能完好
二类	有轻微缺损，对桥梁使用功能无影响
三类	有中等缺损，尚能维持正常使用功能

续表

评定等级	桥梁技术状况描述
四类	主要构件有大的缺损,严重影响桥梁使用功能或承载能力,不能保证正常使用
五类	主要构件存在严重缺损,不能正常使用;危及桥梁安全,桥梁处于危险状态

《公路桥涵技术状况评定标准》(JTG/T H21—2011)按照检测指标—构件—部件—结构—总体的逻辑顺序对桥梁总体技术状况进行分级,仍然分为5类,其中次要部件分为4类,详见表7.2~表7.5。

表7.3 桥梁技术状况分类界限表

技术状况评分	评定等级				
	一类	二类	三类	四类	五类
(SPCI、SBCI、BDCI)	[95,100]	[80,95)	[60,80)	[40,60)	[0,40)

表7.4 桥梁主要部件技术状况评定标准

技术状况评定等级	桥梁技术状况描述
一类	全新状态,功能完好
二类	功能良好,材料有局部轻度缺损或污染
三类	材料有中等缺损,或出现轻度功能性病害但发展缓慢,尚能维持正常使用功能
四类	材料有严重缺损,或出现中等功能性病害,且发展较快,结构变形小于或等于规范值,功能明显降低
五类	材料有严重缺损,出现严重功能性病害,且有继续扩张现象;关键部位的部分材料强度达到极限,且变形大于规范值,结构的强度、刚度、稳定性不能达到安全通行的要求

表7.5 桥梁次要部件技术状况评定标准

技术状况评定等级	桥梁技术状况描述
一类	全新状态,功能完好;或功能良好,材料有局部轻度缺损或污染
二类	材料有中等缺损或污染
三类	材料有严重缺损,出现功能降低,进一步恶化将不利于主要部件,影响正常交通
四类	材料有严重缺损,失去应有功能,严重影响正常交通;或原无设置,调查需补设

7.1.2 承载能力评定

《公路桥梁承载能力评定标准》(JTG/T H21—2011)对哪些桥梁需要进行承载能力评定以及评定的具体内容都有详细规定。其中规定桥梁技术状况为四、五类的桥梁,需要进行承载能力评估;此外,计划提高等级的桥梁、荷载类型特殊和受到异常外环境作用和异常荷载作用的桥梁也需要进行评估。根据评估结果有不同的处理措施,必要时需要对运营桥梁进行荷载试验。

在役桥梁有下列情况之一时,应进行承载能力评定。

(1) 技术状况等级为四、五类的桥梁。
(2) 拟提高荷载等级的桥梁。
(3) 需要通过特殊重型车辆荷载的桥梁。
(4) 遭受重大自然灾害或意外事件的桥梁。

《公路桥梁承载能力评定标准》(JTG/T H21—2011)中规定在役桥梁承载能力监测评定应包含的工作内容如下。

(1) 桥梁缺损状况检查评定。
(2) 桥梁材质状况与状态参数监测评定。
(3) 桥梁承载能力检算评定。
(4) 在作用效应与抗力效应比值为 1.0~2.0 时，应根据本标准有关规定通过荷载试验评定承载能力。

混凝土桥承载能力极限状态应根据公式进行计算评定。

$$\gamma_0 S \leq R(f_d, \xi_c a_{dc}, \xi_s a_{ds}) Z_1 (1-\xi_e) \tag{7-1}$$

其中，γ_0 为结构的重要性系数；S 为荷载效应函数；$R()$ 为结构抗力效应函数；f_d 为材料强度设计值；a_{dc} 为构件混凝土几何参数值；a_{ds} 为构件钢筋几何参数值；Z_1 为承载能力检算系数；ξ_c 为承载能力恶化系数；ξ_s 为钢筋截面的折减系数；ξ_e 为配筋混凝土截面的折减系数。

钢筋混凝土桥正常使用极限状态，宜按现行公路桥涵设计和养护规范及检测结果分以下三个方面进行计算评定。

(1) 限制应力：$\sigma_d \leq Z_1 \sigma_L$。
(2) 荷载作用下的变形：$f_{d1} \leq Z_1 f_L$。
(3) 各类荷载组合作用下裂缝宽度满足：$\delta_d \leq Z_1 \delta_L$。

其中，σ_d 为计入活载影响修正系数的截面应力计算值；σ_L 为应力极限值；f_{d1} 为计入活载影响修正系数的荷载变形计算值；f_L 为变形限值；δ_d 为计入活载影响修正系数的短期荷载变形计算值；δ_L 为变位限值；Z_1 为承载能力检算系数。

进行荷载试验，当出现下列情况之一时，应判定桥梁承载能力不满足要求。

(1) 主要测点静力荷载校验系数大于 1。
(2) 主要测点相对参与变位或相对参与应变超过 20%。
(3) 试验荷载作用下裂缝扩展宽度超过限制，且卸载后裂缝闭合宽度小于扩展宽度的 2/3。
(4) 在试验荷载作用下，桥梁基础发生不稳定沉降变位。

7.1.3 桥梁分级预警规律总结

(1) 桥梁运营期监测硬件与数据传输几乎不存在任何技术障碍，只是精度、监测频次、是否在线自动化网络化这些要求与系统造价相关。
(2) 安全与承载力评估(预警)，主流方法分为有模型法和无模型法。直接对数据进行分析，用分析结果进行预警和评估是无模型法，大多数桥梁监测系统限于造价，采用这种方法。

(3) 要实现分级预警，需要先做以下工作：原始数据预处理、数据特征值提取与优选、建立基准模型(初始参考比对模型)。

(4) 分级应与现行规范对应分为 5 级，便于理解和行业沟通，作为可实施的系统，主要划定这 5 级的四个分界线。

(5) 指标体系应该参考评定标准中从部分到整体以及划分主、次要部件的思路，将评估指标按重要程度分为非常重要(对应 5 类桥单项控制指标)、很重要(对应主要部件)、一般(对应次要构件)。其中指标监测结果应分为以下两种：与基准模型的差值(累积差，衡量绝对变化量，表征安全度)；与前一个监测期的差值(增量差，衡量相对变化量，表征变化趋势)。

本章建立的预警机制以本节参考的 5 个规范为基础，分为三个预警层次，其中第二层预警实现了分级预警，它是根据信号分析的指标量对单个指标进行判定，判定方法参照规范，结果大致也分为 5 类便于理解。最后评估利用层次分析法将指标元素结合起来再评分和分类。

7.1.4 分级预警模型

在参照国家有关技术规程规范要求和相关研究成果的基础上，总结叙述了运营桥梁状态评估的分类和养护标准及承载能力的判定，在基于规范不同分类等级评定标准的基础上，将规范对桥梁技术状况的划分类比于人生阶段，对设计年限 100 年的桥梁健康状况给出了分级预警模型(图 7.1)，便于行业间相互理解，对营运中的桥梁监测与养护管理具有重要的指导意义和实用价值。

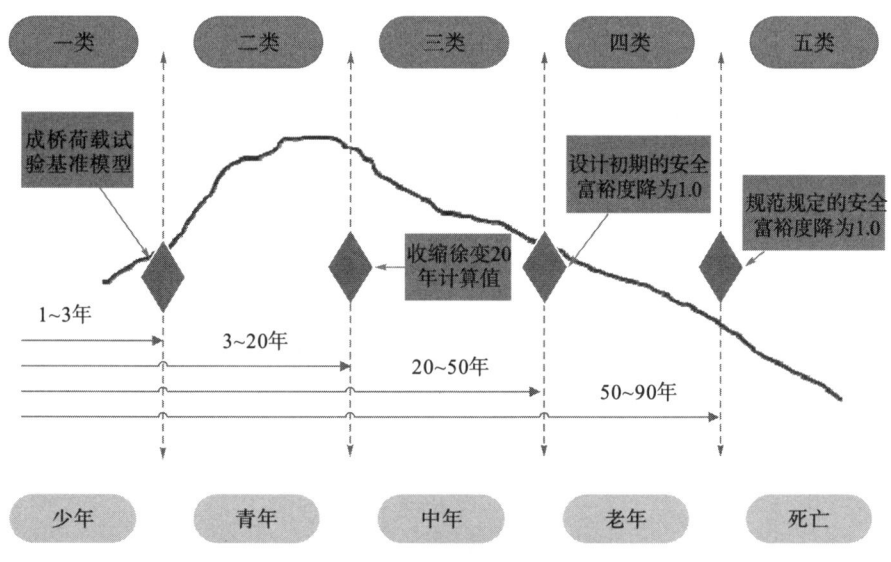

图 7.1 分级预警模型

分级思路：桥梁技术状况评定相关规范将桥梁划分为五类。以成桥 1~3 年为一类桥，对应于人的少年时期；以 3~20 年为二类桥梁，对应于人的青年时期；一类和二类之间的分界点取基准模型成桥状态的组合应力，即以成桥荷载试验基准模型的应力作为分界阈值。三类桥以设计初期安全富裕度降为1.0,对应于成桥20~50年的桥梁状态,其中二类和三类的界限值取基准模型成桥十年后状态的组合应力;以规范规定的富裕度降为1.0作为四类、五类桥梁的分界。

7.2 基于监测数据的安全阈值选择与计算

7.2.1 计算思路

对原始数据进行预处理和二次处理后,得到的数据和基准模型的计算值,是分级预警的数据基础。技术路线如图7.2所示。

对结构进行准确的理论分析是进行结构健康监测和评估管理的基础,因此应按照有关规范的要求进行桥梁结构分析。应用于桥梁健康监测的分析有平面分析和空间分析,需要进行的分析项目有:成桥状态恒、活载效应,温度效应,收缩徐变效应和墩台不均匀沉降等对结构健康监测的影响分析,以便进行各种工作状态的评估。

利用有限元软件进行分析:①确定控制截面;②确定正常使用阶段应力,分析各种作用下各测点应力包络图:升温应力、降温应力、基础变位应力、汽车荷载应力和挂车荷载应力;③正常使用阶段位移,分析各种作用下各测点位移包络图、温度效应:升温挠度、降温挠度、基础变位挠度和公路Ⅰ级荷载挠度。基于前面的工作,以应力数据为主,确定分级预警阈值的数据准备工作具体如下。

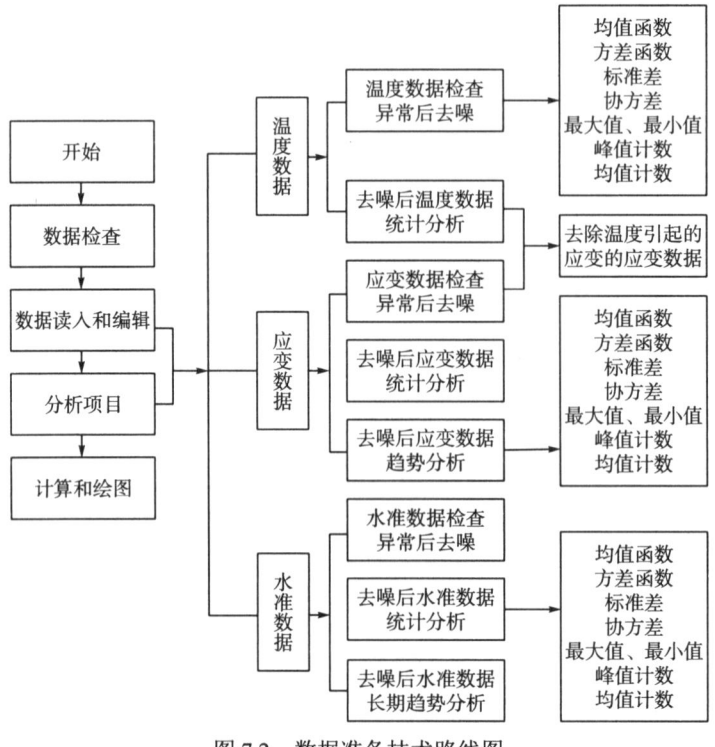

图7.2 数据准备技术路线图

(1)根据施工监控数据,反复修正模型参数(刚度、质量等),得到基准模型。根据基准模型计算成桥状态测试断面的恒载应力 C_h、活载应力最大值 C_{fx} 与最小值 C_{fn}、其他可变作用应力最大值 C_{gx} 与最小值 C_{gn}、荷载标准组合下测试断面最大应力 C_x 和最小应力 C_n。计算成桥十年状态测试断面的恒载应力 C_{10h}、活载应力最大值 C_{10fx} 与最小值 C_{10fn}、其他可变作用应力最大值 C_{10gx} 与最小值 C_{10gn}、荷载标准组合下测试断面最大应力 C_{10x} 和最小应力 C_{10n}。

(2)根据荷载试验测试数据进行统计,按 0.95 分位点统计得到最大活载作用下测试断面的应力值可信区间,如[0.355,0.9175]。

(3)根据《公路钢筋混凝土及预应力混凝土桥涵设计规范》(JTG D62—2004),可得最大压应力容许值 0.5fck,最小拉应力容许值 0MPa,如用 C50 混凝土弹性模量是 35.5GPa,故 σ =17.75MPa。

(4)假设成桥初期监测系统所测试数据为 0 起始(夜间无车辆活载状态,温度修正到设计基准温度),经过一定周期(按天、月、年三个层次进行统计)后得到测试断面的应力为 C_{ti},下一个周期测试断面的应力为 C_{tj}。

(5)大气温度会直接作用于桥梁结构,影响结构温度场,产生温度应力,从而造成结构响应中包含温度作用,而且大小不能忽略。这时得到的响应值就不能直接表征承载能力,需要剔除。第 6 章已详细介绍了实际温度场的简化模拟方法和温度应变的计算方法。

7.2.2 阈值选择

在各国规范中关于承载能力评定,有鉴定系数的概念。因为健康监测系统能够得到的应变中包含的主要是温度应变和活载应变,所以用活载对结构状态进行评判是目前长期监测技术的一种主流做法[6,8],实际桥梁结构的承载能力大多也是以活载作为度量的。美国关于承载能力的规范中[9-13],是利用抗力系数的概念进行评估分级的,这个抗力系数实际就是活载的库存能力:

$$R_f = \frac{R_t - \sigma_d \times D}{\sigma_c \times L} \tag{7-2}$$

式中参数的含义见表 7.6。

表 7.6 公式中的参数意义

符号	参数意义	符号	参数意义
R_f	承载能力指数	D	恒载效应
R_t	折减后截面或测点处的真实强度,与截面参数和材料特性有关系	σ_c	活载的荷载系数(考虑冲击效应,以及横向修正系数后的活载效应系数)
σ_d	恒载的荷载系数	L	活载效应

这种思路对于健康监测系统也适用,因为监测响应中的主要部分就是活载效应。本研究采取的具体评估方法与这种基于结构抗力的库存系数的具体意义是不同的。在桥梁运营

期内桥梁的承载能力是不断变化的。以跨中挠度为例,相同的荷载加载在桥梁上,不同的运营状态下跨中挠度有一个变化量,定义为 δ。这个变化量产生的原因可能是刚度退化、收缩徐变,或者是预应力松弛。它实际表征的就是承载能力的变化。我们在度量这个变化并根据一般变化历程进行指标和范围确定时利用活载加载的方式进行表示。也就是类比失稳计算,用活载倍率表征承载能力损失程度。

本研究中划分的分类标准对应于 7.1.4 节中提出的全寿命周期桥梁发展模型,五类桥梁四个临界点阈值的确定按下式计算得到:

$$C_h + C_{gx} + kC_f = C \tag{7-3}$$

其中,C 的值与分类范围有关;k 是结合基于承载能力的鉴定系数提出的"等效劣化系数"。$k_1 \sim k_4$ 四个临界点的具体计算思路如下。

应力按照失稳计算进行类比,将车辆活载逐渐增加至目标值的出现为止,变形按刚度折减率进行计算,且要符合刚度退化的非线性变化。以应力为例:第一个临界点(一类与二类分界点),式(7-3)中 C 取基准模型成桥状态测点位置的应力。第二个临界点(二类与三类分界点),式(7-3)中 C 取基准模型成桥十年后状态测点位置的应力。第三个临界点(三类与四类分界点),按跨中上缘 0.5MPa 压应力储备、下缘 1.0MPa 压应力储备;根部上缘按 0.8MPa 压应力储备、下缘按 0.5MPa 压应力储备;边支点上缘与下缘均按 0.5MPa 压应力储备;其余位置按活载分布规律外推或内插。第四个临界点(四类与五类分界点),式(7-3)中 C 取设计规范的要求数值。

计算得到的系数 k 也就是等效劣化系数范围值,并根据范围对应本研究提出的分级预警模型确定分级标准。跨中底板承载能力分级标准见表 7.7。

表 7.7 跨中底板承载能力分级标准

桥梁分类	分级范围	结构状态	管理手段
1	$k \leq 1$	成桥基准状态	安全
2	$1 < k \leq 1.5$	正常运营 20 年状态	增加监管
3	$1.5 < k \leq 3.5$	设计初期安全富裕度降为 1.0	降低限载范围
4	$3.5 < k \leq 4.0$	规范安全富裕度降为 1.0	交通管制
5	$k > 4.0$	不满足设计规范	封桥

7.3 桥梁分级评估方法

对于具体实施的长期监测项目,本研究提出按四种类别进行详细评估之后,再按照层次分析加权综合得到整个桥梁的评价,即对桥梁测试断面(构件)第一层次、不同分类方法(第二层次)、整体桥梁技术状况(第三层次)进行评估。

7.3.1 四类评估方法

1. 测试值累积量进行桥梁分类 I

(1) 根据测试最值将 C_f 代入式(7-3)中进行计算，得到实测 k 值(注意根据不同桥龄代入不同 C 值)。

(2) 判断实测 k 值落入什么区间，以判断类别。

2. 变形数据与应力数据校核评估 II

根据 6.3 节中对跨中位移和应力的分析，可以得到对于一个测点的应力关于位移的预测值。去除环境等其他荷载作用后的实测应力和预测应力进行比较，得到下面的系数 k。

$$k = \left| \frac{\sigma_{\text{实测}} - \sigma_{\text{预测}}}{\sigma_{\text{实测}}} \right| \tag{7-4}$$

变形与应力数据校核分析技术等级评定见表 7.8。

表 7.8　变形与应力数据校核分析技术等级评定

承载能力分级	分级标准	状态描述	相应对策
1	$0 \leqslant k < 5\%$	满足设计状态	安全或者加强监测
2	$5\% \leqslant k < 10\%$	满足规范状态	调整限载
3	$k \geqslant 10\%$	需对内力进行调整	交通管制或封桥

3. 监测数据趋势分析 III

(1) 监测数据趋势分析可以月为时间周期进行，并注意同比和环比的变化趋势。

(2) 应力、变形趋势的一般规律为桥梁通车后变化快但增速放缓，10 年后基本稳定，10~20 年不变化，20~50 年下降速度非常缓慢，50~90 年下降速度增加。

(3) 趋势分析可以结合车辆变化进行，如最大轴重、重车混入率等交通信息。

(4) 为了有效排除温度对数据趋势性的干扰，目前思路是对相同温度场的测试值直接对比。

实测应变变化趋势在数据预处理中已经明确了是以日、周、月为周期进行分析，这里新系统开始采集时间较短，和基准趋势对比效果并不明显。后期运营可以对比相同时间点环境因素相似的统计值，考虑更长时间周期里的增量值并与基准模型进行对比，更能表达结构的实际趋势变化。实测趋势评估准则考虑以下计算标准：

$$s_i = \left| \frac{\sigma_{i+1} - \sigma_i}{t_{i+1} - t_i} \right| \tag{7-5}$$

$$k = \left| \frac{s_i - s_{\text{基准模型}}}{s_{\text{基准模型}}} \right| \tag{7-6}$$

式中，σ_i 为 i 时点应力实测值；σ_{i+1} 为 $i+1$ 时点应力实测值；t_i 为 i 时点；t_{i+1} 为 $i+1$ 时点；s_i 为 i 至 $i+1$ 时段实测作用的变化值；$s_{\text{基准模型}}$ 为 i 至 $i+1$ 时段基准模型计算的作用效应变化值。

将测试值代入上式中进行计算,得到实测 k 值;根据 k 值落入什么区间判断类别。技术等级评定见表 7.9。

表 7.9 监测数据趋势分析技术等级评定

承载能力分级	分级标准	状态描述	相应对策
1	$0 \leqslant k < 5\%$	满足设计状态	安全或者加强监测
2	$5\% \leqslant k < 10\%$	满足规范状态	调整限载
3	$k \geqslant 10\%$	需对内力进行调整	交通管制或封桥

4. 定期检查数据Ⅳ

《公路桥涵养护规范》(JTG H11—2004)中指出,定期检查就是考虑部件重要程度的状态评估。其中对定期检查的指标和权重以及评定方法都进行了规定:①每 3 年进行一次定期检查数据。②定期检查数据的桥梁分类结果。③若一定时期进行荷载试验,则对于安装监测系统的桥梁是一个优势,只需要把车辆摆在特定位置即可,测试由监测系统完成。同时对检测系统进行一次有效的校正。具体实施以一座混凝土桥为例,按照定检打分表操作(表 7.10)。

表 7.10 定检打分表

部件名称	权重	部件得分	权重×部件得分
桥面铺装	$\dfrac{0.25}{0.4+0.25+0.1+0.1+0.05} \times 0.1 + 0.40 = 0.44$	75	33
伸缩缝设置	$\dfrac{0.25}{0.4+0.25+0.1+0.1+0.05} \times 0.1 + 0.25 = 0.28$	100	28
人行道	—	—	—
栏杆、护栏	$\dfrac{0.10}{0.4+0.25+0.1+0.1+0.05} \times 0.1 + 0.10 = 0.11$	100	11.0
排水系统	$\dfrac{0.10}{0.4+0.25+0.1+0.1+0.05} \times 0.1 + 0.10 = 0.11$	100	11.0
照明、标志	$\dfrac{0.05}{0.4+0.25+0.1+0.1+0.05} \times 0.1 + 0.05 = 0.06$	100	6.0
桥面系得分=33+28+11+11+6=89			
上部承重构件	0.70	92.37	64.66
上部一般构件	0.18	100	18.0
支座	0.12	100	12.0
上部结构得分=64.66+18+12=94.66			
翼墙、耳墙	0.02	100	2.0
锥坡、护坡	0.01	100	1.0
桥墩	0.30	100	30.0
桥台	0.30	100	30.0

续表

部件名称	权重	部件得分	权重×部件得分
墩台基础	0.28	100	28.0
河床	0.07	100	7.0
调治构造物	0.02	100	2.0
	下部结构得分=100		
	全桥总体得分=89×0.2+94.66×0.4+100×0.4=95.66		
	技术状况等级：一类		

7.3.2 分级状态评价

对于四类评估方式，定检是根据检查结果划定的等级，是没有数值的，测试累积量、应力水准校核以及趋势分析都是得到一个数值落入划定区间进行等级的划分，因此需要把定性结果转化为量值。本研究选取上述四个指标作为桥梁状态评估的指标，但由于桥梁结构复杂，只使用这几个指标单独评价桥梁不够客观，因此本章采用层次分析法结合传统桥梁结构划分方法，将评估指标与桥梁评定模型相结合得到实际可操作的评定流程，运用区间隶属度函数，这个过程可以将不同的评定结果转化成量值，最后得到结构的状态评价。

1. 层次模型

对于桥梁结构，运用层次分析法可以将问题分成多个层次，同时将不同类型指标对象判断结果统一化，将定量与定性问题综合化。层次分析法是一种先将目标问题分解、分层，再根据每层因素和目标问题的关系确定权重，最终得到目标问题的综合评分。它的流程就是先确定问题的有关因素，再建立层次分析模型，构造判断矩阵以及计算权重。

传统的连续刚构桥梁结构工作状态评估指标体系如图7.3所示，把桥梁划分成为系统、结构和构件三个层次，其中，主梁的应变与挠度构成评估模型底层指标。

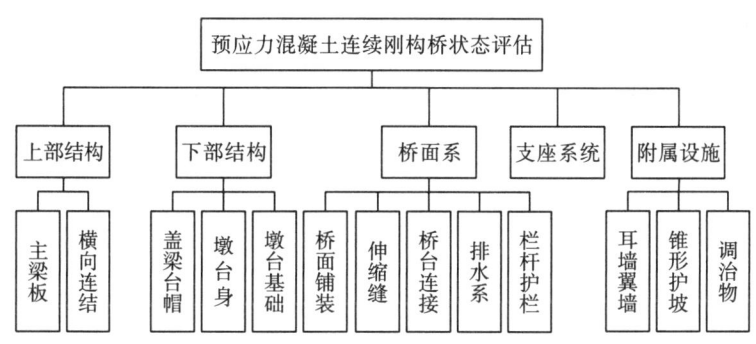

图7.3 经典桥梁分层模型

本章建立的指标体系是以四类评估方法作为顶层指标，再与传统评估模型相结合建立的三个指标层次的分析模型。在对每一类监测数据进行分析时，考虑其所属类别，确定同一个层次中每一个指标的权重，从而把定性因素转化为量值，再进阶到上一层的指标里确定权重,可以将问题条理化。在这种分层模型中,不同类别中包含更细致的类别,每一个层次中的元素都是下一个层次元素的类别目录,可以控制下一个层次中的元素,具体模型如图 7.4 所示。

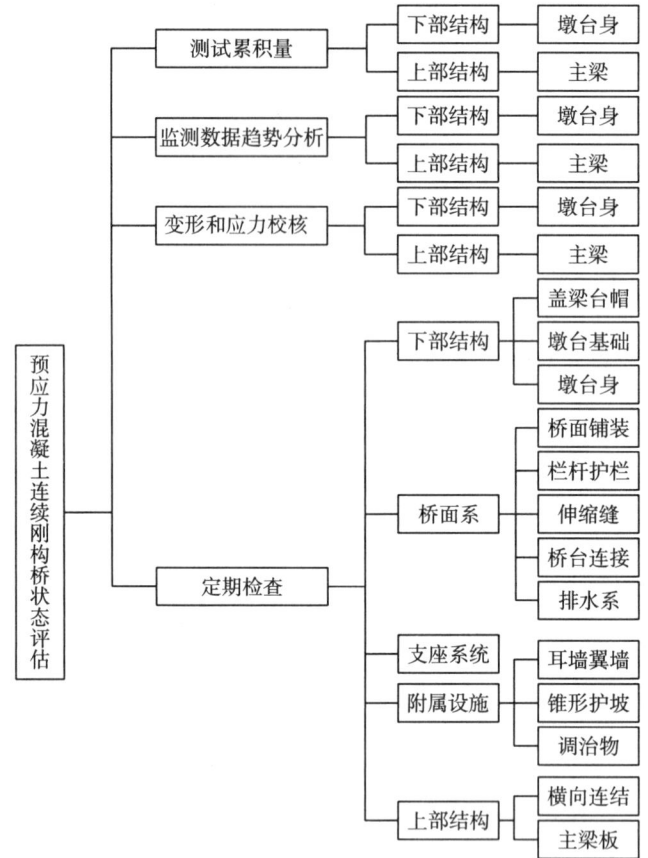

图 7.4　基于四类评估方法的层次分析模型

表 7.11　状态评估指标集

状态评估	测试累积量 A_1	上部结构 B_1	主梁 C_1	—	—
		下部结构 B_2	墩台身 C_2	—	—
	数据趋势分析 A_2	上部结构 B_3	主梁 C_3	—	—
		下部结构 B_4	墩台身 C_4	—	—
	变形和水准校核 A_3	上部结构 B_5	主梁 C_5	—	—
		下部结构 B_6	墩台身 C_6	—	—
	定期检查 A_4	上部结构 B_7	主梁 C_7	横向连结 C_8	—
		下部结构 B_8	盖梁台帽 C_9	墩台身 C_{10}	墩台基础 C_{11}
		桥面系 B_9	桥面铺装 C_{12}	栏杆护栏 C_{13}	伸缩缝 C_{14}
			桥台连接 C_{15}	排水系 C_{16}	—
		支座系统 B_{10}	—	—	—
		附属设施 B_{11}	耳墙翼墙 C_{17}	锥形护坡 C_{18}	调治物 C_{19}

2. 权重计算

基于上述分层模型，需要分别计算每一层的权重，计算权重时，采用"1~9"标度法对两两指标进行比较。以第一层为例，顶层指标有四个因素，$D=\{A_1, A_2, A_3, A_4\}$，计算四个因素对上层因素的影响，得到对于上一层某一因素的重要性，状态评估指标集见表 7.11，1~9 标度的含义见表 7.12。

这个比重是通过判断矩阵进行计算的，判断矩阵的计算是根据表 7.13 判断矩阵指标表计算得到的。

表 7.12　1~9 标度的含义

标度	含义
1	两个指标，影响相同
3	两个指标对比，前一个稍微重要
5	两个指标对比，前一个重要
7	两个指标对比，前一个明显重要
9	两个指标对比，前一个很重要
2, 4, 6, 8	是单数标度的中间值

以状态评估 $D=(A_1, A_2, A_3, A_4)$ 为例，建立的矩阵见表 7.13。

表 7.13　判断矩阵指标表

	A_1	A_2	A_3	A_4
A_1	1	a_1/a_2	a_1/a_3	a_1/a_4
A_2	a_2/a_1	1	a_2/a_3	a_2/a_4
A_3	a_3/a_1	a_3/a_2	1	a_3/a_4
A_4	a_4/a_1	a_4/a_2	a_4/a_3	1

表 7.13 中：$a_{ij}=1$（$i=j$ 时），$a_{ij}=1/a_{ji}$。

通过请专家对各个评估指标因素的打分判断，得到评估方法和安全评估目标之间的判断矩阵为

$$\boldsymbol{D} = \begin{bmatrix} 1 & 5 & 3 & 1 \\ 0.2 & 1 & 2 & 1/5 \\ 1/3 & 1/2 & 1 & 1/5 \\ 1 & 5 & 5 & 1 \end{bmatrix}$$

利用方根法计算权重并对判断矩阵进行一致检验。

$$D_i = \left(\prod_{j=1}^{n} a_{ij} \right)^{\frac{1}{n}} (i=1,2,\cdots,n)$$

$$\boldsymbol{D} = (1.96799, 0.53183, 0.427287, 2.236068)^{\mathrm{T}}$$

归一化处理后得到权重向量：

$$DD = \frac{D}{\sum_{k=1}^{n}\left(\prod_{j=1}^{n}a_{ij}\right)}(i=1,2,\cdots,n)$$

$$DD = (0.38, 0.11, 0.09, 0.42)^{\mathrm{T}}$$

理论上，构造出判断矩阵就可计算出因素的权重，但因为判断矩阵的建立过程，即使是经验丰富的专家，主观性也很强，为了中和这种问题，对于建立的判断矩阵需要进行一致性检验。

最大特征根：$\lambda_{\max} = \sum_{i=1}^{n}\frac{[aW_i]_j}{n(W_i)_j} = 4.1389$。

一致性指标：$\mathrm{CI} = \frac{\lambda_{\max}-n}{n-1} = 0.0463$，随机指标 RI 取值见表 7.14。

表 7.14 随机指标 RI 取值表

n	1	2	3	4	5	6	7	8	9	10	11
RI	0	0	0.58	0.9	1.12	1.24	1.32	1.14	1.45	1.49	1.51

从而就可以得到判断矩阵 D 的一致性指标 CR：

$$\mathrm{CR} = \frac{\mathrm{CI}}{\mathrm{RI}} = 0.051 < 0.1$$

因此上述矩阵通过一致性检验，是可用的。

3. 等级隶属度和区间运算

本章研究的四类评估方法，都归类为"一类""二类""三类""四类""五类"这样的定性指标，这样分类的优点是不用再对不同的底层指标进行无量纲化；缺点是底层指标都是定性的，这样的数据还需要换算成打分制，进行分层权重的加和，根据最后的打分判断桥梁技术状况类别。采用王光远教授提出的利用典型函数形式来建立桥梁使用性能等级隶属度(图 7.5)，底层指标打分值也按此进行换算。

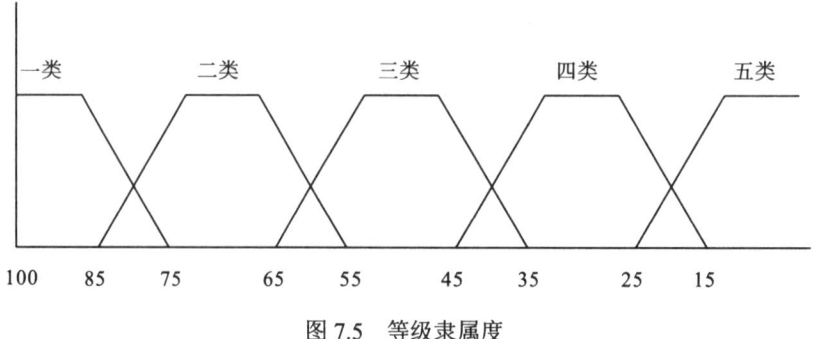

图 7.5 等级隶属度

基于上述等级隶属函数得到的评分是区间，需要进行区间运算，再基于上一节的权重计算值进行加权计算，得到桥梁的综合评判等级。这里只用到正的区间运算，所以只考虑关于正区间数的运算法则，并且只考虑加法和减法运算。对于两个区间数，分别定义为 M 和 N，其中 $M=[m^+,m^-]$，$N=[n^+,n^-]$；$m,n \geq 0$，那么：

$$M+N=[m^++n^+,m^-+n^-]$$
$$M-N=[m^+-n^+,m^--n^-]$$

7.3.3 分级评估具体计算

首先确定各层权重，结果见表 7.15。

表 7.15 指标权重

底层指标层	权重	底层指标层	权重	底层指标层	权重	底层指标层	权重
A_1	0.38	B_1	0.33	C_1	1	—	—
		B_2	0.67	C_2	1	—	—
A_2	0.11	B_3	0.33	C_3	1	—	—
		B_4	0.67	C_4	1	—	—
A_3	0.09	B_5	0.33	C_5	1	—	—
		B_6	0.67	C_6	1	—	—
		B_7	0.31	C_7	0.58	C_8	0.42
		B_8	0.40	C_9	0.30	C_{10}	0.25
				C_{11}	0.45	—	—
				C_{12}	0.20	C_{13}	0.20
A_4	0.42	B_9	0.15	C_{14}	0.20	C_{15}	0.20
				C_{16}	0.20	—	—
		B_{10}	0.05	—	—	—	—
		B_{11}	0.09	C_{17}	0.33	C_{18}	0.33
				C_{19}	0.34	—	—

具体实施思路按以下两点进行设计。

(1) 按照前述四种评估结论进行加权计算得到实时桥梁评估结果，权重如下：Ⅰ为 38%、Ⅱ为 11%、Ⅲ为 9%、Ⅳ为 42%。

(2) 底层指标按照表 7.15 进行打分，在基于区间运算的理论基础上，分级加权之后得到桥梁整体状况的评分区间，再代入等级隶属度判断桥梁等级状况。

本章参考文献

[1] 中华人民共和国交通部. JTG/T J21-01－2015, 公路桥梁荷载试验规程[S]. 北京：人民交通出版社, 2015.

[2] 中华人民共和国住房和城乡建设部. GB 50982－2014, 建筑与桥梁结构监测技术规范[S]. 北京：中国建筑工业出版社,

2014.

[3] 中国工程建设标准化协会. CECS 333－2012, 结构健康监测系统设计标准[S]. 北京: 中国建筑工业出版社, 2012.

[4] 中华人民共和国交通部. JTG H11－2004, 公路桥涵养护规范[S]. 北京: 人民交通出版社, 2004.

[5] 中华人民共和国交通部. JTG T H21－2011, 公路桥梁技术状况评定标准[S]. 北京: 人民交通出版社, 2004.

[6] 吴海军, 李俊, 黄友帮, 等. 大跨径连续刚构桥在活载单项作用下的预警级别[J]. 重庆交通大学学报(自然科学版), 2014, 33(5): 29-31.

[7] 张磊, 金菊, 宋娃丽. 中美规范公路混凝土桥梁设计的分析与比较[J]. 河北工业大学学报, 2012, 41(1): 99-102.

[8] Liu M, Frangopol D M, Kim S. Bridge safety evaluation based on monitored live load effects[J]. Journal of Bridge Engineering, 2009, 14(4): 257-269.

[9] Wang N, Ellingwood B R, Zureick A H. Bridge rating using system reliability assessment. ii: improvements to bridge rating practices[J]. Journal of Bridge Engineering, 2011, 16(6): 863-871.

[10] Hayworth R, Huo X S, Zheng L. Effects of state legal loads on bridge rating results using the LRFR procedure[J]. Journal of Bridge Engineering, 2008, 13(6): 565-572.

[11] Groenier J. Load Rating of Wood Bridges Using LRFD and ASD[C]. Structures Congress, 2006.

[12] Minervino C, Sivakumar B, Moses F, et al. New AASHTO guide manual for load and resistance factor rating of highway Bridges[J]. Journal of Bridge Engineering, 2004, 9(1): 43-54.

[13] AASHTO. Guide Manual for condition Evalua-tion and Load and Resi-stance Factor Rating (IRFR) of Highway Bridges[S]. 2003.

第8章 桥梁群安全监测技术与短期监测

桥梁健康监测技术还在不断向前发展，一方面是由于该领域的终极目标"桥梁健康状态评估及寿命预测"还没有完美解决；另一方面是在理论转换为实践的过程中又遇到了新问题。本书前述章节介绍了第一个方面的解决办法和途径，而在工程实践过程中出现了诸如传感器稳定性和耐久性问题、众多桥梁监测的数据集成问题、大数据传输和分析处理问题等。

本章介绍桥梁健康监测中的桥梁群监测和短期监测两个问题。面向众多桥组成的桥梁群，不能简单看作数据的叠加，内部包含有很多需要解决的新技术。利用短期监测数据进行分析处理，评价桥梁的技术状况，这种新思路可以弥补从荷载试验的承载力评估到健康监测的承载力评估跨越太大没有中间技术的缺陷，同时该项技术研发成功也可以为健康监测提供核心理论支持。

8.1 桥梁群的主要类型

桥梁健康监测发展至今，衍生了一个新的概念：桥梁群。汉语辞典解释"群"字为左君右羊，君声。君，取治理之意；羊，取人人意。本义是指羊群、兽群，引申为人群、物群。在数学中，群表示一个拥有满足封闭性、结合律、有单位元、有逆元的二元运算的代数结构，包括阿贝尔群、同态和共轭类。从这些解释看，桥梁群健康监测系统应该有两个基本要素：有足够多的桥梁在群里面；这些桥梁有一些共同的特征(公共属性)。监测系统应该分层分级最终归于一个数据中心和处理中心。

具体桥梁群有很多类型，有山区桥梁群、城市桥梁群、高速铁路桥梁群、城市轨道交通桥梁群、跨海大桥桥梁群、某个特大桥及其附带的引桥和互通连接线桥梁群等。从工程实践的角度看，目前监测系统应用最多的桥梁群还是山区桥梁群和城市桥梁群，所以本章重点介绍这两种桥梁群的内部组成及其特征。

8.1.1 山区桥梁群

中国高速公路建设，经过21世纪第一个十年的快速发展，已步入持续发展的新阶段，建设地域转入中部及西部，进入山岭重丘区域，桥梁工程成为控制项目投资及建设工期的关键因素之一。落实《公路桥梁和隧道工程设计安全风险评估指南》(交公路发〔2010〕175号)的理念，增强高速公路山区桥梁工程(以下简称"山区桥梁")安全风险意识，对提高工程建设和运营安全性显得尤为重要。

我国西部山区山峦连绵、峰丛林立、谷深坡陡，由于地形起伏变化剧烈，高速公路桥梁呈现高墩、大跨、场地条件狭小、运输条件缺乏的特点。峡谷地形条件下桥梁的运营维护，也有其技术难题需要攻克。西部地区往往地震频发，设防烈度较高，再加上深山峡谷地震要比一般地区更为复杂，其地震纵波与横波的传递规律、行波效应，甚至有些峡谷本身就处于断裂带上，近断裂带的地震作用规律也十分复杂[1]。故山区桥梁群具有以下特征。

(1) 桥梁工程规模大。山区高速公路由于山高坡陡，地形复杂，必须采用大规模的桥梁群跨越河谷和深沟；为避免大挖大填，常顺河谷修桥以适应地形及克服高差。据不完全统计，山区高速公路桥梁总长占路线总里程的比例达50%或更高，其中特殊桥梁(本章特指单跨超过150m的特大桥，不含多跨跨径总长超过1000m的特大桥)占桥梁总数的10%~15%，常规桥梁(含多跨跨径总长超过1000m的特大桥)占桥梁总数的85%~90%，常规桥梁成为控制工期及投资的关键因素之一。

(2) 桥位处气候变化大。我国地形地貌的特点是东低西高，形成明显的三级台阶，台阶间落差达千米，第三级就是世界屋脊青藏高原。山区高速公路大部集中在中西部的二级及三级台地上，属大陆性气候区，夏季炎热，冬季寒冷，年气温和日气温温差都比较大，全年降水少。气候对桥梁的建设工期有较大影响，频繁的融冻对下部及基础结构耐久性的影响不可忽略。

(3) 桥址处地形复杂。受路线总体走向及地形地貌控制，山区桥梁大都位于人迹罕至的深山峡谷，进出场交通可能需修建长达数十公里的施工便道；场区狭小，施工场地布置十分困难；桥梁高挂山腰，施工设备及材料垂直运输困难。

(4) 施工工艺的影响。除桥址处的地形、地质因素外，施工方案对特大桥桥型方案的选择影响较大，经常是桥址处工程材料、施工机具的进场条件决定桥梁结构形式，特别是主桥桥型方案的选择。

因此，针对山区桥梁群的具体特点，对应的健康监测系统也需要有其适应性，主要表现为：受造价的控制，测点数量和类型受限；受地形地理条件的影响，供电及数据传输有一定的困难；受气候复杂性的影响，传感器的数据丢失或损坏严重；受山区多灾害的影响，桥梁状态改变的可能性增加[2-4]。

山区修建道路，在翻越某座大山，或跨越某个峡谷时，一般会出现很多桥梁聚集的情况。这些聚集的桥梁受到同样的环境条件作用，承受同样的车辆荷载，甚至具有一样的纵坡和最小曲线半径，在相似的水文地质条件下，会表现出同样的力学特点。近年提出的对山区桥梁群的监测，要扩展到对某一段或某一条公路的所有桥梁进行监测，也是这个道理。

山区桥梁群的监测与独立桥梁监测有很大的不同之处：首先规模和体量大，一个山区桥梁群比一个斜拉桥、悬索桥的监测所耗费的传感器都多，其成本规模也很大，所以应该格外重视传感器的优化布置，用最小的代价获得最大的收益；其次桥梁群地处山区，各种灾害发生的可能性较大，但灾害具有关联性，所以监测系统应该对这些灾害可能带来的桥梁变位、开裂等进行针对性监测，同时桥梁群中的每个桥梁监测也应该互相配合，形成联动；最后山区桥梁群还存在数据远程传输的问题，可以把数据近距离传输到某个中继站，然后传输到互联网上，这样就会形成单个桥梁—桥梁群—线路的多级多层次网络体系，可以利用现在云平台分布计算的优势进行布网。

山区桥梁监测系统安装和运行较为常见的形式就是在某一段高速公路修建好之后,对其上的所有大桥、特大桥进行监测。如 2.4.3 节列举的就是渝昆高速公路跨越乌蒙山区的一段高速公路(麻昭段)的山区桥梁群监测,从实施的监测系统来看,确实能够利用桥梁监测系统的优势,建立一道山区桥梁群的安全保障屏障。

8.1.2 城市桥梁群

改革开放以来,我国不断从农业化向工业化以及城市化的方向发展,在城市化的发展过程中,我国的经济发展水平大幅增长,随之而来的就是基础设施建设的崛起,尤其在交通行业中的桥梁工程,平均每年新建的大型以及中小型桥梁达几千座,使我国成了桥梁建设的大国。根据 1.1 节的粗略统计,目前我国的城市桥梁至少有 20 余万座。我国目前正处于城市化进程的高速发展期,根据城市发展规划,截至 2020 年,我国规划中的大中小城市桥梁还有近 20 万座[5]。

随着城市桥梁数量的与日俱增,桥梁从以前零散地分布于主要交通通道的单体结构,逐渐形成了沿河分布,甚至在局部水系内相对密集地存在。所以,从单体桥梁的角度去设计以及管理桥梁已经不够完善,将一定范围内的桥梁作为桥梁群来综合考虑、统筹管理是非常必要的。而目前的桥梁设计中缺乏对桥梁群的整体规划、设计以及管理[6]。

相比于山区桥梁群,城市桥梁群最大的特点就是交通量大。随着经济建设的高速发展,城市行车密度及车辆荷载迅速增加。例如,据 2006 年 6 月的数据显示,杭州中河高架桥日均流量已达 4500~4600 辆/h,高峰时段甚至超过 8000 辆/h,而 1999 年建成时的设计日均流量仅为 2500 辆/h,超额车流量使一半以上的路段白天始终处于饱和甚至超饱和状态。此外,在经济利益的驱使下,车辆大型化趋势加大,超限超载货车数量不断增多,在超载越多利润越大的诱惑下,实际载重通常为车辆核载重量的 100%~400%。如此严峻的行车密度及超载形势,以及受环境侵蚀、材料老化和荷载的长期效应等因素的共同作用,城市桥梁结构将不可避免地出现损伤累积和抗力衰减[7]。

城市桥梁还有一个特点就是与城市的格局有关,有些城市河流纵横交错,修建了很多跨河桥梁,苏州、杭州、武汉等城市就是这样的类型;有些城市地形起伏较大,需要修建很多跨越沟谷的桥梁,闽赣南岭、四川盆地和西部高原等区域就有很多这种类型的城市;有些城市发展很快,城市很大,需要解决交通拥堵等问题,修建了很多互通立交桥,北、上、广、深就是这类城市的代表。而比较独特的重庆,兼具以上三个特点,所以有"桥都"的美名。

重庆桥梁数量多、规模大、技术水平高、形式多样、影响力强,被茅以升桥梁委员会 2005 年年会认定为中国唯一的"桥都"。重庆是山水之城,桥梁对跨越山水起着重要作用。重庆山山各异,水水不同,每一次跨越山水都依靠建桥技术的进步与创新。重庆主城区现有各类桥梁 4500 多座,主城嘉陵江和长江上已有大桥数十座,数量和密度远远超过中国其他城市,建设密度和施工难度世所罕见。世界上的所有现代桥梁均可分为拱桥、梁桥、斜拉桥、悬索桥四大类。这四个类别的大桥,在重庆都可找到,重庆是公认的"中国桥梁博物馆"。而南京等长江下游城市或修建跨海大桥的城市,因桥梁过长,拱桥、梁桥在跨越长江时根本不可能修建。

因此,对城市桥梁群进行安全监测已是大势所趋。充分利用先进的传感测试技术,以及其他配套的网络传输技术、计算机信息处理分析技术,针对城市既有的干道桥梁及新建的重要结构桥梁的技术特点及可能的病害特征,实施桥梁健康状况的长期集群监测,并随着实测数据的积累,完善相应的预警和状态评估技术,最终实现城市桥梁安全运营和科学管养的目的。

8.2 桥梁群安全监测

8.2.1 桥梁群安全监测研究概况

随着我国经济的迅猛发展,我国的桥梁建设创造了世界水平,桥梁数量与日俱增。由于很多大桥每天都在高负荷"运转"、桥梁结构设计和施工技术的限制以及环境侵蚀与腐蚀等潜在的安全隐患,国家有关部门高度重视桥梁的健康状态监测,目前桥梁远程实时自动监测系统已开发成功并开始应用于大型桥梁的健康监测。然而,因为桥梁的地理位置分散、桥梁类型的不同以及主管部门的不同,几乎每座被监测的大桥都有一套自己的监测系统,每套监测系统都有一班维护人员。这样从总体来看,出现了大量资金、劳动力重复投入的情况,也不利于桥梁状态数据的收集和分析。从长远考虑,走统一化的桥梁健康监测和开发适用于多种类型的桥梁健康监测系统才是路桥管理的趋势,才是高效率、低成本的运营方式[8]。

目前桥梁健康监测技术应用较多的还是单座桥梁的监测,最近几年由于物联网技术的快速发展,也正在推动桥梁群健康监测技术不断向前发展。现有的桥梁健康监测系统,还停留在如何完成自动化的远程监控。然而据相关资料表明,早在10多年前,美国就有对桥梁集群监测系统进行研究的迹象。2004年在美国华盛顿举行的交通研究会上[9],有学者对建立通用型桥梁健康状态远程监控系统进行过相关报告,该报告的整体概念及核心思想与现在谈论的桥梁群健康监测系统研究内容很接近。桥梁群健康监测系统的开发与实施,也正是以单个桥梁健康监测系统软件采集子系统为基础拓展而来的,对于桥梁群健康监测系统来说,硬件方面与单个桥梁监测系统并无本质差异,桥群中的每一座桥用到的传感设备与单个桥梁监测系统可完全一致,而将单个桥梁健康监测系统的系统集成以及软件部分进行整合,这样方便了管理者同时对多座桥梁的健康状况进行管理。从另一方面来讲,桥梁群健康监测系统与桥梁养护管理系统并无本质区别,它们都是将区域内的桥梁进行统一管理,方便使用者与管理者进行桥梁养护与管理。

桥梁群监测的基本内容是建立桥梁安全远程智能集群监测系统,实现在局域网内,由同一远程监控中心独立控制多座桥梁的现场采集,同时在桥梁数目有所增加时,不影响其他桥梁的监测系统,并且除了需添置必要的硬件设备外,在软件部分并不需要重新设计或大范围修改就能达到对各座桥梁结构状态的实时监测与评估。

由于桥梁集群监测系统针对的对象是各种不同类型的桥梁,它并不是多个桥梁远程实时自动监测系统的简单叠合,而是将某一桥梁作为系统的一个对象或者一个实例,通过提取桥梁对象共有的操作和功能模块等进行开发的系统。因此，从结构上看，桥梁集群监测系统是一个整体的系统，一个集群监测系统可以同时监测多座桥梁；从管理上看，集群监测系统只需要一组人员来参与管理，极大地降低了桥梁的管理费用；从硬件上看，集群监测系统的集群监控中心只需一套硬件设备，大大节约了系统的成本；从软件上看，集群监测系统的现场采集软件系统是通用的，集群监控中心的数据采集处理软件系统是可扩展的，在增加监测桥梁数量时，不需要经过修改或只需要经过很少的修改就可以实现，大大提高了系统的生产效率和管理效率，缩短了系统开发的时间，具有很大的优越性。集群监测系统的成功开发不但能够实现众多桥梁的健康状态监测，而且具有巨大的经济和社会效益。

由大量安全监测实例分析可知，目前单个桥梁监控中心的数据采集软件主要实现了监测数据的实时自动远程采集和查询分析、原始数据的预处理，以及对被监测桥梁的分级预警，对现场采集系统的反馈控制等。这些功能也是桥梁群中心采集软件系统所需要实现的。

但是，由于桥梁群中心采集软件系统针对的并不是某一座桥梁，而是一个桥梁群，必须考虑不同类型桥梁都可以使用，即可扩展性。因此两者还存在很多差异，主要如下。

(1) 在数据处理方面，目前单个桥梁监控中心的采集软件系统只进行了数据转换处理，没有考虑失真和残缺等异常数据的处理。由于异常数据经常存在，很容易引起误报警，严重影响了安全评价结果的准确性，因此，在桥梁群中心采集软件系统中探讨失真和残缺数据处理具有实际应用意义。

(2) 在系统设计方面，桥梁群中心采集软件系统为了实现对各种不同类型桥梁的监测，虽然功能与单个桥梁监控中心采集软件系统相似，但是设计和开发却存在很大差异，特别是必须考虑可扩展性的影响。例如，当桥梁远程传输采用的通信方式不相同时，桥梁集群中心采集软件系统必须考虑通用的通信接口；当现场采集的参数不相同时，查询显示和其他处理不能直接进行绑定等[10]。

大数据是现代信息技术的重要发展方向之一，实现大数据的共享和分析将带来不可估量的经济价值，同时也会对社会发展产生巨大的推动作用。在大数据时代，对大数据进行统一表示，实现大数据处理、查询、分析和可视化是亟需解决的关键问题。大数据即服务（big data-as-a-service，BDaaS）是一种新的数据资源使用模式和服务经济模式，它通过对各类大数据操作进行封装，对消费者提供无处不在的、标准化的、随需的检索、分析与可视化服务交付。

现代化工业系统结构复杂、集成度高，对设备的安全性、可靠性提出了更高的要求，状态监测技术愈发受到重视。随着信息化的深入，信息系统数据仓库中大数据的存在为基于数据驱动的状态监测方法提供了良好的平台。桥梁群的海量监测数据处理可以以大数据为基础，同时考虑每座桥梁属于一个单元，在多个层次上处理数据，形成多维、多尺度的桥梁损伤评估及可靠度指标分析方法。

桥梁及结构运营监测系统中，利用大数据理论进行数据处理的文献报道极少，主要研究如下。

2008 年，刘欣和李永刚[11]介绍了桥梁健康监测的现状和数据流的概念，针对其海量数据流的特性，提出了 DSMS 处理方式及其原理模型，并重点介绍了该方法在实际工程中的具体应用,如异常数据查询与优化、滑动窗口的设计等,从而让异常数据能被及时捕获到,更准确地掌握桥梁的健康状况。

2012年,高仲峰[12]在分析桥梁健康状况监测系统发展现状的基础上,结合理论技术的发展和实际业务的需求,提出了一种基于Hadoop平台的桥梁结构健康监测系统,建立了桥梁结构健康状态评估体系,实现了对桥梁结构安全性参数、功能参数及结构满足性参数的采集与监测,进一步完善了桥梁长期安全性和耐久性的评价评估体系,为桥梁的维护和管理提供了科学的理论参考。该研究对桥梁结构健康监测系统进行了整体设计,选用DER&U法对桥梁的状态评估问题进行了研究,完成了桥梁健康评估系统的体系设计,并在Hadoop开源分布计算平台上予以实现,从而实现了对桥梁健康状况的综合评估与长期监测。

2013年,陈亮[13]根据结构健康监测的要求,提出了结构健康监测物联网的总体方案;考虑分布计算对该系统的支持,分析了结构健康监测中加速度响应信号处理等任务的可并行性,利用分析结果对结构健康监测云中的计算与存储进行了概念设计;为了验证分布计算的应用分析,利用MATLAB软件对ITD模态参数识别任务进行了分布式计算模拟。

2013年,刘继伟[14]研究了一类复杂多尺度系统的状态监测问题,其状态参数随时间的流逝缓慢变化并在主导尺度上具有单调增的特性,针对这类系统提出了一种状态监测方法——以大数据为基础,运用多尺度分析方法,构建状态监测参数反映设备的状态。

2013年高子喆[15]利用分布计算技术对高铁数据处理领域十分重要的数据预处理和信号分析算法进行并行化,包括高铁原始数据解包算法和数字信号分析中广为应用的快速傅里叶变换算法。高铁原始数据解包作为高铁数据预处理的第一步,为后期的数据预处理过程如数据平滑、去除异常点和去除线性趋势项等奠定了数据基础,对其并行化解决了传统算法处理测试数据集的瓶颈。

此外,从2000年开始,我国有部分学者关注城市桥梁群的健康监测理论研究,从监测信息、数据传输、数据处理、监控中心功能等方面开展了研究。在个别城市进行了尝试,安装了城市重要桥梁集成监控中心,获得了一些成功和失败的经验,为进一步研究提供了大量的数据素材。

综上所述,大数据背景下的桥梁健康监测系统研究还比较少,主要还停留在理论研究的层面上。从已有的研究结果看,基于大数据的若干理论和技术手段,可以合理避开桥梁监测系统的诸多难题,实现分级预警,确保桥梁安全运营。

8.2.2 桥梁群监测体系

在桥梁健康监测系统的实践中,出现了新的难题需要攻克,主要表现在两个方面:一是大量数据采集后,由于传感器误差及外界激励的复杂性,用传统的力学分析理论和反演算法很难对数据进行合理解释,更别谈损伤识别或可靠性评估,因此日积月累的海量数据无法得到及时、正确的处理;二是随着技术的进步,健康监测设备的价格变得低廉,很多建设单位都在重要桥梁(特别是高速公路)上安装了监测系统,少则几个,多则几十个健康监测系统,并将数据汇集到一起,形成区域桥梁群的监测系统集成,使得"桥梁监控中心"

数据库变得较为庞大，而现状则是无法用常规方法处理分析这些数据。

对于工程实践中面临的技术难题，可采用"大数据"处理方法，对桥梁健康监测系统的数据进行处理、分析、研判，同时研究基于分布计算的桥梁监测系统及实现策略，并运用多尺度数据预处理与降噪消冗理论研究在大数据背景下的桥梁安全特征值优化与信息融合技术，最终实现基于无模型的桥梁监测数据挖掘与分级预警。

一个中等规模桥梁的监测数据日增长量约为 3GB，一年就有 1.1TB 的数据增长量。若有几十上百座桥梁，其数据量巨大，对数据传输、存储、处理都是巨大的挑战。这些数据单从存储来讲，对于目前的硬件来说不是什么问题，但要让这些数据"活起来"，为桥梁评估所用，使数据具有"可视化"能力，那就十分困难。因此，亟需研究大数据背景下的桥梁分级预警理论和技术架构。利用大数据理论对桥梁安全性进行分级预警势在必行。

桥梁群监测系统与单座桥梁的监测系统有很大不同，以高速公路为例，桥梁监测系统要与其他系统相互协调。高速公路运营的配套系统主要包括"交安工程""三大系统""隧道机电系统"[16-22]，还有近年增加的桥隧安全与预警系统。

1. 交安工程

"交安工程"包含标示标牌、红绿灯、防护栏等，它对事故预防，排除各种纵、横向干扰，提高道路服务水平，提供视线诱导，改善道路景观等起着重要的作用。特别是对充分发挥道路安全、快速、经济、舒适的功能，具有特殊的意义。同时，以"安全、环保、舒适、和谐"为主旨的公路设计理念也逐步运用到交通安全设施系统的设计工作中，主要集中在路侧安全设施设计、视线诱导设施设计、交通标识标线设计以及安全设施系统与景观的协调等领域。截至 2005 年，我国已经开发了多种廉价的新型护栏，为提高道路的安全性提供了物质条件，同时立体标线、错视觉标线技术也在交安工程应用中取得了很好的效果。

2. 三大系统

"三大系统"包括：监控系统(收费站及道路监控)、收费系统、通信系统。

(1)监控系统。我国在高速公路的建设和管理上实行一路一公司的现状，决定了现有高速公路监控系统的设计和开发主要是基于单条高速公路管理的需要，所以目前国内的高速公路监控系统主要是路段监控系统，缺乏路网监控、网络互通、信息共享能力。随着高速路网的完善、统一的高速公路通信网络的构建、收费系统的联网管理，全国各省份开始规划与建设面向联网的高速公路监控系统，以实现高速公路全路网的信息汇集、共享和发布，并实现路网交通(尤其是紧急情况下)的宏观调控、诱导、救援。

(2)收费系统。高速公路收费业务是高速公路公司的核心业务，直接为其创收服务，因此高速公路收费系统是高速公路公司关注的核心系统。随着我国高速公路网的逐步形成，为规范高速公路收费管理，保障投资主体利益，节省主线收费站建设费用，减少停车次数，提高公路通行能力，高速公路收费模式已由各高速公路公司独立收费过渡到区域网络环境下的联网收费模式。

(3)通信系统。高速公路通信系统是监控系统、收费系统及高速公路信息化管理的支撑系统。其业务主要分为语音、数据、视频图像和多媒体四大部分。高速公路通信系统作为行业专网，其发展紧随着电信公网通信技术的发展步伐。从巡逻调度业务看，由简单的无线对讲系统发展到 800MH 数字集群系统；从紧急电话系统看，由铜缆/光纤有线紧急电话，发展到专网/公网无线紧急电话；从交换角度看，由简单用户线模拟交换机，发展到具备综合业务数字网络(integrated services digital network，ISDN)、业务交换点(SSP)等业务接入功能的交换系统；从传输角度看，由小容量微波通信发展到准同步数字体系(plesiochronous digital hierarchy，PDH)传输系统，现在基本上是采用同步数字系列(synchronous digital hierarchy，SDH)光纤传输系统，采取"交换+SDH+接入网"的网络结构形式，把高速公路通信系统中的多种业务融入一个传输平台[23]。

3. 隧道机电系统

"隧道机电系统"一般包括隧道监控系统、隧道通风照明系统、隧道供配电系统及隧道火灾报警系统等。

(1)隧道监控系统。隧道机电工程中，通常将"现场控制网络""交通监控系统""闭路电视系统""紧急电话系统""有线广播系统""环境检测系统"均归为隧道监控系统。

(2)隧道通风照明系统。隧道通风系统可对车辆通过时产生的一氧化碳、烟雾、异味进行稀释，一般采用射流风机，安装在行车道的正上方；国外也有采用隧道吊顶内安装风管的通风方式。隧道照明系统一般采用荧光灯、高压钠灯或 LED 灯，安装在行车道的上方及隧道横洞上方，以满足隧道内路面平均照度和均匀度的要求；按功能分为：基本照明、加强照明、应急照明、横洞照明；按区段分为引入段照明、适应段和过渡段照明、基本段照明、出口段照明。

(3)隧道供电配电系统。隧道供电系统设计内容包括负荷统计及分级以及供电方案，变配电设备的选型、布置和安装等。隧道变电所高压外线引接按永久用电和施工用电结合考虑，即由现在施工用电就近的杆上引接，在变电所附近改用埋设方式引入隧道变电所，不考虑重新架设长距离供电线路。隧道用电负荷主要为通风、照明，以及少量消防、监控、通信设施用电。根据中断供电所造成的损失或影响的程度，隧道用电负荷分为一级负荷、二级负荷。一级负荷中的关键设施，作为特别重要负荷。

(4)隧道火灾报警系统。隧道消防系统包括水消防和火灾报警系统。火灾报警系统也可以划分到监控系统。水消防均由具有相关资质的专业施工公司承建。火灾报警系统一般由隧道机电工程施工单位建设。隧道内火灾报警系统采用光纤分布式温度监测系统，相邻的隧道变电所火灾报警控制器利用光端机以及火灾报警光缆相连后，再接入隧道管理站的火灾报警控制器，实现火灾报警联网功能。火灾报警控制器能自动报火警，显示报警位置，同时发出声报警信号；能实时监测和显示隧道所有探测单元的温度值和温升速率值；可根据实际现场情况，任意设定探测器的灵敏度；具有数据存储功能。

4. 桥隧安全监测及预警系统

桥梁安全远程智能集群监测系统(简称桥梁群监测系统)同单座桥梁远程实时自动监测系统在组成上类似，主要包含信息获取与结构评估两个环节(图 8.1)。

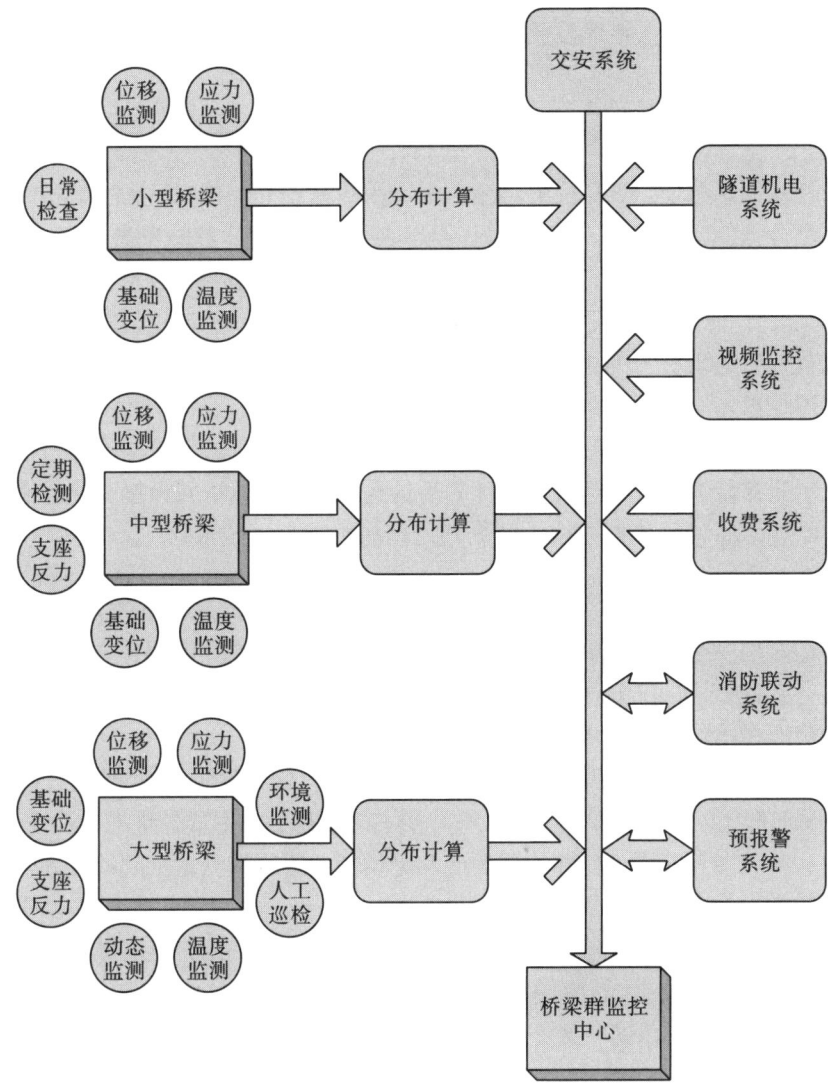

图 8.1 桥梁安全远程智能集群监测系统组成图

高速公路具备建立桥梁、隧道长期监测系统的条件，可以与交安系统、三大系统、隧道机电系统配合形成联网，从电源到通信、从数据采集到监控中心均可实现数据共享，构造成为高速公路的第四大配套系统："桥隧安全监测及预警系统"。该系统需要利用监控系统（车辆重量、天气情况等信息）数据，可以为预警提供数据支持，还可以为养护维修提供技术参考。

8.2.3 桥梁群监测分级预警理论体系

建立了桥梁群的监测系统之后，接下来就要对监测的数据进行处理，然后在预处理后的数据中进行特征提取，进而评估桥梁状态。若状态改变预示着桥梁可能有损伤，需要进行损伤识别，依据识别出的损伤评定桥梁的承载能力，甚至还有些要求对桥梁的剩余寿命进行预测。现阶段还无法完整地按此流程进行桥梁安全评判。目前主要有如下一些分级预警的理论体系。

1. 桥梁监测中多尺度数据预处理与降噪消冗理论

在分布计算的基础上,研究桥梁监测中多尺度数据预处理技术,从时间和空间两个维度,分析监测数据的噪声情况、冗余情况,实现各类传感器信息的交叉印证。

监测数据的特征选择与特征提取目标是桥梁损伤信息足够多、区分度足够好、噪声信息足够少、频段分布广泛、便于剔除。桥梁监测数据的降噪消冗理论,以傅里叶分析、小波分析等现代信号处理技术为出发点,实现分布计算节点上的数据有效处理,同时尽可能少地损失有用信息。

具体理论与技术:多尺度数据与处理技术架构;传感器数据采集与通信技术,数模转换的误差分析噪声特性,噪声经过多级计算后的传递规律;数据冗余度分析,消除冗余度及获得桥梁结构本质特征数据方法;数据预处理与去噪消冗技术。

2. 大数据背景下的桥梁安全特征值优化与信息融合技术

桥梁群运营期安全监测数据量巨大,要从大量数据中实现分级预警,需要利用大数据处理技术进行数据挖掘,找出异常并加以解释。可利用信息融合技术,从实时数据中找出关键特征参数对桥梁结构的技术状况进行评判。

由于各类传感器的性能相互差别很大,所测物理量各不相同,各类数据之间存在互补性,它们协同工作就能获取比单传感器更多、更有效的信息。主要体现在:系统可靠性高;更大的空间和时间覆盖范围;良好的置信度和分辨率;增加了测量空间的维数,拓宽了监测范围;系统生存能力强、抗毁性好。

信息融合的基本原理是:充分利用传感器所获得的各种资源,通过对监测数据及人工观测信息的合理支配与使用,将空间和时间上的互补与冗余信息依据某种优化准则或算法组合出来,产生对观测对象的一致性解释和描述。其目标是通过对信息的优化组合来导出更多的有效信息。

可通过逐级特征提取和特征优化,获得经过数据融合后的特征向量(或矩阵)空间,为桥梁损伤识别、可靠度评估、寿命预测、技术状况评定提供优质原材料[24,25]。

3. 数据挖掘与分级预警理论体系

桥梁分级预警是健康监测系统研究的核心,同时也是监测的最终实现目标。目前我国还没有太多类似经验可供借鉴,现行的规范标准中主要是针对定期检测结果进行加权综合评判,将在役桥梁分为5个技术类别,然后进行分类处理[26]。

(1) 为了应用的方便,基于无模型的桥梁群监测体系将摒弃学术界较为流行的基于具体桥梁结构分析模型的评估方法,因为建立有限元模型不仅耗时费力,而且与实际情况不符合(注意:这里所指的无模型,并不是简单地全部抛弃桥梁模型)。同时,有模型监测评估方法的计算量大,不便于实时监测。因此针对桥梁设计模型建立典型数据库(如包络线、影响线、温度关系矩阵),然后据此构建预警的逻辑判据。

(2) 数据挖掘是指从大量的数据中通过算法搜索隐藏信息的过程。数据挖掘通常与计算机科学有关，并通过统计、在线分析处理、情报检索、机器学习、专家系统(依靠过去的经验法则)和模式识别等诸多方法来实现上述目标[27-29]。数据挖掘的分析方法包括：分类(classification)、估计(estimation)、预测(prediction)、相关性分组或关联规则(affinity grouping or association rules)、聚类(clustering)、复杂数据类型挖掘(Text、Web、图形图像、视频、音频等)。具体的经典算法有：①C4.5算法，是机器学习算法中的一种分类决策树算法，其核心算法是ID3算法。②K均值聚类算法。③支持向量机(SVM)，是一种监督式学习的方法，广泛运用于统计分类以及回归分析中。④关联规则算法(apriori)，是一种最有影响的挖掘布尔关联规则频繁项集的算法。⑤最大期望值法(EM)。⑥pageRank算法，是Google专有算法。⑦Adaboost，是一种迭代算法，其核心思想是针对同一个训练集训练不同的分类器，然后把弱分类器集合起来，构成一个更强的最终分类器。⑧邻近算法(kNN)，是一个理论上比较成熟的算法，也是最简单的机器学习方法之一。⑨朴素贝叶斯算法，在众多分类方法中，应用最为广泛。⑩分类与回归树(CART)，在分类树下面有两个关键的思想，第一个是关于递归地划分自变量空间的想法，第二个是用验证数据进行减枝。这些算法大多数都可以用于分析处理桥梁群健康监测系统所获得的海量数据，但其适应性需针对不同桥梁群的特点进行合理选择。对于桥梁分级预警，可采取分区域的多重子步法进行研究，分级标准与国家现有规范相同，但分级计算指标按增量和全量两种思路在结果中进行选取[30,31]。

8.3 桥梁短期监测新技术介绍

《公路桥梁设计通用规范》(JTG D60—2015)明确规定桥梁运营期监测在设计初期就应该考虑，充分体现了对桥梁运营期安全的重视。对于如斜拉桥、悬索桥等特大桥梁，可以安装健康监测系统。但对于大中型桥梁，甚至小桥，健康监测很难实施：一方面是健康监测系统造价高昂，在一般的经济欠发达地区很难实现；另一方面是目前大中型桥梁监测系统使用的传感器数量和种类均较少，采用几分钟一次的监测频次，只能监测到力学特征的累积缓慢变化。常用的荷载试验虽然概念清晰、结论明确，但其多年使用的静载试验耗时较长，需要中断交通，因此有必要研制更理想的试验方法。

8.3.1 桥梁短期监测研究背景

目前公路运营桥梁承载力评定主要采用荷载试验和健康监测两种技术手段：荷载试验成本低、结果直观、可靠性高，易于被公路管养部门接受；健康监测技术含量高，测试技术逐渐成熟，但成本高，且评估结论争议较大。

桥梁荷载试验存在的问题：①测试信息量偏少，对桥梁的承载力评估太武断，有时已存在很多问题的桥梁试验结果也很好。②加载时间太长，正常情况静载一个断面要1h左右，一座桥算上动载需要3~4h，重要道路无法承受中断交通之痛。如高速公路、铁路、城市快速路。③仅对活载进行等效加载，其他可变荷载如温度、风速等无法测试作用效应。

④对实际交通量无法测量,因此不能按照实际运营情况针对性地给出评估结论。⑤传感器的安装、桥梁计算等工作准备时间较长,但测试时间相对较短,效率很低。

桥梁健康监测存在的问题:①重数据采集、传输、存储,无有效统一的评价体系。②在桥梁漫长的使用历程中,对传感器的稳定性是一个重大考验。③大多数系统采集的数据很难稳定可靠地预警,更别谈桥梁评估。④长时间传感器的零点漂移问题严重,分不清哪些是传感器的误差、哪些是桥梁的真实响应。⑤传感器的寿命与桥梁寿命相比一般前者远小于后者。⑥监测技术简单易行,但评估技术涉及反演、优化、数据挖掘、损伤识别、状态评估、承载力评价等众多难题,一般技术人员很难掌握。⑦为了节约成本,中小桥的监测采用准静态采样,5min 一次的数据采集频率,无法抓住重车转瞬即逝的信息;且低成本系统运维成本极高,往往是重建设轻维护,系统无法长期正常工作。

在上述背景下,为了利用近几年的监测技术成果,提高荷载试验及承载力评定的便捷性和准确性,提出桥梁短期健康监测新概念。

8.3.2 短期健康监测的优势及工程价值

桥梁短期监测系统(STM)技术是取荷载试验和健康监测的优点,避开各自的缺点,利用健康监测的数据采集与传输技术,按照荷载试验的评估方法,在几乎不中断交通的情况下,在等效荷载和实际运营荷载下,采用数据处理和特征提取技术,对桥梁承载能力进行有效评定,实现"低投入、高回报"的效果,适用于大、中、小型桥梁,不受条件的限制,对需要进行承载力评定的桥梁进行监测并给出评定报告。

桥梁荷载试验仅仅能对车辆活载进行试验,而桥梁 STM 试验可以对车辆活载、人群活载、风活载、温度作用、疲劳荷载进行监测,几乎涵盖桥梁设计的全部可变作用,所以测试完毕后可以重新按测试数据进行桥梁设计验算。

桥梁健康监测比桥梁 STM 试验多基础变位、混凝土收缩徐变与恒载作用的测试,这几项作用一般在成桥后 5~10 年内就全部发生,做一个与桥梁等寿命的系统,确实很不划算。之后漫长的桥梁运营过程中,承载力退化涉及的耐久性问题,目前测试很难反映这种累计损伤。

通过上述分析,桥梁短期健康监测的推广实施,可以弥补运营桥梁承载力评估中的技术空白,为公路管养部门增加一种行之有效的选择。桥梁在运营过程中的安全性对于公路而言相当于心脏对于人体一样重要。桥梁荷载试验比喻为心脏彩超,健康监测比喻为对危重患者的心电监测,桥梁 STM 试验就相当于心电图。定期为桥梁做一个廉价但信息丰富的"心电图"是确保桥梁安全的重要环节。

STM 监测技术的主要优点如下。

(1)只需要增加车重测试仪,其他投入与荷载试验一样,技术含量高,附加值高。但动态车中测试仪精度很难保证,需要采用荷载反演等方法进行补充和改善。

(2)5~10min 完成荷载试验 3~4h 的工作,将交通影响降到最低,可以用于高速公路、城市快速路、铁路等项目上。

(3)短期测试海量数据,评估结果更加准确可靠,每座桥的试验报告内容翔实,评估

(4) 多维多角度测量桥梁，评估从多方面进行，活载由人工模拟等效荷载、实际运营荷载，本质上是混合荷载试验。可以通过测量的大量数据取平均，更加精确，可以进行真实的残余变形(应变测试)。

(5) 重点放在中型桥梁：简支梁桥、连续梁桥、连续刚构桥、拱桥、桁架桥，数量占比99%。

(6) 测试时间按交通运行规律。每个星期一次循环，因此选择7d、14d、21d、28d共四种模式，简称为STM7、STM14、STM21、STM28四种类别的试验。本质上荷载试验相当于STM0，健康监测相当于STM∞。

(7) 通过这个技术的研发，可以提升荷载试验的品质，同时也可以为信息化的桥梁健康监测系统评估提供技术基础。

(8) 根据交通量的实际情况，为了加载到桥梁的设计荷载，可以人工干预运营状态，增加试验车的混入率。

8.3.3 国内外同类技术的现状及发展趋势

与桥梁短期监测技术发展相关的荷载试验和健康监测规范如下。

荷载试验：1988年交通部发布《公路旧桥承载能力鉴定方法》(试行)；交通运输部于2011年和2015年分别发布了《公路桥梁承载能力检测评定规程》和《公路桥梁荷载试验规程》。

健康监测：2000年逐步开始在特大桥上安装传感器系统；2014年住建部发布《建筑与桥梁结构监测技术规范》；2016年交通运输部发布《公路桥梁结构安全监测系统技术规程》。尽管有国家规范，但目前还没有细化成可操作的统一做法。

从发展实践来看，短期监测如果从现在起步，由于有这两个方面的基础，估计发展10年左右可趋于成熟。就如现在的智能手机，也是从仅有通话功能的座机(类比荷载试验)和具有各种文件、数据处理功能(类比健康监测)的电脑之间发展起来的一种中间产品，其融合了通信和微机处理两项功能。也可以类比可穿戴设备，现在发展起来的人体健康穿戴设备，通过监测心跳、脉搏等，对人体的健康状况进行实时评价。

1. 桥梁荷载试验研究现状

《公路桥涵养护规范》(JTG H11—2004)要求，评定桥梁运营荷载等级，检测桥梁整体安全性能是否满足标准规范和设计要求，现场荷载试验是十分重要的手段，也是竣工验收最有效、最直接的方法。

桥梁荷载试验是通过测试在荷载直接作用下桥梁各结构部位及整体的响应参数，反映和揭示桥梁的实际承载能力和安全使用状况。桥梁荷载试验属于对桥梁结构进行微观分析与评价的内容，但又自成体系。它是一门直接服务于工程实践的技术学科，涉及桥梁的设计计算理论、试验测试技术、仪器仪表性能、数理统计分析、现场试验组织等方面，具有较强的综合性、应用性和复杂性。同时，桥梁荷载试验对于推动桥梁建设事业的发展，确保桥梁安全运营、科学养护有重要的作用。

目前使用的桥梁结构安全评估方法有很多，对于缺陷的评估，通常采用实桥的荷载试验方法。通过荷载试验对桥梁结构进行加载测试，可以直接了解桥梁在试验荷载作用下的实际工作状态和一些理论上难以计算的部位的受力状态，以及一般性桥梁检查难以发现的隐蔽缺陷，判别桥梁结构的安全承载力和使用条件，也可以确定一些理论上无法考虑的因素，如所用材料的相对均匀性、不同龄期的不同力学特性和施工质量等对结构受力的影响。因此，用荷载试验评定方法鉴定桥梁的质量和可靠度，并确定桥梁的承载力是很有效果的[32-34]。

1) 国外研究现状

目前，国外对桥梁结构性能评估及维修加固的研究非常重视，有关荷载试验的研究报告非常多，但几乎未看到针对桥梁荷载试验而进行的自动化加载研究。他们研究的重点主要放在试验结果对于承载能力的评价及评估上。

美国是世界桥梁大国，有关桥梁检测及评估方面的规程、手册相对来说也是最完善的，到目前为止，相继颁布了很多相应的检测规范、评估手册，如《国家桥梁检测规范》《桥梁检测人员参考手册》《桥梁评估手册》等。

Barker 以一座三跨连续钢梁桥为研究对象，将桥梁的荷载试验作为一个准确评价桥梁承载能力的方法，系统分析了路缘石、栏杆等各种附属结构对桥梁承载能力的贡献。

Marefat 对一座已建成 60 年、跨径 20m 的铁路拱桥进行了静载试验和动载试验研究。荷载试验表明，尽管该桥梁碳化严重、拱顶存在较多的宽裂缝，但桥梁的静力和性能仍能满足承载能力的需要。

Ataei 采用基于神经网络原理开发的多传感器信息融合技术，对一座铁路桥梁的荷载试验进行了研究，提出了线性双层反馈模型，用于荷载试验的数据处理分析。

Ponniah 等也开展了各种桥梁的荷载试验，主要评估桥梁在役状态的变形及承载能力，最终确定桥梁在役状态的工作性能。

Fuchs 等在荷载试验中提出了采用一种激光测试仪系统进行荷载试验。该系统能够在不中断交通的情况下快速、准确地测量桥梁在静荷载作用下的挠度变化。该系统主要适应难于用常规方法进行荷载试验的桥梁，一台仪器可以采集多个梁的挠度值。最终通过测量得到的主梁竖向挠度值，评估桥梁的承载力和可靠度。

对于桥梁的维护、养护及使用寿命、运营安全等因素，在桥梁检测中，桥梁荷载试验做出了很大贡献，因此桥梁荷载试验越来越受到人们的青睐。Alampalli 等对桥梁荷载试验的成本和效益进行了评估研究。通过考虑荷载试验对桥梁定性和定量的好处，以及荷载试验的成本，开发了一个广义价值评估模型，以便协助业主进行荷载试验时能够降低成本，提高收益[35-39]。

2) 国内研究现状

与世界先进水平相比，我国在公路桥梁健康监测方面的工作还存在一定差距，近年来，我国积极开展了桥梁荷载试验方面的评估研究工作，逐步积累资料和经验。

陶海针对中小跨度桥梁，基于《公路桥涵设计通用规范》（JTJ 021—1985）和荷载试验评估方法编制了桥梁承载力自动评估系统（BBCVS）。BBCVS系统根据用户输入的包含截面几何信息的桥梁有限元信息，以及实测挠度、应变和车辆布置参数等的试验测试数据，能够将设计和试验荷载分别作用下的截面挠度、内力、应变及荷载效率与实际承载能力鉴定的系数计算出来。

刘思孟认为现有的荷载试验中车辆的布载情况主要由内力荷载效率来决定，还存在一定的问题。试验时虽然能使内力荷载效率保持在0.8～1.05，但是反映桥梁结构整体刚度的重要参数——挠度的效率很可能低于或者高于规范要求；为了解决这一问题，必须先确保结构强度符合要求，再确保结构的刚度符合要求；强度检验主要是通过寻找一个能满足内力荷载效率的各项要求的布载区间，刚度检验的要求是在强度检验中得到的布载区间上再次布载寻求满足挠度效率要求的区间。

张宇峰针对常规荷载试验耗时耗力、经济成本高昂、影响正常交通运行的问题，提出了一种叫准静态荷载试验的方法，主要依靠影响线对比技术、模型校准技术来专门处理梁式桥梁。该研究方法的思路是：首先，通过准静态荷载试验实测出梁式桥梁各个测点的应力影响线；其次，利用应力影响线进行模型校准；再次，将传统荷载（静载）试验的试验荷载分别作用在校准前后的模型上，用此得到的内力比值作为结构的校验系数，再换算得到检算系数；最后，采用与传统静载试验一样的方法，评价桥梁承载能力。

郭爱平开发了一套以桥梁结构、力学、数学及绘图学为核心理论的适用于桥梁荷载试验静动力分析的软件。该系统可以计算恒载内力、活载内力以及内力影响线，恒载位移、活载位移以及位移影响线；设计和验算荷载、试验工况设计；生成DXF文件格式的结构离散图、结构内力图、内力影响线图、位移影响线图、结构位移图等图形。该软件主要按照如下两步进行：其一，根据动态规划理论，对当前加载影响线进行最不利布载；其二，试验中车辆的自动布载用计算得来的最不利荷载效应作为依据，依照自动布载结果，用鼠标时时拖动实现车辆的手工布载。最终得到了半手工半自动化的布载软件。在进行上述计算的同时，程序自动计算其他影响线的相应响应。

郑淳针对某座桥梁的静载试验结果显示校验系数偏小的原因，总结分析了几个主要因素对桥梁荷载试验理论分析准确性的影响，提出了在进行桥梁理论分析时应考虑实桥真实弹性模量，考虑非结构构件（如防撞墙）对主梁刚度的影响。张建春、刘又佳等完成了相关研究工作。

石永燕根据桥梁静载试验的试验原理，对单个工况进行试验加载时，虽然能使当前加载工况满足加载要求，但是很难保证其他控制截面也满足要求，分级加载过程中存在很大的安全隐患，提出了加载安全域的边界问题。为了能达到计算工作量有所降低，并且保证能够快速确定车辆布载方式的目的，在考虑加载安全问题时，将车辆布置所处坐标视为广义点即可变为加载安全域的边界问题。还进行了指定效率下快速布载方法的研究，结合连续函数的性质，证实了车辆布载方程根是存在的，结合加载的安全性问题，最终研究出了荷载试验车辆自动化布载的快速布置系统。

王凌波针对现有大跨度桥梁荷载试验中的难点与不足，如试验中难以确定车辆布载位置、加载工况的多样性等，在荷载试验设计中研究出了全自动的车辆布置算法，并且采用

Excel VBA 计算语言写出该算法的电算化程序。该算法能够最大限度地进行工况合并，但是必须在满足规范要求的条件下；并且在程序计算结束后能够自动生成车辆布置的 CAD 图纸[40-43]。

通常来讲，桥梁荷载试验分为静载试验和动载试验。静载试验与动载试验虽然在测试内容、试验目的等方面有所不同，属于两种性质的试验，但对于全面分析、掌握桥梁结构的工作性能是同等重要的。

静载试验评定桥梁承载能力是传统、成熟且可靠的方法，静力检测采用与常规设计相同的物理、力学概念，计算方法和标准规范，这些都易于接受和掌握。桥梁静载试验具体测定的内容包括控制点的静应变和静位移。通过试验测定控制点的应变和位移可以推算出有关的内力值和挠度值等。将它们与理论计算值进行比较，是判定桥梁结构工作状态的一个重要指标。但静载试验也有不足之处，如工作面大、加载时间长、通常需要中断交通等。

动载试验方法是研究桥梁结构动力性能的重要方法之一，该性能是判断桥梁承载能力和运营状况的重要指标之一。通过对结构动载响应和动力特性的试验分析，测量结构动力效应最大的构件等部位，以及对动变形及动应力的控制截面来确定桥梁的冲击系数，了解车轴荷载对桥梁的动力作用，并以此来判断桥梁设计的安全与经济性能。以前动力检测的主要目的在于确定桥梁的自振频率，因为当桥梁的自振频率处在某个范围内时，可由外荷载引起共振。在近十几年来，试验模态分析法逐渐发展起来，它集系统识别、振动理论、振动测试技术、信号采集与分析等跨学科技术为一体。目前已被广泛应用于机械、航空、航天等领域，现在也被应用到了土木工程结构的安全状态检测，通过试验来确定系统的振动频率、振型、阻尼比等参数。

以前人们主要采用静载试验方法来评价桥梁结构的承载能力，但桥梁结构除了承受本身自重及各种附加恒载以外，还要承受交通载荷以及受到风载、气候等种种复杂因素的影响，故对桥梁进行动载试验显得十分必要。近年来，桥梁动载试验由于试验时间短、工作量较小、操作方便、费用低、快捷而受到广大桥梁工作者的青睐。静载试验和动载试验的结合可对桥梁质量做出更为准确的评价，为桥梁运营管理及改造提供更科学的依据。

虽然桥梁荷载实验的研究越来越受到相关人士的青睐，试验方法也越来越成熟；但是已有的荷载试验基本上还停留在手工布载，根据经验寻找加载断面的方法上。此法工作效率低下，耗时耗力。除此之外，手工布载还有个致命的缺陷，当在对当前加载截面进行布载的时候，很难确保对其他截面无影响，其他截面是否超限是一个很严重的问题，手工布载往往会让人忽视掉其他截面超限的问题。手工布载还缺少一种预警机制。可见，今后桥梁荷载试验的研究方向必定是如何实现车辆的自动化布载[44-47]。

2. 桥梁短期监测研究现状

桥梁短期监测作为行业内一种全新的发展趋势，结合桥梁荷载试验与健康监测两者的优势，摒弃各自的不足，既没有健康监测成本高、评估结论争议大的缺点，也没有荷载实验信息量少、加载时间过长的缺点。其利用健康监测的数据采集与传输技术，按照荷载实验的评估方法，在等效荷载与实际运营荷载下，采用数据处理和特征提取技术，对桥梁承载能力进行有效评估，真正达到了低投入、高回报的效果。

考虑到本研究属于新技术领域的课题，因此从 CNKI 和 EI 两个数据库进行查阅。从查阅国内外文献的结果显示，中文检索 CNKI 中未见桥梁短期监测的报道，EI 检索中全部匹配的没有搜索到文献，相似匹配的找到 11 篇论文。其中，2009 年 1 篇，2012~2016 年 10 篇。

有 2 篇属于本研究领域的论文。

Sartor 将一种便携式应变监测系统应用在 4 种不同的桥型上，以说明如何以现场短期监测的方式来评估出现破损的桥梁。分别对桥梁的承载能力、裂缝产生的原因以及荷载的分布进行了研究，认为基于保守假设的分析模型，对应力/应变水平以及对疲劳的分析预测都是保守的，适合于新桥的设计，而对于现存桥梁的评估，无法准确地反映其真实情况。通过现场测试结合专业的分析，则可以做到更准确的评估。研究证明，现场短期监测大大节省了桥梁维修的成本以及时间。

Meneghetti 认为将长期健康监测用于桥梁状况评估成本十分高，而短期监测，由于可以模拟主要荷载，因此可以用来表征荷载谱。而荷载谱对于疲劳破坏的分析十分重要。Meneghetti 通过基于短期监测数据的 S-N 曲线以及线弹性断裂力学评估在役桥梁疲劳破坏程度。将这些基于短期监测数据的评估方法用于实际案例分析中，并通过雨流计数法获得应力直方图。

有 5 篇属于健康监测领域的扩展研究论文。

Grigoriou 将长期健康监测系统应用在铁路桥梁中，采用新型装置实时测量应变的变化。通过对监测数据的处理，得到了应力历史数据，用于计算累计损伤；钢筋极限应力的分布，用于极限状态下的可靠性验证以及疲劳验算。研究表明，极限应力值服从指数分布，由于动态放大效应的精确表示，使用应力历史记录相比于使用标准荷载模型，会得到更低的损伤累计率。

Miyamoto 应用公交监测系统的数据，将挠度作为安全指标而构造了一种新型监测方法，这种方法不受诸如路面粗糙等因素引起的动态扰动的影响以及结构异常参考数的影响。该研究不仅详细阐述了怎样通过公共汽车的振动数据来评估桥梁，还考虑了如何将该系统应用在其他类型的现有桥梁上。

在悬臂施工斜拉桥中，通常通过调整索力来控制主梁的弯矩，以防止桥面发生开裂。Park 研发了一种封装型 FBG 传感系统，用于测量突山斜拉桥的索力。同时安装了测力传感器来验证 FBG 传感器的精度，并且通过数据记录仪记录短期和长期索力的变化。现场测试结果表明，封装型 FBG 传感系统所得索力数据与测力传感器所得索力数据相差不大，表明 FBG 传感器系统适合于索力实时监测。

对于大数据的处理和分析是健康监测中面临的巨大挑战，Xia 阐述了如何将一些算法应用于实际工程中海量数据的处理及评估，在一座公路桥上，分别进行了长期监测以及短期监测，涵盖了应力应变及温度的监测。短期监测是通过组织车辆以不同的速度通过桥梁，测量动态应变响应，通过特征系统实现算法，得到结构的动力特性，并利用小波变换对车桥相互作用特性进行分析。长期监测中，记录了应变、位移与温度的关系，分别将累积损伤模型、极值分布和线性回归模型应用于数据处理，并提出了几个评价结构状态的指标。

Kim 利用车辆运动产生的桥梁震动数据，研究了短跨径桥梁健康监测中模态参数识别方法的可行性。其核心思想是利用移动车辆荷载,使用自回归(AR)模型,反复进行结构参数识别,形成一种统计模式,为现有桥梁状态评估提供依据。

8.3.4 桥梁短期监测主要技术方案与研究展望

桥梁短期监测的主要技术思路是利用健康监测的传感测试系统进行短期监测。评估技术在荷载试验评估方法的基础上进行适当改进而成,评估方法简单可行。老子《道德经·第六十三章》:"为无为,事无事,味无味。大小多少,报怨以德。图难于其易,为大于其细。天下难事必作于易,天下大事必作于细。是以圣人终不为大,故能成其大。夫轻诺必寡信,多易必多难。是以圣人犹难之,故终无难矣。"其中"天下难事必作于易"就是桥梁短期监测评估的思路,桥梁健康监测所涉及的理论、方法、优化等太多,目前理论上百家争鸣,各种力学知识、数学工具、信息处理方法、硬件改进技术等都在桥梁健康监测中生根发芽,形成了这个领域的"繁荣"景象。但如果要解决量多面广的大中型混凝土梁式桥安全监测问题,是不可以也不可能用这些看起来非常艰深的理论技术。桥梁短期监测一定要创立方法简单,便于大多数桥梁工程师理解和操作、易于管理养护部门接受的新方法,才可以形成新的产业优势,逐步发展壮大。

其发展可以和人体健康进行类比,思路和方法也有很多相似的地方。图8.2为人体健康与桥梁健康的类比示意图。

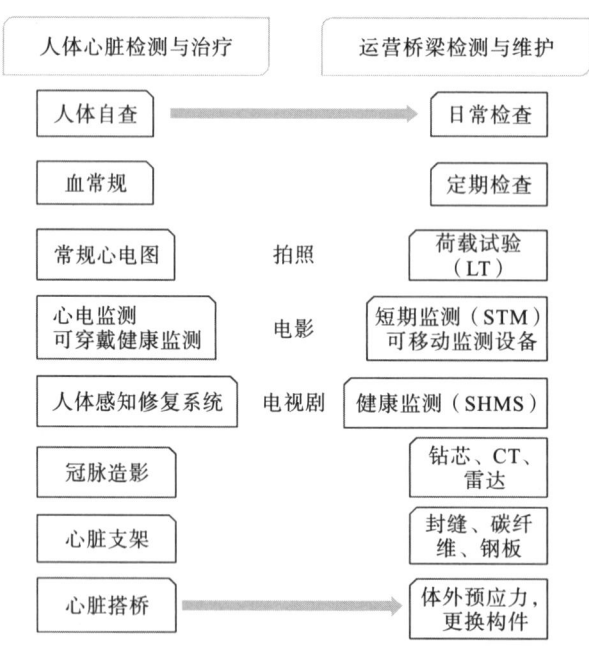

图8.2 人体健康与桥梁健康的类比示意图

桥梁短期监测研究领域目前需要研究的问题如下。

1. 理论方面的创新

从理论上提出新的既有桥梁承载力评估试验方法，桥梁 STM 试验利用等效荷载和运营荷载作用下的短期监测数据，计算桥梁承载力评估的重要参数——效验系数，在计算过程中要用到数据预处理、动态数据的准静态化、特征提取与选择、复杂荷载的解耦等理论和方法。具体研究内容如下。

(1) 准静态等效荷载试验的研究，以及加载的效验系数的确定。
(2) 特征选择与提取技术在桥梁监测中的应用研究。
(3) 监测数据与桥梁损伤之间的映射关系探索。
(4) 各种灾害条件下桥梁的评估特点研究。

2. 硬件方面的创新

在硬件方面的集成创新，优选适合短期监测的应变、位移、加速度、索力、裂缝监测、伸缩缝监测、车重、温度、风速风向测试传感器及局域无线数据自动采集与存储系统，采集异常时的自动远程报警等技术。具体研究内容如下。

(1) 传感器的选型与优化布置。
(2) 数据传输的可靠性。
(3) 数据初步分析，异常值的分析判断。

3. 数据的处理及自动化

桥梁评估及自动化计算流程的研究，包括小波数据平滑降噪处理、主成分分析的特征提取与选择、效验系数计算与置信区间估计、既有桥梁承载能力评估技术与阈值的确定、结构抗力与作用效应的修正与评判。具体研究内容如下。

(1) 多尺度数据与处理技术架构研究。
(2) 传感器数据采集与通信技术，数模转换的误差分析。
(3) 噪声特性研究，噪声经过多级计算后的传递规律研究。
(4) 数据冗余度分析，消除冗余度及获得桥梁结构本质特征数据方法研究。
(5) 数据预处理与去噪消冗技术研究。

通过上述三个关键科学问题的研究，需要在如下八个方面的技术上获得突破，方能将桥梁短期监测应用到工程实际。

(1) 稳妥可靠的测试数据预处理技术。
(2) 复杂荷载耦合下的特征分离与提取技术。
(3) 基于可靠度的短期监测评估结果分位值表达技术。
(4) 不同荷载作用效应下的效验系数容许判断值确定方法。
(5) 基于短期监测数据和效验系数的修正桥梁承载力评估技术。
(6) 低价高性能的位移连续测试设备研发。
(7) 裂缝与钢结构疲劳测试与评判标准研发。
(8) 数据存储与软件开发、集成创新、自动生成报告。

本章参考文献

[1] 张启伟. 大型桥梁健康监测概念与监测系统设计[J]. 同济大学学报(自然科学版), 2001, 29(1): 65-69.

[2] 中华人民共和国交通运输部. 公路桥梁和隧道工程设计安全风险评估指南(试行)[S]. 北京, 2010.

[3] 中交公路规划设计院有限公司. 杭州至瑞丽高速公路毕节至都格(黔滇界)初步设计桥梁安全风险评估报告[R].

[4] 秦权. 桥梁结构的健康监测[J]. 中国公路学报, 2000, 13(2): 37-42.

[5] 曹燕. 城市桥群健康监测系统的设计研究[D]. 哈尔滨: 哈尔滨工业大学, 2016.

[6] 王文斌, 徐利平, 戴利民. 城市桥梁群概念刍议[J]. 上海公路, 2013(4): 41-44.

[7] 曲峰俊. 城市桥梁健康监测关键问题研究[D]. 青岛: 青岛理工大学, 2016.

[8] 符欲梅. 桥梁集群监测系统实施方案. 2003年4月

[9] Richard A. Walther. nation Research Board Technical Activities Division Comm-ittee Research Problem Statements Design and Construction Group Structures Section. Committee on Dynamics&Field Testing of Bridges. PE, SE, AFF40

[10] 佟艳群. 桥梁集群中心数据采集处理软件系统的设计与开发[D]. 重庆: 重庆大学, 2006.

[11] 刘欣, 李永刚. 海量数据流在桥梁健康监测中的处理方法[J]. 计算机工程与设计, 2008, 29(1): 223-224.

[12] 高仲峰. 基于Hadoop平台的桥梁结构健康监测系统的应用[D]. 西安: 西安科技大学, 2012.

[13] 陈亮. 结构健康监测物联网系统的分布计算应用研究[D]. 哈尔滨: 哈尔滨工业大学, 2013.

[14] 刘继伟. 基于大数据的多尺度状态监测方法及应用[D]. 北京: 华北电力大学, 2013.

[15] 高子喆. 基于分布计算的并行FFT算法及其在高铁数据中的应用研究[D]. 成都: 西南交通大学, 2013.

[16] Peng K. Study on the application of HHT in bridge health monitoring[J]. Sensors & Transducers, 2014, 162(1): 244-250.

[17] Wan Z, Li J D, Jia M, et al. Structural health monitoring (SHM) of three-dimensional braided composite material using carbon nanotube thread sensors[J]. Journal of Mechanics, 2013, 29(4): 617-621.

[18] 郭毅霖, 何玉珊, 刘静, 等. 既有桥梁结构监测数据采集优化、识别及安全评价技术[J]. 中国科技成果, 2014(5): 38-40.

[19] 崔飞, 杨党旗, 高岩, 等. 用参数识别技术进行桥梁结构损伤识别[J]. 中国铁道科学, 2003, 24(3): 36-39.

[20] Lozano-Galant J A, Nogal M, Paya-Zaforteza I, et al. Structural system identification of cable-stayed bridges with observability techniques[J]. Structure & Infrastructure Engineering, 2014, 10(11): 1331-1344.

[21] Arangio S, Bontempi F. Structural health monitoring of a cable-stayed bridge with Bayesian neural networks[J]. Structure & Infrastructure Engineering, 2015, 11(4): 575-587.

[22] Hester D, GonzāLez A. A bridge-monitoring tool based on bridge and vehicle accelerations[J]. Structure & Infrastructure Engineering, 2015, 11(5): 619-637.

[23] 曹永军. 高速公路交通工程设施系统分析及评价研究[D]. 西安: 长安大学, 2007.

[24] 李爱群, 丁幼亮, 王浩, 等. 桥梁健康监测海量数据分析与评估——"结构健康监测"研究进展[J]. 中国科学(技术科学), 2012(8): 118-130.

[25] 万臻, 李乔, 毛学明, 等. 基于可靠度的桥梁结构剩余使用寿命预测方法[J]. 公路交通科技, 2006, 23(9): 51-53.

[26] Döhler M, Hille F, Mevel L, et al. Structural health monitoring with statistical methods during progressive damage test of S101 Bridge[J]. Engineering Structures, 2014(69): 183-193.

[27] 张培. 桥梁数据采集分布式系统研究[D]. 武汉: 武汉理工大学, 2009.

[28]刘让国. 数据仓库技术在交通信息系统中的应用研究[D]. 北京: 中国科学院研究生院, 2007.

[29]柳旭, 祁耀斌. 数据挖掘在桥梁健康监测智能评估系统中的应用[J]. 微计算机信息, 2006, 22(24): 30-32.

[30]李学学, 彭珍瑞. 桥梁健康监测海量数据预处理及存储策略研究[J]. 电子科技, 2014, 27(7): 165-167.

[31]隋莉颖, 刘浩, 陈智宏, 等. 基于物联网技术的桥梁健康监测与安全预警技术研究[J]. 公路交通科技(应用技术版), 2015(2): 8-11.

[32]范文斌. 基于荷载试验的桥梁整体安全性研究[D]. 长沙: 中南大学, 2008.

[33]郭静. 基于静载试验的连续刚构桥承载力预测[D]. 南宁: 广西大学, 2008.

[34]杨美云. 桥梁荷载试验车辆自动化布载研究[D]. 重庆: 重庆交通大学, 2014.

[35]张建春, 刘利军. 梁桥荷载试验评定结果的影响因素分析[J]. 建材世界, 2011, 32(3): 71-76.

[36]李克银. 连续梁桥荷载试验梁格法分析[J]. 铁道工程报, 2011, 28(6): 25-28.

[37]王凌波, 贺拴海, 蒋培文, 等. 大跨径桥梁荷载试验加载方案算法设计[J]. 武汉理工大学学报, 2011, 33(2): 77-81.

[38]姜传绵. 预应力混凝土连续箱梁桥静、动荷载试验研究[J]. 铁道工程学报, 2009, 26(5): 40-43.

[39]郑淳. 桥梁荷载试验理论分析准确性的影响因素分析[J]. 建筑监督检测与造价, 2009, 2(9): 22-25.

[40]贺顺荣. 大跨度斜拉桥荷载试验研究[D]. 成都: 西南交通大学, 2006.

[41]Ataei S, Aghakouchak A A, Marefat M S, et al. Sensor fusion of a railway bridge load test using neural networks[J]. Expert Systems with Applications, 2005, 29(3): 678-683.

[42]Fuchs P A, Washer G A, Chase S B, et al. Laser-Based Instrumentation for Bridge Load Testing[J]. Journal of Performance of Constructed Facilities, 2004, 18(4): 213-219.

[43]Marefat M S, Ghahremani-Gargary E, Ataei S. Load test of a plain concrete arch railway bridge of 20-m span[J]. Construction & Building Materials, 2004, 18(9): 661-667.

[44]丁幼亮, 李爱群, 姚晓征. 动载测试与小波分析在桥梁结构损伤诊断中的联合应用[J]. 振动工程学报, 2006(4): 499-504.

[45]苏志刚. 浅谈桥梁结构的静载试验[J]. 湖南交通科技, 2006(4): 112-115.

[46]刘泮森. 基于荷载试验的连续箱梁的静动力特性分析[D]. 天津: 河北工业大学, 2006.

[47]陈上有, 夏禾, 战家旺, 等. 变速移动荷载作用下简支梁的动力响应分析[J]. 中国铁道科学, 2007(6): 41-46.

附录 本书所使用的MATLAB代码

附录1 抗力计算代码

```
function pf=MentKanuo()
totalN=10000000;
Mu_Fsd=360;
Sigma_Fsd=27.0;
Mu_As=2916;
Sigma_As=11.5;
Mu_Fpd=2008;
Sigma_Fpd= 151.4;
Mu_Ap=1525;
Sigma_Ap=6.0;
Mu_Fcd=61.0;
Sigma_Fcd=10.0;
Mu_Bfpie=2300;
Sigma_Bfpie=21.0;
Mu_Hfpie=180.0;
Sigma_Hfpie=0.3;
Mu_B=200;
Sigma_B=1.8;
Mu_H=1400.0;
Sigma_H=2.5;
Mu_A=100.0;
Sigma_A=5.0;
Mu_S1=1468200000;
Sigma_S1=163557480;
Mu_S2=1274435903;
Sigma_S2=254887181;
Mu_S3=60600000;
Sigma_S3=13635000;
aEv=sqrt(6)* Sigma_S3/pi;
uEv= -psi(1)*aEv-Mu_S3;
JiLu=0;
R=zeros(totalN,1);
S=zeros(totalN,1);
for i=1:totalN
Fsd=normrnd(Mu_Fsd,Sigma_Fsd);
    As=normrnd(Mu_As,Sigma_As);
Fpd=normrnd(Mu_Fpd,Sigma_Fpd);
    Ap=normrnd(Mu_Ap,Sigma_Ap);
Fcd=normrnd(Mu_Fcd,Sigma_Fcd);
Bfpie=normrnd(Mu_Bfpie,Sigma_Bfpie);
Hfpie=normrnd(Mu_Hfpie,Sigma_Hfpie);
    B=normrnd(Mu_B,Sigma_B);
    H=normrnd(Mu_H,Sigma_H);
    A=normrnd(Mu_A,Sigma_A);
    S1=normrnd(Mu_S1,Sigma_S1);
    S2=normrnd(Mu_S2,Sigma_S2);
    S3= evrnd(uEv,aEv);
    if Fsd*As+Fpd*Ap<=Fcd*Bfpie*Hfpie;
x=(Fsd*As+Fpd*Ap)/(Fcd*B);
        H0=H-A;
        RM=Fcd*B*x*(H0-x/2);
    else
x=(Fsd*As+Fpd*Ap)/(Fcd*B)-(Bfpie-B)*Hfpie/B;
        H0=H-A;
RM=Fcd*B*x*(H0-x/2)+Fcd*(Bfpie-B)*Hfpie*(H0-Hfpie/2);
    end
    SM=S1+S2+S3;
    S(i)=SM;
```

```
        R(i)=RM;
        if S(i)>R(i)
            JiLu=JiLu+1;
        end
        i
end
pf=JiLu/totalN;
R;
S;
mean(R)
std(R(:),1)
mean(S)
```

```
std(S(:),1)
Q=log(R);
[h,p,jbstat,cv]=jbtest(Q)
subplot(2,1,1)
[aa1,bb1]=hist(R);
bar(bb1,aa1/sum(aa1))
title
subplot(2,1,2)
[aa2,bb2]=hist(S);
bar(bb2,aa2/sum(aa2))
title
```

附录2 作用效应计算代码

```
function pf=MentKanuo()
totalN=10000000;
Mu_Fsd=357.6;
Sigma_Fsd=27.0;
Mu_As=2916.5;
Sigma_As=11.5;
Mu_Fpd=2008.4;
Sigma_Fpd= 151.4;
Mu_Ap=1525.1;
Sigma_Ap=6.0;
Mu_Fcd=60.9;
Sigma_Fcd=10.0;
Bfpie=2304.1;
Hfpie=180.3;
B=200.4;
H=1399.0;
A=101.8;
Mu_S1=1468200000;
Sigma_S1=163557480;
Mu_S2=1274435903;
Sigma_S2=254887181;
Mu_S3=60600000;
```

```
Sigma_S3=13635000;
aEv=sqrt(6)* Sigma_S3/pi;
uEv= -psi(1)*aEv-Mu_S3;
JiLu=0;
R=zeros(totalN,1);
S=zeros(totalN,1);
for i=1:totalN
Fsd=normrnd(Mu_Fsd,Sigma_Fsd);
    As=normrnd(Mu_As,Sigma_As);
Fpd=normrnd(Mu_Fpd,Sigma_Fpd);
    Ap=normrnd(Mu_Ap,Sigma_Ap);
Fcd=normrnd(Mu_Fcd,Sigma_Fcd);
    S1=normrnd(Mu_S1,Sigma_S1);
    S2=normrnd(Mu_S2,Sigma_S2);
    S3= evrnd(uEv,aEv);
    if Fsd*As+Fpd*Ap<=Fcd*Bfpie*Hfpie;
x=(Fsd*As+Fpd*Ap)/(Fcd*B);
        H0=H-A;
        RM=Fcd*B*x*(H0-x/2);
    else
x=(Fsd*As+Fpd*Ap)/(Fcd*B)-(Bfpie-B)*Hfpie/B;
```

```
            H0=H-A;
    RM=Fcd*B*x*(H0-x/2)+Fcd*(Bfpie-B)*Hfpie*
(H0-Hfpie/2);
        end
        SM=S1+S2+S3;
        S(i)=SM;
        R(i)=RM;
        if S(i)>R(i)
            JiLu=JiLu+1;
        end
        i
end
pf=JiLu/totalN;
R;
S;
mean(R)
std(R(:),1)
mean(S)
std(S(:),1)
Q=log(R);
[h,p,jbstat,cv]=jbtest(Q)
subplot(2,1,1)
[aa1,bb1]=hist(R);
bar(bb1,aa1/sum(aa1))   %频数直方图
title '结构抗力直方图'
subplot(2,1,2)
[aa2,bb2]=hist(S);
bar(bb2,aa2/sum(aa2))   %频数直方图
title '作用效应直方图'
```

附录3　桥梁抗弯承载力计算代码(实例)

```
function pf=MentKanuo()
totalN=10000000;
Mu_Fsd=360;
Sigma_Fsd=26;
Mu_As=5832;
Sigma_As=22;
Mu_Fpd=2008;
Sigma_Fpd= 151;
Mu_Ap=3050;
Sigma_Ap=6;
Mu_Fcd=70;
Sigma_Fcd=10;
Mu_Bfpie=10000;
Sigma_Bfpie=20;
Mu_Hfpie=500;
Sigma_Hfpie=0.6;
Mu_B=800;
Sigma_B=2;
Mu_H=2500;
Sigma_H=5;
Mu_A=200;
Sigma_A=5;
Mu_S1=55982600000;
Sigma_S1=6236400000;
Mu_S2=3740600000;
Sigma_S2=7481200000;
Mu_S3=3340700000;
Sigma_S3=7516800000;
aEv=sqrt(6)* Sigma_S3/pi;
uEv= -psi(1)*aEv-Mu_S3;
JiLu=0;
R=zeros(totalN,1);
S=zeros(totalN,1);
for i=1:totalN
Fsd=normrnd(Mu_Fsd,Sigma_Fsd);
    As=normrnd(Mu_As,Sigma_As);
Fpd=normrnd(Mu_Fpd,Sigma_Fpd);
    Ap=normrnd(Mu_Ap,Sigma_Ap);
```

```
Fcd=normrnd(Mu_Fcd,Sigma_Fcd);
Bfpie=normrnd(Mu_Bfpie,Sigma_Bfpie);
Hfpie=normrnd(Mu_Hfpie,Sigma_Hfpie);
    B=normrnd(Mu_B,Sigma_B);
    H=normrnd(Mu_H,Sigma_H);
    A=normrnd(Mu_A,Sigma_A);
    S1=normrnd(Mu_S1,Sigma_S1);
    S2=normrnd(Mu_S2,Sigma_S2);
    S3= evrnd(uEv,aEv);
    if Fsd*As+Fpd*Ap<=Cfd*Bfpie*Hfpie;
x=(Fsd*As+Fpd*Ap)/(Fcd*B);
        H0=H-A;
        RM=Fcd*B*x*(H0-x/2);
    else
x=(Fsd*As+Fpd*Ap)/(Fcd*B)-(Bfpie-B)*Hfpie
/B;
        H0=H-A;
RM=Fcd*B*x*(H0-x/2)+Fcd*(Bfpie-B)*Hfpie*
(H0-Hfpie/2);
    end
    SM=S1+S2+S3;
    S(i)=SM;
    R(i)=RM;
    if S(i)>R(i)
        JiLu=JiLu+1;
    end
    i
end
pf=JiLu/totalN;
R;
S;
mean(R)
std(R(:),1)
mean(S)
std(S(:),1)
Q=log(R);
[h,p,jbstat,cv]=jbtest(Q)
subplot(2,1,1)
[aa1,bb1]=hist(R);
bar(bb1,aa1/sum(aa1))
title
subplot(2,1,2)
[aa2,bb2]=hist(S);
bar(bb2,aa2/sum(aa2))
title
```

附录4 桥梁弯矩作用效应计算代码(实例)

```
function pf=MentKanuo()
totalN=10000000;
Mu_Fsd=358.140;
Sigma_Fsd=25.665;
Mu_As=5832.432;
Sigma_As=22.372;
Mu_Fpd=2009.711;
Sigma_Fpd= 150.438;
Mu_Ap=3050.298;
Sigma_Ap=10.147;
Mu_Fcd=70.19;
Sigma_Fcd=2.85;
Mu_A=200.16;
Sigma_A=4.77;
Bfpie=10000.007;
Hfpie=500.691;
B=800.429;
H=2500.34;
Mu_S1=55982600000;
Sigma_S1=6236400000;
Mu_S2=3740600000;
Sigma_S2=7481200000;
```

```
Mu_S3=3340700000;
Sigma_S3=7516800000;
aEv=sqrt(6)* Sigma_S3/pi;
uEv= -psi(1)*aEv-Mu_S3;
JiLu=0;
R=zeros(totalN,1);
S=zeros(totalN,1);
for i=1:totalN
Fsd=normrnd(Mu_Fsd,Sigma_Fsd);
    As=normrnd(Mu_As,Sigma_As);
Fpd=normrnd(Mu_Fpd,Sigma_Fpd);
    Ap=normrnd(Mu_Ap,Sigma_Ap);
Fcd=normrnd(Mu_Fcd,Sigma_Fcd);
A=normrnd(Mu_A,Sigma_A);
    S1=normrnd(Mu_S1,Sigma_S1);
    S2=normrnd(Mu_S2,Sigma_S2);
    S3= evrnd(uEv,aEv);
    if Fsd*As+Fpd*Ap<=Fcd*Bfpie*Hfpie;
x=(Fsd*As+Fpd*Ap)/(Fcd*B);
        H0=H-A;
        RM=Fcd*B*x*(H0-x/2);
    else
x=(Fsd*As+Fpd*Ap)/(Fcd*B)-(Bfpie-B)*Hfpie/B;
        H0=H-A;
RM=Fcd*B*x*(H0-x/2)+Fcd*(Bfpie-B)*Hfpie*(H0-Hfpie/2);
    end
SM=S1+S2+S3;
S(i)=SM;
R(i)=RM;
if S(i)>R(i)
    JiLu=JiLu+1;
end
i
end
pf=JiLu/totalN;
R;
S;
mean(R)
std(R(:),1)
mean(S)
std(S(:),1)
Q=log(R);
[h,p,jbstat,cv]=jbtest(Q)
subplot(2,1,1)
[aa1,bb1]=hist(R);
bar(bb1,aa1/sum(aa1)) %频数直方图
title '结构抗力直方图'
subplot(2,1,2)
[aa2,bb2]=hist(S);
bar(bb2,aa2/sum(aa2)) %频数直方图
title '作用效应直方图'
```

附录5 桥梁抗剪承载力计算代码(实例)

```
function pf=MentKanuo()
totalN=10000000;
Mu_Fcuk=70;
Sigma_Fcuk=3;
Mu_Asv=100;
Sigma_Asv=10
Mu_Fsv=200;
Sigma_Fsv=20;
Mu_B=600;
Sigma_B=0.6;
Mu_H=1500;
Sigma_H=2;
Mu_A=100;
Sigma_A=5;
```

```
Mu_Sv=100;
Sigma_Sv=5;
Mu_S1=23328000;
Sigma_S1=2598700;
Mu_S2=4109300;
Sigma_S2=821900;
Mu_S3=1795900;
Sigma_S3=404100;
JiLu=0;
R=zeros(totalN,1);
S=zeros(totalN,1);
for i=1:totalN
Fcuk=normrnd(Mu_Fcuk,Sigma_Fcuk);
Asv=normrnd(Mu_Asv,Sigma_Asv);
Fsv=normrnd(Mu_Fsv,Sigma_Fsv);
    B=normrnd(Mu_B,Sigma_B);
    H=normrnd(Mu_H,Sigma_H);
    A=normrnd(Mu_A,Sigma_A);
    Sv=normrnd(Mu_Sv,Sigma_Sv);
    S1=normrnd(Mu_S1,Sigma_S1);
    S2=normrnd(Mu_S2,Sigma_S2);
    S3=normrnd(Mu_S3,Sigma_S3);
    H0=H-A;
RM=0.9*1.25*1.1*0.45*B*H0*sqrt(3.5*sqrt(Fcuk)*Fsv*Asv/(Sv*B));
SM=S1+S2+S3;
S(i)=SM;
R(i)=RM;
if S(i)>R(i)
    JiLu=JiLu+1;
end
i
end
pf=JiLu/totalN;
R;
S;
mean(R)
std(R(:),1)
mean(S)
std(S(:),1)
Q=log(R);
[h,p,jbstat,cv]=jbtest(Q)
subplot(2,1,1)
[aa1,bb1]=hist(R);
bar(bb1,aa1/sum(aa1))  %频数直方图
title '结构抗力直方图'
subplot(2,1,2)
[aa2,bb2]=hist(S);
bar(bb2,aa2/sum(aa2))  %频数直方图
title '作用效应直方图'
```

附录6 桥梁剪力作用效应计算代码(实例)

```
function pf=MentKanuo()
totalN=10000000;
Mu_Fcuk=69.29;
Sigma_Fcuk=4.95;
Mu_Asv=198.21;
Sigma_Asv=10.73;
Mu_Fsv=200.65;
Sigma_Fsv=20.17;
Mu_B=600.21;
Mu_H=1500.34;
Mu_A=100.42;
Sigma_A=2.91;
Mu_Sv=99.81;
Sigma_Sv=3.41;
Mu_S1=23328000;
Sigma_S1=2598700;
Mu_S2=4109300;
Sigma_S2=821900;
```

```
Mu_S3=1795900;
Sigma_S3=404100;
JiLu=0;
R=zeros(totalN,1);
S=zeros(totalN,1);
for i=1:totalN
Fcuk=normrnd(Mu_Fcuk,Sigma_Fcuk);
Asv=normrnd(Mu_Asv,Sigma_Asv);
Fsv=normrnd(Mu_Fsv,Sigma_Fsv);
    B=normrnd(Mu_B,Sigma_B);
    H=normrnd(Mu_H,Sigma_H);
    A=normrnd(Mu_A,Sigma_A);
    Sv=normrnd(Mu_Sv,Sigma_Sv);
    S1=normrnd(Mu_S1,Sigma_S1);
    S2=normrnd(Mu_S2,Sigma_S2);
    S3=normrnd(Mu_S3,Sigma_S3);
    H0=H-A;
RM=0.9*1.25*1.1*0.45*B*H0*sqrt(3.5*sqrt
(Fcuk)*Fsv*Asv/(Sv*B));
    SM=S1+S2+S3;
    S(i)=SM;
    R(i)=RM;
    if S(i)>R(i)
        JiLu=JiLu+1;
    end
end
pf=JiLu/totalN;
R;
S;
mean(R)
std(R(:),1)
mean(S)
std(S(:),1)
Q=log(R);
[h,p,jbstat,cv]=jbtest(Q)
subplot(2,1,1)
[aa1,bb1]=hist(R);
bar(bb1,aa1/sum(aa1)) %频数直方图
title '结构抗力直方图'
subplot(2,1,2)
[aa2,bb2]=hist(S);
bar(bb2,aa2/sum(aa2)) %频数直方图
title '作用效应直方图'
```

附录7　中心点法计算代码

1. 弯矩可靠指标

```
clear;
clc;
muX=[191010;93388.8;33407.6];
sigmaX=[11269.6;9739.7;7516.8];
g=muX(1)-muX(2)-muX(3);
gX=[1;-1;-1];
bbeta=g/norm(gX.*sigmaX)
计算结果：
bbeta=
3.8487
```

2. 剪力可靠指标

```
clear;
clc;
muX=[43244.0;27437.3;1795.9];
sigmaX=[2551.4;2725.6;404.1];
g=muX(1)-muX(2)-muX(3);
gX=[1;-1;-1];
bbeta=g/norm(gX.*sigmaX)
计算结果：
bbeta=
3.7322
```

附录 8　JC 法计算代码

1. 弯矩可靠指标

```
function bbeta=JC_2(muX,sigmaX)
sLn=sqrt(log(1+(sigmaX(1)/muX(1))^2));
mLn=log(muX(1))-sLn^2/2;
aEv=sqrt(6)*sigmaX(3)/pi;
uEv=-psi(1)*aEv-muX(3);
muX1=muX;
sigmaX1=sigmaX;
x=muX;
normX=eps;
while abs(norm(x)-normX)/normX>1e-6
    normX=norm(x);
    g=x(1)-x(2)-x(3);
    gX=[1;-1;-1];
    AA=evcdf(x(3),uEv,aEv)
cdfX=[logncdf(x(1),mLn,sLn);0;1-evcdf(-x(3),uEv,aEv)];
pdfX=[lognpdf(x(1),mLn,sLn);0;evpdf(-x(3),uEv,aEv)];
    nc=norminv(cdfX);
    sigmaX1(1)=normpdf(nc(1))/pdfX(1);
    muX1(1)=[x(1)-nc(1)*sigmaX1(1)];
    sigmaX1(3)=normpdf(nc(3))/pdfX(3);
    muX1(3)=[x(3)-nc(3)*sigmaX1(3)];
    gs=gX.*sigmaX1;
    alphaX=-gs/norm(gs);
    bbeta=(g+gX'*(muX1-x))/norm(gs)
    x=muX1+bbeta*sigmaX1.*alphaX
end
PF=normcdf(-bbeta)
```

输入

```
>>muX=[191010;93388.8;33407.6]
muX =
  1.0e+005 *
    1.9101
    0.9339
    0.3341
>> sigmaX=[11269.6;9739.6;7516.8]
sigmaX =
  1.0e+004 *
    1.1270
    0.9740
    0.7517
>> JC_2(muX,sigmaX)
```

计算结果：

```
bbeta=
3.5788
```

2. 剪力可靠指标

```
function bbeta=JC_2(muX,sigmaX)
sLn=sqrt(log(1+(sigmaX(1)/muX(1))^2));
mLn=log(muX(1))-sLn^2/2;
aEv=sqrt(6)*sigmaX(3)/pi;
uEv=-psi(1)*aEv-muX(3);
muX1=muX;
sigmaX1=sigmaX;
x=muX;
normX=eps;
while abs(norm(x)-normX)/normX>1e-6
    normX=norm(x);
    g=x(1)-x(2)-x(3);
    gX=[1;-1;-1];
    AA=evcdf(x(3),uEv,aEv)

cdfX=[logncdf(x(1),mLn,sLn);0;1-evcdf(-x(3),uEv,aEv)];

pdfX=[lognpdf(x(1),mLn,sLn);0;evpdf(-x(3),uEv,aEv)];
```

```
        nc=norminv(cdfX);
        sigmaX1(1)=normpdf(nc(1))/pdfX(1);
        muX1(1)=[x(1)-nc(1)*sigmaX1(1)];
        sigmaX1(3)=normpdf(nc(3))/pdfX(3);
        muX1(3)=[x(3)-nc(3)*sigmaX1(3)];
        gs=gX.*sigmaX1;
        alphaX=-gs/norm(gs);
        bbeta=(g+gX'*(muX1-x))/norm(gs);
        x=muX1+bbeta*sigmaX1.*alphaX
end
PF=normcdf(-bbeta)
```

输入

```
>> muX=[43244;27437.3;1795.9]
muX =
    1.0e+004 *
        4.3244
        2.7437
        0.1796
>> sigmaX=[2551.4;2725.6;404.1]
sigmaX =
    1.0e+003 *
        2.5514
        2.7256
        0.4041
>> JC_2(muX,sigmaX)
```

计算结果:

bbeta=

3.8548

附录9 映射变换法计算代码

1. 弯矩可靠指标

```
clear;
clc;
muX=[191010;93388.8;33407.6];
cvX=[0.059;0.110;0.225];
sigmaX=cvX.*muX;
sLn=sqrt(log(1+(sigmaX(1)/muX(1))^2));
mLn=log(muX(1))-sLn^2/2;
aEv=sqrt(6)*sigmaX(3)/pi;
uEv=-psi(1)*aEv-muX(3);
x=muX;
normX=eps;
cdfX=[logncdf(x(1),mLn,sLn);normcdf(x(2),muX(2),sigmaX(2));1-evcdf(-x(3),uEv,aEv)];
y=norminv(cdfX);
while abs(norm(x)-normX)/normX>1e-6
    normX=norm(x);
    g=x(1)-x(2)-x(3);
    gX=[1;-1;-1];
    pdfX=[lognpdf(x(1),mLn,sLn);normpdf(x(2),muX(2),sigmaX(2));evpdf(-x(3),uEv,aEv)];
    gY=gX.*normpdf(y)./pdfX;
    alphaY=-gY/norm(gY);
    bbeta=(g-gY'*y)/norm(gY)
    y=bbeta*alphaY;
    cdfY=normcdf(y);
    x=[logninv(cdfY(1),mLn,sLn);norminv(cdfY(2),muX(2),sigmaX(2));-evinv(1-cdfY(3),uEv,aEv)]
end
```

计算结果:

bbeta=

3.5806

2. 剪力可靠指标

```
clear;
clc;
muX=[43244;27437.3;1795.9];
cvX=[0.059;0.110;0.225];
```

```
sigmaX=cvX.*muX;
sLn=sqrt(log(1+(sigmaX(1)/muX(1))^2));
mLn=log(muX(1))-sLn^2/2;
aEv=sqrt(6)*sigmaX(3)/pi;
uEv=-psi(1)*aEv-muX(3);
x=muX;
normX=eps;
cdfX=[logncdf(x(1),mLn,sLn);normcdf(x(2),muX(2),sigmaX(2));1-evcdf(-x(3),uEv,aEv)];
y=norminv(cdfX);
while abs(norm(x)-normX)/normX>1e-6
    normX=norm(x);
    g=x(1)-x(2)-x(3);
    gX=[1;-1;-1];
    pdfX=[lognpdf(x(1),mLn,sLn);normpdf(x(2),muX(2),sigmaX(2));evpdf(-x(3),uEv,aEv)];
    gY=gX.*normpdf(y)./pdfX;
    alphaY=-gY/norm(gY);
    bbeta=(g-gY'*y)/norm(gY)
    y=bbeta*alphaY;
    cdfY=normcdf(y);
    x=[logninv(cdfY(1),mLn,sLn);norminv(cdfY(2),muX(2),sigmaX(2));-evinv(1-cdfY(3),uEv,aEv)]
end
```

计算结果：
bbeta=
3.7494

附录10　实用分析法计算代码

1. 弯矩可靠指标

```
clear;
clc;
muX=[191010;93388.8;33407.6];
cvX=[0.059;0.110;0.225];
sigmaX=cvX.*muX;
sLn=sqrt(log(1+(sigmaX(1)/muX(1)/muX(1))^2));
mLn=log(muX(1))-sLn^2/2;
aEv=sqrt(6)*sigmaX(3)/pi;
uEv=-psi(1)*aEv-muX(3);
sigmaX1=sigmaX;
x=muX;
bbeta=4.87;
normX=eps;
while abs(norm(x)-normX)/normX>1e-10
    normX=norm(x);
    g=x(1)-x(2)-x(3);
    gX=[1;-1;-1];
    pF=normcdf(-bbeta);
    sgn=sign(gX);f=(1-sgn)/2+sgn*pF;
    p=[logninv(f(1),mLn,sLn);norminv(f(2),muX(2),sigmaX(2));-evinv(1-f(3),uEv,aEv)];
    b=sgn.*(muX-p)./sigmaX;
    sigmaX1=b/bbeta.*sigmaX;
    gs=gX.*sigmaX1;
    alphaX=-gs/norm(gs);
    bbeta=(g+gX'*(muX-x))/norm(gs)
    x=muX+bbeta*sigmaX1.*alphaX
end
```

计算结果：
bbeta=
3.8018

2. 剪力可靠指标

```
clear;
clc;
muX=[43244;27437.3;1795.9];
cvX=[0.059;0.110;0.225];
sigmaX=cvX.*muX;
sLn=sqrt(log(1+(sigmaX(1)/muX(1)/muX(1))^
```

```
2));
    mLn=log(muX(1))-sLn^2/2;
    aEv=sqrt(6)*sigmaX(3)/pi;
    uEv=-psi(1)*aEv-muX(3);
    sigmaX1=sigmaX;
    x=muX;
    bbeta=4.87;
    normX=eps;
    while abs(norm(x)-normX)/normX>1e-10
        normX=norm(x);
        g=x(1)-x(2)-x(3);
        gX=[1;-1;-1];
        pF=normcdf(-bbeta);
    sgn=sign(gX);f=(1-sgn)/2+sgn*pF;
    p=[logninv(f(1),mLn,sLn);norminv(f(2),muX(2),sigmaX(2));-evinv(1-f(3),uEv,aEv)];
        b=sgn.*(muX-p)./sigmaX;
        sigmaX1=b/bbeta.*sigmaX;
        gs=gX.*sigmaX1;
    alphaX=-gs/norm(gs);
    bbeta=(g+gX'*(muX-x))/norm(gs)
    x=muX+bbeta*sigmaX1.*alphaX
    end
计算结果：
bbeta=
4.6969
```